이 시대 신학계가 가장 주목하는 주제는 '공공신학'과 '하나님 나라'이다. 그러나 이 두 주제의 개념은 그것을 다루는 학자의 수만큼이나 다양하고, 따라서 '모호성'을 지닌다. 이 책은 각 주제를 쉽고 명확하게 드러내어 독자로 하여금 그 개념을 이해할 수 있도록 도울 뿐만 아니라, 이 두 주제를 탁월하게 엮어내어 오늘날 그리스도인들이 현실 세계 안에서 하나님 나라를 구현할 수 있도록 안내한다. 특히 하나님 나라와 우리가 사는 이 세상 사이의 관계를 어떻게 이해하느냐에 따라 그리스도인들의 삶의 태도가 완전히 달라질 것이라는 점을 상기하면 이 책의 중요성은 더욱 커진다. 일상의 삶 속에서 하나님 나라를 살기를 바라는 그리스도인이라면 이 책을 꼭 읽어야 한다.

_김민석(한국공공신학연구소 소장, Stellenbosch 대학교 공공신학 선임연구원)

이 책은 "예수가 하나님 나라 그 자체"라는 오리게네스의 진술로 시작한다. 저자는 조직신학자이지만, 그 논의는 성경신학, 조직신학, 역사신학과 실천신학의 다각적 측면에서 하나님 나라를 통합적으로 바라보려고 노력하는 점에서 신선하다. 특별히 마지막 장 "광장에 선 하나님 나라"에서 하나님의 통치를 받는 교회가 이 세상에서 어떻게 드러나야 하는지 그리고 기독교인으로서 어떻게 살아야 할지 도전하는 부분이 돋보인다.

_김영욱(총신대학교 신학대학원 구약학 교수)

『하나님 나라와 광장신학』은 성경신학적인 서사와 조직신학적인 통합으로 열매를 맺은 탁월한 공공신학 서적이다. 이 책은 독자들을 성경적 서사를 통해 "하나님 나라 그 자체(아우토 바실레이아)"이신 예수 그리스도와 그 예수 그리스도가 이 땅에 임하게 하시는 하나님 나라의 특질(현존과 미래, 갈등과 보편의 변증학적 관계)에 흠뻑 몰입하도록 이끈다. 또한 기존의 하나님 나라 관련 서적들이 이 책의 전반부와 같이 주로 성경신학적인 전망을 다루었지만, 이 책의 기여는 후반부에 서술된 하나님 나라와 조직신학의 통합에 있다. 이 책은 세상에 있으나 세상에 속하지 않는 교회가 이 세상 속에서 하나님 나라를 제대로 노정하기 위해 일반계시와 특별계시와의 관계, 하나님 나라의 보편성, 미래의 소망으로서 하나님 나라, 기독론적 포괄주의에 천착하여 나아가야 하며, 그리고 교회가 그 전망에서 공공성 회복이라는 하나님 나라의 아름다운 덕을 선전하게 됨을 잘 보여준다. 이 책은 광장을 포함하여 삶의 모든 영역에서 하나님의 나라가 임하기를 바라는 신실한 하나님의 백성에게 구체적인 실천을 돕는 귀한 안내서가 될 것이다

_김은득(한국성서대학교 신학부 조직신학 강사)

오늘날 구원론적인 성향에 편향되어있는 복음주의적인 교회나 선교회는 자기가 속한 사회에서 외연 확장에 많은 한계를 드러내고 있다. 이러한 때에 본서는 신·구약에 드러난 하나님 나라를 퍼즐 조각 맞추듯 탄탄히 재구성하여 '이미'와 '아직' 사이의 역동적 하나님 나라에 대한 깊은 이해를 돕는다. 이로써 기독교가 보다 분명한 자기 정체성을 가지고 광장에 나와 타문화, 타종교와 어떻게 공존하며 하나님 나라를 확장해 나가야 할 것인지에 대해 진지하게 논증해준다. 모든 한국 교회의 리더들에게 꼭 추천하고 싶은 책이다.

_김학모(한국 UBF 대표)

진지한 조직신학자가 거대 담론인 하나님 나라를 성경신학과 조직신학을 아우르는 연구를 통해 공공신학적인 조망으로 승화시키면서 우리 시대의 문제까지 고민한 치열한 사색이 담긴 책이다. 이 책은 읽기 쉽고 들고 다니기 무겁지 않으나 중후한 사상이 알차게 담긴 무게 있는 작품이다. 시대의 문제를 외면하지 않고 직면하면서도 정통신학의 진수를 유감없이 보여주는 것은 밤을 지새우는 탐구와 성찰의 변증학적 전개를 성실하게 거친 학문적 탁월성이 빚어낸 열매이다.

_신현우(총신대학교 신학과 신약학 교수)

이 책에서 저자는 "아우토 바실레이아"라는 용어에서 예수님이 신·구약을 관통하는 하나님 나라 자체라는 것을 성경과 여러 학자의 견해를 통해 선명하게 드러내고 있다. 또한 예수의 세례와 장사지냄 같은 논쟁이 될만한 문제들을 개혁파적인 입장으로 잘 설명하고 있는 것도 이 책의 중요한 특징이다. 저자는 하나님의 나라는 예수의 죽음과 부활을 통해 죄 사함을 받은 공동체로 드러나며, 이 나라는 이미 시작되었으나 완성은 종말에 이루어질 것인데, 하나님의 현존하는 통치는 교회를 통해 정치, 사회, 즉 광장으로 확장된다고 주장하고 있다. 구성이 좋고, 잘 읽히는 책이다.

_유창형(칼빈대학교 역사신학 교수)

이 책은 하나님 나라의 개념을 성경신학과 조직신학의 관점에서 고찰할 뿐 아니라 종교다원주의 맥락에서 이를 비판적으로 바라보는 거시적이며 통섭적인 저작이다. 먼저 저자는 성경신학적 고찰에서 하나님 나라 개념에 대해서 우리가 그동안 느껴왔던 갈증을 시원하게 해결하는 청량제와 같은 역할을 훌륭하게 해내었다. 조직신학적 고찰에서도 하나님 나라의 체계성과 포괄성을 일목요연하게 조명하는 가운데 이 책의 두 번째 주제인 광장신학으로 대화의 장을 확장할 수 있는 적절한 근거를 마련하였다. 마지막으로 저자는 하나님 나라가 다양한 종교들과의 대화 속에서 어떻게 자리매김하는가를 시의적절하게 그리고 효과적으로 보여준다. 하나님 나라와 광장신학이라는 두 주제에 대한 최근의 논의 가운데 탁월한 시사점을 제시하는 이 책을 한국 교회의 모든 구성원에게 강력하게 추천한다.

_이신열(고신대학교 신학과 조직신학 교수)

최근 들어 '하나님 나라'라는 신학적 주제는 조직신학과 성경신학 그리고 실천신학까지 신학 관련 모든 분야에서 뜨거운 관심을 받고 있는 주요 화두이다. 이 주제에 관한 논의는 전통적인 내세적 종말론에 갇혀 있었던 지난날의 한계를 극복하고, 하나님의 통치와 다스림이 현세적 차원에서 실현됨을 포함한 통합적 실체로 그 위용을 드러내고 있다. 이러한 신학적인 패러다임의 전환은 온 우주를 창조하고 통치하시는 하나님(신론)과 그 하나님의 형상으로 지음받은 인간 존재에 대한 물음(인간론)으로 다시 돌아가, 구원론과 종말론 나아가 교회론까지 새롭게 정립해야 한다는 요청을 불러왔다. 본서는 거대담론(Meta-Narrative)인 구약성경과 신약성경을 전제로 하되 이신칭의에 천착하는 방식으로 '하나님 나라'에 대한 새로운 성찰과 신학적 이해를 수려하게 전개해 나간다. 더욱이 '하나님 나라'에 대한 깊은 고민을 삶의 현장 즉 광장의 차원으로 연계하여 풀어낸 확장과 적용은 압권이다. '하나님 나라'에 대한 성경적이고 신학적인 의미를 새롭게 조망하기를 원하는 목회자들과 신학도들, 그리고 하나님의 임재와 통치 가운데 그리스도 예수와 함께 오늘을 살아가려는 모든 주님의 형제들과 자매들에게 강력히 추천한다.

_**주현규**(백석대학교 신학대학원 구약학 교수)

지금까지 차고 넘치는 하나님 나라 연구물들은 대부분 예수께서 말씀하신 하나님 나라가 무엇이며 언제 도래하는가의 문제에 집중하고 하나님의 나라와 교회가 다르다는 대동소이한 결론에 도달한다. 하지만 본서는 구약과 신약 자체를 연구하는 성경신학적 담론뿐만 아니라, 성경의 통합적 관점을 체계적으로 연구하는 조직신학적 담론까지 두루 아우르면서 교회와 세상을 배제하지 않는 하나님 나라의 우주적 개념을 소개한다. 저자가 상정하는 하나님의 나라는 천지창조부터 최종적 완성에 이르기까지 하나님의 초월성과 내재성을 동시에 경험하는 시공간적 장소인 듯하다. 현대의 주류 조직신학자들과 성경신학자들의 입장과 달리 전통적인 '천국과 지옥'의 공간 개념을 과감하게 인정하는 저자의 용기에 박수를 보낸다. 본서는 '하나님 나라의 백성으로서 우리 그리스도인은 지금 여기서 어떻게 살아가야 하는가?'라는 질문에 대한 해답을 성경적이고 신학적으로 아주 분명하게 제시한다.

_**황대우**(고신대학교 신학부 교회사 교수)

하나님 나라와 광장신학

하나님 나라와 광장신학

유태화

광장에서도 드러나는 하나님 나라

아바서원

20여 년 전 어느 날이었다. 현재는 총신대학교에서 신약 관련 과목을 강의하며, 공관복음서에 깊은 관심을 갖고 연구하는 분과 비슷한 시기에 같은 대학교 신학부에서 유학을 하고 있었다. 그분은 신약신학의 주제 가운데 공관복음서 사본 문제를 근간으로, 특별히 율법 관련 연구에 몰두하고 있었고, 필자는 조직신학 분야에서 성령론 연구에 힘을 쏟고 있었다. 거주 공간이 가까운 거리였던 덕분에 자주 만나 대화를 나누곤 하였는데, 어느 날 그분이 이런 질문을 하였다.

"신약성경에서, 특히나 바울의 선교에서 창조에 대한 언급이 거의 나타나지 않는데, 그 이유가 무엇일까요? 그런 현상을 자연스럽게 받아들여서, 영혼 구원에만 몰두하는 것이 옳을까요?"

질문이라기보다는 대화를 끌어내기 위한 것이 아닐까 하는 생각이 들었다. 사실, 신약성경을 표면적으로 보면 그런 듯 보이는 것도 사실이다. 이런 현상적인 차원에서 성경 해석 흐름을 형성한 인물이 마르키온(Marcion of Sinope, 85-160)이다. 그는 구약성경의 하나님과 신약성경의 하나님이 다른 분이라고 생각했다. 구약의 하나님은 창조, 물질, 육체, 땅, 부, 율법과 같은 것에 집중하는 반면에, 신약의 하나님은 구속, 정신, 영혼, 하늘, 자발적 가난, 복음을 중심으로 말하는 것으로 인식하면서, 구약의 하나님을 율법의 하나님, 신약의 하나님을 복음의 하나님이라고 이원화하였다. 그리고 나아가 구약을 폐기하고 신약만 수용한 인물이다.[1]

신약을 전공하던 그분이 이런 문제를 몰랐을 가능성은 전혀 없다. 아마도 조직신학을 연구하는 동료와 시간을 흥미롭게 보낼 토론 소재가 필요했을 것이다. 그분도 동의하고 공감했듯이 신약에는 구약이 밑그림처럼 깔려 있다. 구원은 창조를 전제하고, 복음은 율법을 전제할 뿐 아니라 창조와 율법을 다시 품어 제자리로 돌려놓는다. 구원은 타락한 창조 세계의 회복과 완성을 지향하고, 복음은 율법의 정죄를 정당하게 무력화하고 다시 율법을 그리스도인의 삶의 규범으로 세우는 기능을 수행한다. 마르키온의 주장과는

---

1 자세한 분석과 이해를 위하여, Bart D. Ehrman, "At Polar Ends of the Spectrum: Early Christian Ebionites and Marcionites," in: *Lost Christianities: The Battles for Scripture and the Faiths We Never Knew* (Oxford: Oxford University Press, 2005)를 참고하라.

달리 구원의 하나님은 창조의 하나님과 동일한 분인 것이 분명하다. 신약은 구약을 전제하여 읽고 해석되어야 하며, 구약은 신약의 빛으로 읽고 해석되어야 한다. 이런 해석 방식은 하나님 나라의 "실체"에 접근하는 작업에도 꼭 적용되어야 한다.

사실, "하나님 나라"는 20세기에 접어들면서 너무나 흔히 듣게 된 단어임에도 그 의미가 무엇인지 명확하게 드러나지 않는다. 하나님 나라는 공간적으로 과연 어디에 있는지, 시간적으로 언제 임하는지, 그리고 실존적으로 어떻게 경험할 수 있는지에 대하여 유대인들도 고민했던 문제라는 점에서 다뤄야 할 폭이 매우 광범위하다(눅 17:20-37). 과연 하나님 나라가 유대인을 포함하여 구약시대에도 임하였는지, 구약의 유대인이 그 나라를 실존적으로 경험했는지, 아니면 예수의 "하나님 나라가 가까이 왔다"라는 선언과 함께 비로소 임하여 경험하기 시작한 것인지도 중요한 질문이다(막 1:14-17).

하나님 나라가 구약시대에도 실재했다면, 그 시원을 어디로 잡아야 할지도 확인할 필요가 있다. 하나님이 아브라함을 부르시는 것에서부터 시작하여 이삭과 야곱을 거쳐 그 모습을 드러내는 이스라엘 족속에서부터 기인하는 것인지, 출애굽에서 발현되는 이스라엘의 사회적·민족적 해방과 연관되는 것인지, 아니면 한 민족으로서 이스라엘의 형성이나 멸망에 특별한 영향을 받지 않는 방식으로 구현될 수 있는 것인지에 대해서도 해답이 명확하게 드

러나야 할 것이다. 첫 사람인 아담과 하와가 민족으로서 이스라엘
보다 선행한 하나님 나라의 최초 백성이었는지도 깊이 고려해보
아야 한다.

만약 예수의 선언과 함께 하나님 나라가 임했다면, 왜 예수가
승천한 후로는 하나님 나라가 아닌 교회가 남겨지게 된 것인지도
제기되어야 하는 매우 중요한 질문이다. 조금 더 논의를 끌고 나
간다면, 그렇게 남겨진 교회는 민족으로서 이스라엘을 대체하는
것인지, 아니면 미국에서 발흥한 세대주의적인 흐름이나 홀로코
스트 이후 일부 신학계에 소구되어 요즘 교계에서 한 흐름을 형성
하듯이 이스라엘 민족과 나란히 하나님 나라를 구성하는 것인지
도 짚어야 할 문제이다. 이런 이유로, 하나님 나라는 교회나 이스
라엘 민족과 동일시되어야 하는지, 아니면 구별되어 실재할 수 있
는 것인지도 당연히 논의에 포함시켜야 한다.

예수의 하나님 나라 선포와 함께 남겨진 교회는 민족으로서 이
스라엘을 대체하는가에 대하여 살피면서, 이스라엘 민족의 역할
에 비추어서 교회의 역할을 고찰해볼 필요도 있다. 교회가 하나님
나라와 동일시되는 것인지에 대한 명확한 답을 내리지 않은 상태
에서라도, 교회가 하나님 나라와 깊숙하게 그리고 본질적으로 연
결된 공동체라는 사실을 부인할 수는 없다. 그렇다면, 교회의 예전
적인 행위를 넘어서 교회의 사회적, 문화적, 정치적인 참여도 하
나님 나라와 관련이 있는 것인지도 관심의 대상이다. 또한 교회가

사회적인 참여를 통하여 공정과 정의를 구현하려는 의지를 드러내는 것도 하나님 나라의 한 측면인지에 대하여도 관심을 기울일 필요가 있다.

　본서에서는 하나님 나라가 교회, 이스라엘, 아브라함을 넘어서까지 소급될 수 있다면, 그 하나님 나라의 실체는 어떤 구성과 내용을 담고 있는지를 밝히려 한다. 그것은 하나님 나라를 세우시는 하나님의 원래 비전이 무엇인지 확인하는 작업이 될 것이다. 그리고 그런 하나님의 비전이 어떤 방식으로 역사화되었는지를 찾아가는 과정에서 하나님 나라의 전체적인 양상이 뚜렷하게 드러날 것이다. 그런 과정을 거침으로써 한국 교회의 구성원이 갖고 있는 하나님 나라에 대한 오해를 벗겨내고 진정한 이해에 도달할 수 있을 것이고, 오늘의 상황에서 하나님 나라가 어떤 방식으로 경험될 수 있는지에 대하여도 구체적인 시각을 확보할 수 있을 것이다.

　이런 일련의 논의 과정에서 한국 교회의 토착적인 상황에도 관심을 두려고 한다. 미륵 불교에서 발견되는 천궁이나 신궁과 같은 개념처럼 예수가 가져온 하나님 나라는 죽음 이후 인간의 영혼이 거하는 영원한 거소(居所)로만 논의할 수 있는지에 대하여 살필 것이다. 하나님 나라를 소위 말하는 현세(現世)와 대비되는 내세(內世)로 파악되어야 하는 것인지, 아니면 또 다른 무엇을 의미할 수 있는 것인지에 대하여 성경적인 논의를 해야 한다. 질문을 살짝 바꾸자면, 과연 하나님 나라는 내세(來世)와 상관없이 그리스도 예수의 다시 오심에서 최종적으로 완성되는 것인지에 대하여도 무게를 실어 살피려고 한다.

마지막으로, 하나님 나라가 한국인의 종교적인 심성과의 만남에서 어떤 방식으로 표현되었는지 살피려고 한다. 특별히 포스트모던 사회에서, 다원성을 용인하는 세계관이 공존하는 장에서 어떤 방식으로 그 실체가 손상됨이 없이 펼쳐질 수 있는지에 대하여 살펴볼 필요가 있다. 복음의 실체가 그리스도 예수 안에서 마침내 드러난 하나님 나라요, 장구한 인류의 역사 안에서 삼위 하나님께서 펼쳐온 섭리의 실체가 하나님 나라의 구현에 있었다면, 오늘의 역사의 현장에서 그 하나님 나라를 표현하고, 실행하는 구체적인 방법이 무엇인지에 대하여 고민할 필요가 있다. 하나님 나라가 하나님께서 펼치시는 나라이기도 하지만, 삼위 하나님의 백성이 함께 구현하는 나라라는 점에서, 백성의 지혜가 필요한 일이기도 하다.

이상의 질문에 응답하는 과정에서 성경의 자연스러운 흐름(biblical theology)에 관심을 기울일 것이다. 성경신학적인 논의를 받아들여서 질문에 대한 답을 찾아갈 것이며, 비록 논의 상황에 대한 구체적인 문헌을 꼼꼼하게 밝히지 않더라도, 적확한 내용이 배제되는 일이 없도록 할 것이다. 독자의 의식의 흐름을 자연스럽게 터주기 위해 문헌의 적시를 최소화하여 복잡함에 매몰되어 논지의 흐름이 굴절되지 않도록 할 것이다.

프롤로그

13

책의 내용은 질문에 대한 답을 찾는 방식으로 구성될 것이다. 제1부에서는 성경신학적인 접근[2]을 시도할 것이고, 제2부에서는 조직신학적인 접근[3]을 모색하게 될 것이다. 성경신학과 조직신학은 모두 말씀하시는 하나님의 의중을 수렴하는 일을 본질적인 과제로 삼는다. 아는 바와 같이, 조직신학은 성경의 표면적인 고찰에만 머물지 않고, 성경 전반을 지배하는 하나님의 사유의 체계에 집중하는 심층적인 이해(thinking of God's Thought)를 추구한다.[4] 그리고 성경의 전체 구조에 반영되어 있는 하나님의 사유의 체계를 끌어내고, 그 체계 위에서 성경의 진술을 고찰하는 것이다.

이런 과정을 통하여, 성경의 고유한 문화와 언어와 신학을 찾아

---

2 1장-5장까지 해당한다.

3 6장-9장까지 걸쳐 이루어진다.

4 아리우스(Arius)와 아타나시우스(Athanasius)를 예로 들어서 설명할 수 있을 것이다. 아리우스는 어떤 의미에서는 성경신학자다. 그는 예수 그리스도의 시원과 관련하여 만물보다는 먼저, 그러나 아버지와 비교할 때는 나중에 존재하게 된 자라는 핵심 주장을 성경 구절(골 1:15, 17, 19)에 근거하여 제기하였다. 이런 이해의 맥락에서 시편 2편을 이해하였고, 그런 이해의 범주에서 신약의 예수와 그의 활동을 파악했다. 그러나 아타나시우스는 어떤 의미에서 조직신학적 통찰을 수행한 조직신학자다. 그는 아리우스의 기본적인 주장을 구성하는 성경 말씀을 수용하면서도, 만물보다 먼저와 관련하여 시간과 공간의 개념을 생각했고, 시간과 공간은 창조의 조건이고 따라서 하나님은 그 조건을 넘어선 존재임을 확인하였다. 이로써 아버지와의 관계에서 나셨음에도 불구하고 영원한 나심이라는 통찰을 끌어낼 수 있었다. 이런 아타나시우스의 통찰은 성경 전반을 지배하는 핵심 가치이고, 그것이 그리스도 예수에게서도 적용되는 것을 확인할 수 있다(요 1:1-3, 롬 9:5). 이런 조직신학적인 통찰에서 온전한 삼위 하나님 이해가 완결되는 길을 열었던 것이다. 삼위일체(Trinitas)라는 용어는 성경에서 직접 추출될 수는 없으나, 삼위일체 하나님(The Triune God)은 성경 전반을 관통하여 창조와 구원과 관련한 만사를 지배하는 핵심 존재임을 부인할 수는 없는 것이다. 확인하듯이, 성경신학과 조직신학은 결을 달리하는 방식으로 하나님을 봉사하는 신학이고, 이로써 하나님의 뜻이 명확하게 들려지고, 청중의 순종을 이끌어내는 일을 위하여 봉사하는 것이다.

내고, 동시에 청중의 상황을 분석하고 명확히 규정하는 일을 수행할 것이다. 이 과정에서 성경의 지평과 청중의 지평이 해석학적으로 연결되어 하나님의 명징한 말씀이 살아서 울려 퍼지도록 하는 조직신학적인 작업은 꼭 필요한 작업이다. 여기에 더하여 역사를 통하여 수렴되는 교회의 경험을 반추하게 되고, 현실 적합성을 가진 구체적인 실천을 꾀할 수 있게 되는 것이다. 성경신학, 조직신학, 역사신학, 실천신학을 구별하여 신학을 연마하지만, 교회가 목회를 위하여 통섭을 꾀하는 통섭신학(Integrative Theology)을 모색하는 과정을 선택한 것은 교회 경험의 집적으로서 집단지성의 발현이라고 보아야 한다.

프롤로그

목차

제1부

성경신학적인 서사의 전망에서

1장

아우토 바실레이아

과녁을 정확히 겨누고 활시위를 당기는 것이 마땅하듯, 하나님 나라 논의가 시작되는 지점에서 확실한 논점을 명확하게 제시하는 것이 중요하다. 시작점에서 이야기의 흐름을 정리하지 않을 수 없다. 머릿속에서 결정된 이야기에 흥미로운 실마리를 전면에 내세우는 것은 자연스럽다. 하나님 나라 담론이 핵심을 벗어나지 않을 수 있는 실마리를 놓고 고민한 끝에 "아우토 바실레이아"라는 다소 생소하나 그 연원이 매우 오래된 용어를 끄집어내었다. 이것이 하나님 나라의 핵심을 드러내는 데 중요한 용어이기 때문이다. 이 용어는 논점을 벗어나지 않도록 하며, 논의를 출발할 뿐 아니라 또한 마무리할 수 있는 효과적인 토대가 된다.

1. "아우토 바실레이아"

"아우토 바실레이아"(αὐτὸ βασιλεία)라는 표현은 오리게네스 (Orignes, 184-253)가 자신의 마태복음 주석에서 맨 처음 언급한 것으로 알려져 있다.[5] 오리게네스는 하나님 나라는 그리스도 예수의 인격과 사역을 떠나서는 해명될 수 없는 실재임을 명확히 하면서, "예수 자신"이 하나님 "나라 그 자체"(αὐτὸ βασιλεία)라는 입장을 드러냈다. 예수께서 "하나님 나라가 가까이 왔다"(ἤγγικεν ἡ βασιλεία τοῦ θεοῦ, 막 1:15)고 선포할 때 자신이 "몸소 그 나라"(αὐτὸ βασιλεία)임을 의도적으로 반영했다는 말이다.

오리게네스의 이런 판단은 성경적인 기반에서 비롯되었다고 생각된다. 누가는 누가복음 17장 20절과 21절에서 바리새인들이 예수께 제기한 질문을 소개한다. "하나님 나라가 언제 임합니까?" 예수는 이에 대하여 하나님 나라는 볼 수 있게 임하는 것이 아니기에 여기 있다 혹은 저기 있다고 말할 수 없다는 의견을 제안하면서, 오히려 "하나님 나라는 너희 안에 있다"는 다소 도발적인 대답을 하셨다.

바리새인들과 예수 사이에 오간 이 질문과 답변 사이에는 묘한

---

5 Origenes, *Commentary on the Gospel of Matthew*, Book XIV, 7. in Philip Schaff(ed.,), *Ante-Nicene Fathers*, Vol. 9. (Grand Rapids: Christian Classics Ethereal Library, 2004), 793.

긴장이 반영되어 있다. "회개하라 하나님 나라가 임하였다"고 선언하며 세상에 등장한 예수를 향하여, 바리새인들이 도대체 하나님 나라는 언제나 임하는 것이냐는 조소 섞인 질문을 한 셈이기 때문이다. 이에 대하여 예수는 "하나님 나라는 너희 안에 있다"고 말함으로써 그들의 얼굴에서 비릿한 웃음기를 걷어내고 하나님 나라의 정체를 명확히 제시하신다.

예수의 "하나님 나라는 너희 안에 있느니라"(ἡ βασιλεία τοῦ θεοῦ ἐντὸς ὑμῶν ἐστίν)는 말씀에서, "너희 안에"(ἐντὸς ὑμῶν)라는 표현에 바리새인을 상대하는 예수의 논점의 핵심이 담겨 있다는 사실을 주목해야 한다. "안에"에 해당하는 헬라어 "엔토스"는 두 가지로 번역이 가능하다. 하나는 "내면에"(within)라는 의미로, 다른 하나는 "한가운데"(among)라는 의미로 번역될 수 있기 때문이다. 두 가능성 가운데 어느 의미로 해석되는 것이 적절한지는, 글을 읽을 때는 어느 경우에나 그렇듯이, 그 문장이 들려지고 있는 전반적인 문맥이 결정하도록 해야 한다.

예수와 대화를 나누는 대상이 누구인지에 관심을 기울일 때, 대화의 직접적인 대상인 바리새인들을 떠올리는 것은 아주 자연스럽다. 이런 맥락을 반영하여 "내면에"라는 표현을 선택하게 되면 바리새인들의 마음에 하나님 나라가 있다는 말이 되는데, 이렇게 읽을 경우에 아마도 이해하기 어려운 말이 되고 말 것이다. 적어도 공관복음서 전반을 지배하는 예수의 관점에서 바리새인들이

하나님 나라와 광장신학

하나님 나라에 실존적으로 참여한 백성이라고 보기는 어렵기 때문이다. 반면에 "한가운데"라는 독법을 택하게 되면 실제 상황에 잘 어울리는 의미가 자연스럽게 살아나게 된다. 예수께서 바리새인들에게 둘러싸인 채 대화를 나누고 있다는 사실이 자연스럽게 연상되고, "그 한가운데" 예수께서 서 계시기에 하나님 나라는 자연스럽게 예수로 지목되기 때문이다.

이 독법을 택하면 예수께서 바리새인들과의 대화에서 "하나님 나라"라는 표현을 통하여 예수 자신(αὐτὸ βασιλεία)을 지목하고 있음이 분명해진다. 아마도 이런 면에서 오리게네스의 "아우토 바실레이아"라는 표현의 의미가 그 진가를 발휘한다고 말할 수 있을 것이다. 하나님 나라가 여기 혹은 저기, 지금 혹은 나중에 현존하는 그런 차원을 넘어서, 무엇보다도 일차적으로 예수 자신과 분리해서는 성취될 수 없는 실재임을 명확히 하기 때문이다. 예수께서 스스로 자신이 몸소 천국이라고 선언하기 때문이다. 이렇게 보면 오리게네스의 관점은 성경의 핵심적인 전망을 오롯이 담고 있다고 말할 수 있다.

그러나 예수께서 드러내신 하나님 나라의 전망이 바리새인들과의 대화에서 다 설명되지는 않는다. 아마도 요한이 드러낸 이해를 조금 더 가미하여 이해하는 것이 오리게네스의 주장을 조금 더 구체적으로 이해하는 길일 것이다. 공관복음과 요한복음 사이의 신학적 차이에 관심을 기울이며 긴장 구조를 만들어낸 것은 계몽주의의 영향을 받은 비평주의가 발흥할 때로부터 시작되었고, 그 이전에는 그렇지 않았다. 오히려 특성을 달리하면서 서로의 의미를 풍성하게 드러내는 관계를 이루었다. 계몽주의 이전의 신학자였던 오리게네스는 두 영역 사이를 자유롭게 오가며 자신의 논지를 형성하였다.

요한복음 3장이 시작되면서 바리새인과 예수의 만남이 소개되고 있는데, 화두가 하나님 나라였다. 조국의 현실과 미래에 대한 깊은 숙고를 거듭하던 바리새인 니고데모가 예수를 방문하였고, 첫 만남에서 그는 예수에 대한 자신의 견해를 비교적 구체적으로 드러냈다. 예수께서 공생애를 시작하고 활동하던 그 어간, 니고데모가 공개된 예수의 행적을 살펴보고 예수가 하나님께서 보내신 이스라엘의 선생임이 분명하다는 평가와 함께 예수를 찾았기 때문이다. 조국 이스라엘의 현실을 끌어안고 그 미래를 모색해야 하는 정치적인 현실에 직면했던 니고데모가 그런 고민의 연장선상에서 예수라는 인물에 집중하고 그의 행적을 조사한 후에 내린 판단에는 전통적인 유대교, 특별히 바리새인이 추구해 온 하나님 나라 이해가 반영되어 있는 것도 사실이다(요 3:1-2).

예수의 공생애 시절, 로마의 압제 아래 있던 유대교는 대체적으로 세 흐름의 움직임이 있었다. 첫째는 외세와의 거룩한 전쟁으로 마카비 가문의 전통을 계승하는 급진적인 흐름, 둘째는 이런 전망에서 완전하게 물러나서 율법에 온전히 순종하며 하나님의 직접적인 심판이 종말론적으로 도래하기를 소망하는 에세네파적인 흐름, 그리고 셋째로는 외세와 협력하면서 이스라엘의 실익을 추구하는 사두개파적인 흐름이다. 비록 활동의 양상은 달리하지만 이들의 공통 관심사는 이스라엘의 실제적인 회복, 즉 정치, 사회, 경제, 문화적인 회복에서 하나님 나라를 찾는다는 점이다.

이런 점에서 세 흐름과의 일정한 거리를 유지하면서도 세 흐름이 견지하는 핵심을 포용하는 지점을 확보하고 있던 바리새인들은 하나님 나라가 "어디에" 임하느냐고 묻지 않고, "언제" 임하느냐고 물을 수 있었던 것이다. 바리새인들이 예수께 이런 물음을 제기한 이유는 하나님 나라가 임할 곳은 이스라엘이라는 "영역"(realm) 이해를 배제하고는 생각할 수 없는 것이기 때문이고, 예수께서 애초부터 하나님 나라의 도래를 선언했음에도 불구하고, 당시의 유대교가 이해한 하나님 나라의 실제적인 회복의 구체적이고 조직적인 움직임이 뚜렷하게 드러나지 않고 있었기 때문이다. 그런 일이 일어나기에 충분히 무르익은 상황이라고 판단하고, 어떤 조짐을 기대했던 이들에게는 매우 궁금한 일이 아닐 수 없고, 따라서 예수께 채근하며 따지듯이 물을 수밖에 없었던 것이다.

바리새인 니고데모도 당대의 여러 바리새인들과 마찬가지로 이런 유형의 사유를 가진, 그러나 보다 경건하고 숙고하는 성향의 인물이었을 것이다. 이런 점은 바리새인 사울도 예외가 아니었고 (빌 3:5), 그런 점에서 그는 비정치적이고 군사적으로 나약할 뿐만 아니라 하나님의 저주를 받아 나무에 달려 죽은 예수를 메시아라고 전하는 제자들과 예수를 주로 고백하는 그리스도인들을 박해하는 일의 전면에 나설 수밖에 없었다(행 9:1-2, 21). 민족으로서 이스라엘의 실제적인 회복이 바로 하나님 나라, 즉 하나님의 통치의 핵심을 구성한다고 보았기에 하나님의 저주를 받아 십자가에 못 박혀 죽은 예수(신 21:22-23)를 그리스도라, 하나님의 아들이라 전파하는 일을 받아들일 수 없었기 때문이다.

그러나 예수는 바리새인 사울이나 니고데모의 기대와는 달리, 민족적인 이스라엘의 정치, 경제, 사회, 종교, 교육, 문화적인 회복에서 하나님 나라의 회복 내지는 도래를 보려는 당대의 시대정신에 편승하지 않았다. 오히려 그분은 더 심층적인 차원으로 관심을 옮겨서 이스라엘의 역사에서 드러나는 하나님의 경륜의 깊이를 보여주려는 강렬한 의지를 드러낸다. 예수는 하나님이 아브라함을 부르시면서 "너로 큰 민족을 이루는" 일을 넘어서, "땅의 모든 족속이 너로 말미암아 복을 얻을 것"이라고 약속하신 바를 성취하는 큰 경륜을 따라 오신 분이기 때문이다(창 12:2-3, 마 1:1). 예수께서 유대교적인 관점을 가진 채 한밤중에 은밀하게 자신을 찾아온 니고데모의 관심사를 대화의 과정에서 수면 위로 끌어올려 "하나님 나라"를 중심 화두로 삼아 자신의 의중을 드러내 보여주신다(요 3:1-3).

요한복음 3장은 하나님 나라를 중심으로 한 대화의 흐름 속에서, 당대의 바리새인들이 공유한 관점으로 바라보는 니고데모의 하나님 나라와 하나님의 경륜을 품고 움직이는 예수의 관점에서 바라보는 하나님 나라가 마주 서서 긴장을 유발하고 있다. 흥미로운 것은 당대 유대교의 본류를 형성하는 바리새인이 추구하는 하나님 나라가 새롭지 않은 것처럼, 예수가 드러내고자 하는 하나님 나라도 전혀 새로운 것이 아니라는 사실이다. 왜냐하면 예수의 하나님 나라 이해는 바로 구약의 긴 전승, 즉 인간의 타락을 넘어 창조와 함께 드러난 하나님 나라의 회복을 위하여 역사해 오신 하나님의 긴 경륜에 닿아 있기 때문이다.

예수는 니고데모가 내심 품고 온 화두를 수면 위로 끌어올리면서, 하나님 나라를 참되게 볼 수 있을 뿐만 아니라 실제로 그곳에 들어가는 일이 이미 구약 성경에서 경험되며, 그 완결을 향하여 움직이고 있다는 사실을 일깨우는 데 상당한 노력을 기울인다. 당대에 유행하던 그런 대중적인 기대와는 다른, 그러나 구약의 전승에 일치하는 방식으로 도래하는 하나님 나라는 위로부터, 즉 성령의 거듭나게 하시는 방식으로만 파악될 수 있다(요 3:3-11). 이는 이스라엘과 유다의 멸망을 끌어안고 사역했던 예레미야와 에스겔과 이사야가 창세기 12장 1-3절에서 하나님께서 아브라함에게 약속한 하나님 나라의 형성이 한편으로는 이스라엘을 재건하는 일을 통해 회복되고 있는 것처럼, 다른 한편으로는 새로운 전거와 함께 종말론적으로 성취된다는 사실을 넌지시 보여주기 때문이다. 우리는 요한복음 3장을 읽으면서 이런 선지자들을 통하여 예고된 종말론적인 약속의 성취가 니고데모와 대화를 나누고 있는 예수의 인격과 사역을 통해 드러나고 있다는 사실을 놓치지 않아야 한다.

2. 구약의 빛에서 읽는 "아우토 바실레이아"

구약은 한편으로 아브라함에게 주어진 약속이 모세와 다윗의 전승을 따라서 이루어지는 민족으로서 이스라엘을 중심으로 구현되는 하나님 나라의 모습을 담고 있다. 다른 한편으로 구약은 이사야와 예레미야와 에스겔의 전승을 따라서 민족으로서 이스라엘을 넘어서서 보편적으로 확장되어 이루어지는 하나님 나라의 전망이 공존한다는 입장을 담고 있다. 하나님 나라가 민족으로서 이스라엘을 포함할 뿐만 아니라, 그 경계를 넘어서 보편적인 차원으로 확장되는 전거를 구약 그 자체가 이미 내포하고 있다.

하나님 나라를 구성하는 민족으로서 이스라엘의 형성

우선, 구약은 아브라함에게 주어진 약속이 이삭과 야곱을 거치면서 민족으로서 이스라엘을 통하여 실현되는 것을 분명하게 보여준다. 소위 족장들을 불러 그 후손을 통하여 구원에 참여한 백성을 모으시려는 하나님의 의지는 타락이라는 전환과 함께 드러난다는 사실을 잘 기억해야 한다. 아담의 실패, 그와 동일 선상에서 이스라엘의 실패, 이에 대한 결정적인 반전으로서 예수의 승리의 구조가 아니라, 완전한 창조, 아담의 불순종, 이에 반하는 족장의 선택, 이스라엘의 선택, 최종적으로 예수의 선택이라는 구조로 이스라엘 민족의 구속사적인 위상과 역할을 읽어야 한다.[6] 왜냐하면, 타락한 창조 세계와 함께 인간을 구원하고자 하는 하나님의 의지가 가인과 아벨(창 4:1-15), 가인과 셋을 구별함으로써(창 4:16-26) 사람의 딸들과 하나님의 아들들이 구별된 공동체를 이루는 것으로 나타나고 있기 때문이다(창 5:1-31).

그러나 사람의 딸들과 하나님의 아들들 사이의 결혼을 통하여 정체성의 위기에 빠지는 일이 일어났고,[7] 하나님의 아들들이 은혜

---

6 이런 읽기의 대표적인 주자는 톰 라이트이고, 미국에서는 가브리엘 비일에게서도 발견된다. 톰 라이트는 『예수와 하나님의 승리』(크리스천다이제스트, 2004)에서 이런 해석의 한 유형을 만들어냈고, 가브리엘 비일은 『성전신학』(새물결플러스, 2014)에서 이런 입장을 천명하면서 지상의 성전인 에덴에서의 아담의 활동을 읽고 풀어나간다. 『하나님 나라의 비밀』(새물결플러스, 2016)에서 스캇 맥나이트는 창조·타락·구속·완성의 빛에서 성경을 읽는 것보다 아담, 아브라함, 이스라엘을 동일 지반에 놓고, 그리고 그리스도 예수에게서 결정적인 반전을 꾀하는 방식으로 성경을 읽을 때, 하나님 나라의 전망이 더 명확하게 보인다는 입장을 견지하면서 자신의 입장을 전개하였다. 이렇게 성경을 읽을 때, 문제는 아담의 타락의 대표성의 측면이 희미해진다. 아담의 타락은 이미 창조 그 자체가 내포하는 연약함, 불완전함, 내적 필연성이라는 것으로 축소될 수 있고, 다른 말로는 애초부터 하나님의 구원의 의지가 필연적인 구조로 창조 세계가 읽힐 수 있는 가능성을 열어주는 꼴이 되고 만다. 사실 이런 흐름의 배경에는 창세기 1-11장을 초역사, 즉 현실적 인간 실존, 즉 흑암과 혼돈과 공허라는 비참한 현실 속 인간의 투영으로서 읽으려는 칼 바르트의 신학적 기획이 드리워져 있다는 사실을 깊이 고려해야 한다.

7 한국 교회의 저변에 사람의 딸들과 하나님의 아들들의 혼인을 인간과 천사의 혼인으로 해석하려는 움직임이 없지 않은데, 이는 왜곡된 관점을 낳을 개연성이 매우 농후하다. 부활이 없다 하는 사두개인들과의 논쟁에서 예수는 천국에서는 장가가거나 시집가는 일이 없을 것인데, 그런 점에서 천사들과 같다고 말씀하시기 때문이다(마 22:23-33). 전체적인 문맥을 고려할 때, 혼인하고 자식을 낳는 일은 천사들에게는 귀속되지 않는 일이다. 이런 점에서 인간과 천사들 사이에 혼인을 하고, 자식을 낳는다는 그런 관점으로 성경을 해석하는 것은 성경의 전반적인 인식을 넘어서는 불건전한 사고방식의 결과물이다. 사람의

를 상실하고 하나님 없는 삶을 꾀하는 일을 도모하는 지경에 빠져 들었다(창 6:1-7). 하나님을 망실한 세속화된 삶이 관영하자, 하나님께서는 한편으로 인류를 심판하심으로써 다른 한편으로 노아를 구원하시는 길을 내심으로써 자신의 의중을 다시 명확하게 드러내셨다(창 6:8-22). 이런 일은 단순히 아담의 실패를 반복하는 인류의 연약한 모습을 확인하려는 것이 아니라 타락 이후 곤경에 빠진 인류의 비참한 실존 한가운데서 일어나는 하나님의 구원의 의지, 다른 말로는 하나님 나라의 회복을 꾀하려는 강력한 의지의 재확인으로 읽는 것이 자연스럽다.

특별히 하나님께서는 노아와 체결한 언약을 통하여 자신이 창조한 세상을 구속할 것을 명확하게 밝히셨다. 하나님께서는 노아의 가족을 포함하여 생명체를 방주에 실어 그들을 통하여 다시 생육하고 번성하여 땅에 충만할 뿐 아니라, 통치하는 삶을 살아갈 것을 의도하였다(창 7:1-8:19, 9:1-7). 비록 홍수로 심판하시지만 심판에도 불구하고 당신이 창조한 세상을 다시 회복하시려는 하나님의 강력한 의지가 발현된 사건이다. 조금 다르게 표현하자면, 어찌하든지 하나님께서는 이 세상을 창조하실 때에 의도하셨던 경륜(창 1:27-28)을 명확하게 드러내심으로써 자신이 경륜하시는 세상이 플라톤이 그려내는 삶과는 다른 경지를 지닌다는 사실을 말

딸들이라는 표현과 하나님의 아들들이라는 표현은 디모데전서 2장 14절에서도 확인할 수 있듯이, 타락이라는 사건이 남자보다는 여자를 통하여 먼저 일어난 일임을 반영하여 사용하는 표현의 범주가 아닐까 싶다.

쓸하신 것이다(창 8:20-22).

　　그러나 노아와 그의 후손들은 하나님께서 구름 속에 둔 무지개
라는 명확한 언약의 상징에도 불구하고(창 9:13), 언약을 주신 하나
님을 잊어버리고 자신들의 욕망을 채워줄 비인격적인 신을 불러
들이고, 결과적으로는 자신들이 중심이 되는 세상을 도모하였다
(창 11:4). 그들은 언어와 구음이 하나인 상태에서 원활하게 소통
하면서 인간을 중심으로 한 우주를 형성할 의중을 스스로 드러낸
것이다. 하나님께서는 이런 지경에 인류를 내버려 두지 않으신다
는 의지를 드러내심으로써 이들의 의도를 좌절시키셨다(창 11:7-
8). 하나님이 부재한 삶은 결과적으로 해결되지 못할 곤경에 이르
는 길이었기에 하나님께서는 이런 삶의 길을 허락하지 않으신 것
이다.

　　이제는 동일한 문자와 발음체계를 공유하는 자들이 끼리끼리
모여서 작은 공동체를 형성하는 일이 일어났다. 다양한 문화와 사
회체계가 나타났고, 종교적으로도 다원화되는 길을 걸을 수밖에
없게 되었다(롬 1:18-23). 신이 부재한 삶을 꾀하였으나 신의 존재
에서는 떠날 수 없었던 인류는 신에 대한 막연한 두려움에 사로잡
혀 왜곡된 삶의 형태를 추구하는 지경에 이르게 된다(행 17:24-29).
인간은 타락에도 불구하고 잔존하는 하나님의 형상에 수반되는
능력으로 창조 세계에 번뜩이는 하나님의 자기 계시, 소위 일반계
시(general revelation)를 어느 정도 인식하는 불완전한 상태에 놓이

게 되었다(롬 1:18-23).

이런 정황 속에서, 하나님께서는 인류의 구원과 창조 세계의 회복을 위한 구체적인 전략을 실행하신다. 여기에 등장하는 중심인물이 바로 아브라함이다. 비록 셈의 후손이기는 하였으나(창 11:10-26, 대상 1:24-27) 아브라함은 메소포타미아 갈대아 우르 출신이었고(행 7:2, 창 11:31), 종교적으로는 아버지 데라의 종교를 따르는 이방종교의 일원이었다(수 24:2). 스데반이 설교에서 아브라함에게 나타난 하나님을 "영광의 하나님"(Ὁ θεὸς τῆς δόξης)으로 칭한 것으로 미루어 보아(행 7:2), 아브라함은 적극적으로 다른 신을 섬기는 일에 열중하던 사람이었음이 분명하다. 다시 말하면 아브라함은 "영광의 하나님"께서 우상숭배를 행하던 그의 종교성을 자극하여, 아버지 데라와 상의 끝에 고향과 친척을 두려움 가운데서 떠난 인물이었던 것이다(창 11:31-32).

아버지 데라의 죽음 이후, 하나님께서 아브라함에게 다시 나타나 "너는 너의 고향과 친척과 아버지의 집을 떠나 내가 네게 보여 줄 땅으로 가라"는 명령과 함께 "너로 큰 민족을 이루는" 것과 "땅의 모든 족속이 너로 말미암아 복을 얻을 것"을 약속하셨다(창 12:1-3). 바로 이 약속에서 두 가지 측면을 구별하여 강조할 필요가 있다. 하나는 아브라함을 중심으로 큰 민족을 이루는 일이며, 다른 하나는 아브라함을 통하여 땅의 모든 족속이 복을 얻는다는 것이다. 비록 유대인들은 이스라엘 민족을 중심에 두고 열방이 다윗의 보좌에 앉으신 하나님의 직접적인 통치를 받는 것으로 아브라함의 약속을 해석하려는 유혹에 빠지곤 하지만, 하나님께서는 민족으로서 이스라엘을 넘어서 열방을 향하여 자신의 통치를 확장해 나가는 그림을 그리셨다.

중요한 것은 바로 이 약속을 따라서 하나님께서 아브라함을 민족으로서 이스라엘의 조상으로 선택하셨다는 사실이다. 그로 말미암아 한 큰 민족을 이룰 것을 말씀하신 하나님께서 아브라함에게서 이삭을, 이삭에게서 야곱을, 야곱에게서 열두 아들을, 열두 아들 가운데서 요셉을 통하여, 이스라엘이 민족으로서 크게 성장할 수 있도록 양육하셨다(수 24:4). 민족이 형성되는 과정에서 아브라함과 이삭과 야곱의 자손들은 고난을 겪을 수밖에 없었다. 그럼에도 불구하고, 하나님께서는 다양한 계기를 통하여 아브라함과의 인격적인 교제를 주도적으로 이루어 가셨다. 이와 함께 하나님을 향한 아브라함의 이해와 신뢰가 쌓이면서 깊은 인격적인 순종을 통하여 하나님과 아브라함 사이에 언약이 체결되었다. 이런 과정에서 아브라함은 적어도 하나님께서 자신을 불러 이루고자 하시는 경륜의 깊은 세계를 내다보고, 공감하며, 수행할 수 있는 지점에까지 다가설 수 있었다. 이런 지점은 이삭과도 공유되었고, 요셉에게까지 이어졌다(창 25:9, 35:29, 47:30-31, 49:31, 50:13).

아브라함과 이삭의 후손인 야곱의 일가가 요셉의 배려와 함께 바로의 허락을 얻어 애굽의 고센에 정착하였다(창 47:1-12). 그렇게 요란하거나 눈에 띄지 않는 방식으로 정착이 이루어졌고, 이스라엘의 후손들은 생육이 중다하여 심히 강대한 족속으로 성장하였다(출 1:7). 이런 와중에 이스라엘의 일가가 애굽에 정착하는 일에 중요한 역할을 했던 요셉은 죽었고(출 1:6), 요셉을 알지 못하는 왕이 애굽을 다스리게 되었다(출 1:8). 강대한 족속으로 성장한 이스라엘 족속이 애굽의 정권이 흔들릴 때 단체 행동을 꾀하여 애굽을 빠져나가는 일이 일어날까 염려한 애굽 당국의 결정으로, 이스라엘은 애굽의 엄혹한 관리의 대상이 되었고, 힘에 지나는 노역에 처해졌다(출 1:9-14).

이스라엘 족속과 애굽 사이의 갈등이 노출되고 고조될 무렵, 레위 족속의 남녀가 혼인하였고 둘 사이에서 한 아들이 출생하였다. 모세였다(출 2:10). 히브리인이 강력한 족속을 이룰 것을 염려한 바로는 산파들에게 히브리인의 가정에서 아들이 출생하면 은밀하게 죽이라는 명령을 내렸다. 이런 상황에서도 모세는 안전하게 출생하여 히브리인 부모의 손에서 석 달 동안 은밀하게 양육되었으나, 아기가 자라면서 더는 숨길 수 없는 상황에 이르렀다. 모친이 아이를 바구니에 담아 강물에 띄웠고, 하나님의 섭리 가운데 바로의 딸에게서 건짐을 받게 되는 일이 일어났다. 물에서 건져낸 아이라 하여 "모세"라 명명되었다.

아들을 사랑했던 어머니는 모세를 입양한 바로의 딸의 궁에 유모로 들어가게 되어 모세는 실제로는 친모의 젖을 먹으며 양육되었다. 모세는 왕궁에서 왕자의 신분으로 성장하면서 애굽의 왕립 학교에서 지도자 교육을 받을 수 있었으나, 그의 기저 의식에는 자신이 히브리인이라는 강한 확신이 자리하고 있었다. 그의 나이 마흔이 되어 자기 백성을 돌아보다가 히브리인들의 집성촌인 고센을 방문하게 되었고, 노역을 하는 자기 백성을 학대하는 애굽 사람을 보고는 그를 쳐 죽이게 되었다. 이 살인 사건이 은밀한 일로 처리되기를 바랐으나 바로가 이 사실을 알게 되었고 모세는 궁을 빠져나와 미디안 광야로 떠나 유랑하는 신세가 되었다.

   그곳에서 양 떼를 치면서 40년의 세월을 보냈는데, 하나님의 경륜에 비추어 볼 때 허송세월은 아니었다. 모세는 광야의 지형에 익숙하게 되었고, 중다한 대중이 광야에서 살아갈 수 있도록 이끌 준비가 되었을 때, 아브라함과 언약을 체결하신 하나님께서 그에게 나타나셨다. 모세는 언약의 하나님으로부터 자기 백성을 애굽에서 이끌어내라는 명령을 받게 되었다. 지나온 세월을 되새기며 복잡한 심경에 빠져 망설이고 주저하는 모세를 향하여, 하나님께서 자신이 바로 아브라함과 이삭과 야곱의 하나님인 것을 명확히 알리셨다(출 3:14). 하나님께서 아브라함을 부르실 때, 애굽에서 400년, 즉 사 대에 걸쳐 종살이 한 후에(창 15:13, 16, 행 7:6), 다른 표현으로는 애굽에 거주한 지 430년 후에 내가 너를 다시 약속의 땅으로(출 12:40-41, 갈 3:17) 인도하리라는 약속을 환기시키면서 내리신 명령이었다.

하나님께서 아브라함을 불러내어 한 큰 민족을 이루게 하신다는 약속이 무려 430년이 지나서야 비로소 모세를 통하여 실현되었다. 하나님께서 고센이라는 특정 지역을 구별하여 그곳에서 후손들이 집성촌을 이루도록 하심으로써, 아브라함에게 주신 언약, 즉 큰 민족을 이루시리라는 약속이 실현되도록 섭리하셨다. 이스라엘 족속이 애굽에서 중다한 족속으로 형성될 즈음에 하나님께서 모세를 일으켜 자신의 경륜을 구체적으로 실현하시는 계기를 만들어 가셨다. 열강들 가운데서 비로소 모세라는 인물을 통하여 이스라엘이 한 구별된 민족으로 세워진 것이다. 하나님의 통치 가운데서 족장의 역사에서 민족의 역사로 발돋움하여 성취된 것이다.

이렇게 형성된 이스라엘 족속이 모세의 인도로 애굽에서 탈출하여, 시내산에서 율법을 받아 그 율법을 근간으로 신정정치적인 사회로 전환될 수 있게 되었다. 그들은 이스라엘을 형성하시고 구원하신 하나님과의 관계에서 어떤 삶을 노정하는 것이 옳은지 예행연습을 거친 후 모세를 대체하는 새로운 지도자인 여호수아와 갈렙의 리더십을 따라서 약속의 땅을 정복하였다. 약속의 땅에 들어간 후 이스라엘은 다양한 사사들과 두드러진 사사 사무엘의 지도력 아래 정복 전쟁을 수행하여 가나안 족속을 그 땅에서 몰아내어 주류 세력을 대체하기에 이르렀다. 성령이 주도하는 리더십을 통하여 하나님께서 약속의 땅(realm)에서 자신의 통치(sovereignty)를 구현하셨다(삿 8:23).

이런 외중에 백성들은 이웃 나라들의 왕정을 탐하게 되었고(삿 8:22, 9:14-15), 자신들에게도 왕정을 허락할 것을 청원하였다(삼상 8:5). 이에 대한 하나님의 반응은 그렇게 흔쾌하지 않았다(삼상 8:7-8). 그럼에도 불구하고 하나님께서는 사무엘에게 백성의 청원을 들어줄 것을 권면하였다. 그러면서 왕정에서 발생할 수 있는 상황을 미리 알리셨다(삼상 8:10-18). 왕은 백성에게 첫째로 병역의 의무를 지게 할 것이며, 둘째로 사회구조를 만들어 이에 수반되는 의무를 강제로 수행하게 할 것이며, 셋째로 조세의 의무를 지게 만들 것이라는 사실을 일깨웠다. 인간 왕으로 인하여 오히려 종의 자리로 떨어져서 고통하며 부르짖게 될 것이라는 사실을 일깨우신 것이다.

이런 고지에도 불구하고 백성은 왕을 요구하였고(삼상 8:19-20), 하나님께서는 왕정을 허락하셨다(삼상 8:22). 사울과 다윗이라는 대조적인 왕이 일어났고, 하나님의 의중은 다윗의 왕정을 통하여 자신의 왕권을 노정하는 것으로 드러났다. 신명기 17장 14-20절에는 하나님께서 이미 오래전에 모세에게 미래의 왕정에 대해 예고하신 바 있다. 다양한 권면이 제안되었지만 무엇보다도 왕은 제사장 앞에서 등사한 율법 책을 "평생에 자기 옆에 두고 읽어 그의 하나님 여호와 경외하기를 배우며 이 율법의 모든 말과 이 규례를 지켜 행할 것이라. 그리하면 그의 마음이 형제 위에 교만하지 아니하고 이 명령에서 떠나 좌로나 우로나 치우치지 아니하리니 이스라엘 중에서 그와 그의 자손이 왕 위에 있는 날이 장구하리라"(신

17:19-20)는 사실에 귀를 기울여야 했다. 하나님의 말씀보다는 사익을 좇은 사울과 달리 다윗은 이런 대의를 따르는 왕이었다.

다윗이 마침내 정복 전쟁을 완결하고, 국권이 견고해지면서 열방으로부터 조공을 받는 국력을 구비하게 되었다. "여호와께서 주위의 모든 원수를 무찌르사 왕으로 궁에 평안히 살게 하신 때에 왕이 선지자 나단에게 이르되 볼지어다 나는 백향목 궁에 살거늘 하나님의 궤는 휘장 가운데 있도다"(삼하 7:1-2)라고 탄식하는 다윗에게 하나님은 나단을 통하여 "여호와가 너를 위하여 집을 짓고 네 수한이 차서 네 조상들과 함께 누울 때에 내가 네 몸에서 날 네 씨를 네 뒤에 세워 그의 나라를 견고하게 하리라. 그는 내 이름을 위하여 집을 건축할 것이요 나는 그의 나라 왕위를 영원히 견고하게 하리라"(삼하 7:11-13)는 신탁을 주셨다. 이것이 아브라함을 불러 한 큰 민족을 이루시겠다는 약속의 성취다. 그 약속이 마침내 다윗의 가문을 통하여 성취되었다.

이런 이스라엘의 역사와 그 역사를 기록한 하나님의 말씀에 근거하여, 바리새인 니고데모와 사울은 로마의 압제 아래 고통당하는 자기 백성을 해방하여 자유하게 하시는 하나님의 얼굴을 구하였고, 그것이 오롯이 실현되는 나라, 즉 하나님이 통치하시는 나라의 도래를 꿈꾸었다. 얼른 보면 예수께서 광야에서 주린 백성을 보리떡 다섯 개와 물고기 두 마리로 먹인다든지, 로마로부터 대제사장 직분을 돈을 지불하고 매입하여 성전세를 거두고 환전소를 두는 방식으로 이익을 꾀하는 이스라엘의 부패한 종교와 성전을 정화하시는 행위를 하신다든지, 어릴 때 로마로 끌려가 로마식 학습을 받고 분봉왕이 되어 돌아온 정치인을 향하여 여우라고 지목한다든지 하는 행위를 함으로써 모세를 떠올리게 한다. 다양한 사사들 사이에서 이스라엘 민족의 역사에 등장했던 엘리야나 예레미야와 같은 선지자를 회상하게 만들거나, 다윗의 흔적을 보고 있다는 느낌을 가질 수도 있었을 것이다.

물론 예수의 사역에는 대중들이 예수의 말을 듣기는 들어도 깨닫지 못하며, 보기는 하여도 보지 못하게 만드는 복선이 깔려 있었다. 보통 사람 니고데모도 이러한 예수의 하나님 나라 운동을 목도하면서 이스라엘 민족의 역사를 통하여 당신의 나라를 이루어 오신 하나님의 행동을 선택적으로 이해하지 않았을까 싶고, 이런 이해를 반영하여 예수를 찾았을 것이다(요 3:1-2). 하나님 나라가 이스라엘 민족을 중심으로 구현되어야 한다고 믿었던 당대의 바리새인들이 자신들과 동일하게 보이는 범주에서 하나님 나라가 임하였다고 선언하는 예수께 도대체 "언제" 그 나라가 실현되는 것이냐는 질문을 제기한 것은 자연스러운 일이 아닐 수 없다.

민족으로서 이스라엘의 회복이 진정한 하나님 나라의 구현인가?

그러나 다음 물음을 신중하게 고려해야 한다. 하나님께서 열방 가운데 선택하여 당신의 이름을 드러내도록 의도하신 이스라엘이 과연 그런 민족으로서 성공했는지의 여부에 관한 물음이다. 다윗에 이르러서 국권의 토대를 확고히 하고 국권이 신장되어 주변 나라의 주목을 받는 나라로 성장했으나, 선지자 나단을 통하여 다윗에게 주어진 신탁은 결과적으로는 실현되지 않았기 때문이다. 환언하여, 나단을 통하여 주어진 바, 다윗의 후손을 통하여 이스라엘 나라의 왕위가 영원히 설 것이라는 예언이 다윗의 후대에서 실현되지 않았기 때문에, 이 질문은 여전히 유효하다.

솔로몬을 통하여 이스라엘의 지위가 확고해지는 것처럼 보였으나, 그의 두 아들 대에서 왕국이 분열되고 말았다. 40년 동안 이스라엘을 다스렸던 솔로몬이 주전 926년에 죽으면서 르호보암이 왕국을 상속하였으나, 세금 정책의 이견으로 여로보암을 중심으로 열 지파가 모여서 이스라엘왕국을 세웠고, 르호보암을 중심으로 나머지 유다와 베냐민 지파가 연대하여 예루살렘에서 유다왕국을 별도로 설립하는 결과를 낳았다. 하나의 나라가 세워지고, 그 나라의 왕위가 다윗의 후손을 통하여 영원히 서게 되리라고 한 약속이 실현되지 않은 것이다. "과연 이렇게 하나님의 약속이 종결되고 마는 것인가라?"는 질문이 뒤따르는 것이 자연스러운 일이다.

분열된 두 왕국은 순차적으로 멸망하는데, 여로보암이 세운 북쪽 이스라엘왕국은 앗수르 왕 살만에셀이 3년간 사마리아를 포위하면서(왕하 17:3-5) 주전 722년에 209년의 짧은 국운을 마감하였다. 남쪽 유다왕국의 운명도 크게 다르지는 않았고, "시드기야 제구년 열째 달 십일에 바벨론의 왕 느부갓네살이 그의 모든 군대를 거느리고 예루살렘을 치러 올라와서 그 성에 대하여 진을 치고 주위에 토성을 쌓으매 그 성이 시드기야 왕 제십일 년까지 포위되었더라 그 해 넷째 달 구일에 성 중에 기근이 심하여 그 땅 백성의 양식이 떨어졌더라"(왕하 25:1-3)는 기록대로 3년간 예루살렘이 포위되어 주전 586년에 예루살렘 성전의 파괴와 함께 비참하게 최후를 맞았다.

하나님은 북쪽 이스라엘의 오므리 왕조 때에 엘리야와 엘리사, 예후 왕조 때에 아모스, 호세아, 요나 같은 선지자들을 세워서, 단을 중심으로 한 우상숭배와 하나님보다 주변국을 의지하는 행위를 지적하며 왕이신 하나님의 백성으로서의 삶을 반듯이 노정할 것을 요구하셨다. 그러나 그들은 하나님의 거듭되는 권면에도 불구하고 순종하지 않았고, 끝내 멸망하고 말았다. 하나님께서는 남쪽 유다에도 이사야, 미가, 요엘, 예레미야와 같은 선지자들을 세워서 다윗의 적통이라는 사실에 사로잡혀 멸망하지 않을 것이라는 왜곡된 전제에 빠진 유다왕국의 현실을 일깨우고 또 일깨웠으나, 하나님의 거듭되는 권면에 귀를 기울이지 않음으로써 그들도 멸망하는 지경에 이르고 말았다. 하나님께서 선지자 나단에게 준 신탁에도 불구하고 이스라엘은 두 왕국으로 분열되었을 뿐만 아니라, 결과적으로는 모두 멸망하는 길로 치닫고 말았다.

신실하신 하나님께서는 분열을 넘어 멸망한 이스라엘 민족의 회복을 선지자들을 통하여 언설하였고, 1차로 스룹바벨, 2차로 학사 에스라, 3차로 느헤미야의 귀환을 통하여 무너진 예루살렘성전을 중건하고 뒤이어 예루살렘성을 회복하였다. 이렇게 형성된 민족으로서의 이스라엘이 역사 내에서 회복된 이스라엘이라고 말할 수 있는데, 이것이 과연 최종적이고 궁극적인 회복이었는가 하는 것이 논란이 될 수 있다. 질문을 정확하게 제기하자면, 멸망하고 다시 회복된 민족으로서의 이스라엘이 선지자 나단의 신탁을 통하여 예고된 그 영원한 왕국인가, 아니면 회복되어 가는 하나의 과정 가운데 있는 나라인가 하는 물음이 제기될 수 있을 것이다.

바리새인들은 회복된 이스라엘이 나단의 신탁을 담지하고 실현할 그런 과정 속의 나라라고 생각했고, 니고데모 역시 그런 기대를 담아서 예수를 찾아 나섰던 것이다. 여기에는 예레미야나 이사야나 에스겔을 통하여 예고되었던 회복된 이스라엘이 예수 당대의 이스라엘로 볼 수 있으며, 이런 이스라엘 민족을 통하여 다윗 왕권이 영원히 계승됨으로써 선지자들이 기대했던 그런 나라로 연계되는가 하는 역사 해석의 문제가 상존한다. 다른 말로는, 선지자들이 예견했던 종말을 과연 예수가 가지고 와서 실현하고 있느냐는 물음이 제기될 수 있는 그런 상황이었고, 니고데모는 이런 일말의 기대를 안고 예수를 찾았던 것이다.

이런 질문과 관련하여 두 가지 대답을 찾을 수 있다. 한편으로는 이스라엘 민족은 성육신하신 예수의 길을 마련하고 마침내 성취하였다는 점에서 자신의 소명을 이루었다고 말할 수 있다. 헨드

리쿠스 베르코프(Hendrikus Berkhof, 1914-1995)가 말했듯이, 예수는 유대인으로서 이스라엘 민족을 배경으로 하여 성육신하였기 때문이다.[8] 예수는 아브라함과 다윗의 후손으로서 세상에 오셨다(사 9:6-7, 마 1:1, 롬 9:5). 이런 점에서 보면, 포로기 상태에서 회복된 이스라엘은 그 정체성을 궁극적으로 구현했다고 말할 수 있을 것이다. 그리스도 예수의 오심에서 이스라엘을 통해 하고자 하시는 하나님의 경륜이 결정적으로 성취되었기 때문이다(롬 10:12-13).

그러나 다른 한편으로는 하나님께서 아브라함에게 주신 약속이 이스라엘을 통하여 예수에게서 성취되었으나, 그 약속이 예수 이후에도 민족으로서 이스라엘을 중심으로 성취되느냐에 대하여는 의문의 여지가 있다. 아브라함에게 주신 약속이 일차적으로 민족으로서 이스라엘을 통하여 성취되고 예수의 도래에서 종말론적인 지점을 구성하였으나, 미래에도 여전히 모든 사람에게 미칠 하나님의 경륜은 이스라엘 민족을 근간으로 형성되기보다는 이스라엘 민족의 경계를 넘어서 보편적이고 우주적인 전망으로 확장되는 흐름을 보이기 때문이다. 이방인이든 이스라엘인이든 누구든지 그리스도 예수를 주로 받아들이는 일은 바울이 로마서 11장에서 펼치는 하나님의 경륜이다. 다시 말하여 이방인 중에서나 이스라엘인 중에서나 차별 없이 그리스도 예수를 주로 신앙하고 고백하여 "온 이스라엘"이 구원에 참여하게 되기 때문이다(롬 11:25-26).

---

8   H. Berkhof, *Christelijk Geloof* (Nijkerk: G. F. Callenbach, 1973), 264-265.

바울이 이런 이해를 견지할 수 있었던 이유는 다메섹 사건 때문이다. 부활하신 예수를 만난 후 바울은 이스라엘 민족이 기다려온 메시야, 즉 "기름 부음 받은 왕"이 예수임을 증언하기 시작했다(행 9:22). 특별히 이스라엘 민족에서 기름 부음 받은 왕은 하나님의 아들이라는 표현과 깊숙하게 연결되어 있기에 바울은 예수를 하나님의 아들로 인식하고 선포하였다(행 9:20). 한편으로 애굽 왕 바로에게 명확히 했듯이 이스라엘이 하나님의 아들이고(출 4:22), 다른 한편으로 시편 2편 7절에서 보듯이 다윗의 보좌에 앉을 자가 하나님의 아들이라고 불릴 것이라고 언급되어 있기 때문이다(삼하 7:12-14). 바울은 십자가에 못 박혀 죽은 예수가 부활을 통하여 자신이 하나님의 아들임을 증명하였다(행 23:6-10, 24:15, 21, 25:19, 26:8, 23)는 사실을 다메섹 사건에서 확인하였고(행 9:20), 한 걸음 더 나아가서 예수는 애초부터 하나님의 아들이었음을 확인하는 자리로 성큼 나아갔다(롬 1:1-3, 갈 4:4, 롬 8:3).

　기름 부음 받은 왕, 다윗의 보좌에 앉아서 다스릴 하나님의 아들 예수는 "지혜"와 "정의"로 유대뿐 아니라 온 땅을 다스릴 분으로 옹위되신다(시 2:8-12). 예루살렘뿐만 아니라 고린도에서도 예수는 하나님의 능력과 지혜로 선언되고 있다(고전 1:22-25). 이는 예수가 로마제국의 황제를 능가하는 하나님의 아들로서 세상에 파송된 하나님의 지혜의 실체여서 이스라엘을 넘어서 모든 나라를 다스리며 진정한 구원을 가져다주는 진정한 주이심을 선언하는 말씀이다. 이런 바울의 이해는 시편 72편이나 89편의 기대를 반영하는 것으로서, 예수가 이스라엘을 넘어서 모든 나라의 왕으로 오셨고, 마침내 등극하셨음을 확인하는 그런 범주를 포괄한다. 바울의 선포에 따르면 예수는 유대인의 왕이실 뿐만 아니라 이방인의 왕이시다. 예수의 주이심을 고백하는 것은 헬라인의 지혜를 뛰어넘는 하나님의 지혜를 드러내시는 성령의 사역의 핵심이기노 하다는 점에서(고전 12:3) 바울은 하나님의 구원의 경륜을 읽고 적용하는 일을 감행한 것이다(고전 2:6-16).

예수께서는 이스라엘 경계 밖 두로와 시돈에 거하는 가나안 여인 사건을 통하여 하나님 나라가 민족으로서 이스라엘의 경계를 넘어서 이방인을 포함하는 우주적인 차원으로 개방하려는 의지를 명확하게 천명하셨다(마 15:21-28). 바울도 하나님의 구원의 경륜이 민족적 경계를 넘어서 보편적인 인류를 향하여 개방되었음을 명확히 드러냈다(롬 11:25-26). 이방인에게 복음을 전했던 바울은 갈라디아교회 내에서 일어났던 민족적 정체성인 할례를 고집하는 무리와 결전을 치렀다. 이때 그는 갈라디아교회 그 자체를 "하나님의 이스라엘"(Ἰσραὴλ τοῦ θεοῦ)로 부르면서 하나님의 경륜이 민족으로서 이스라엘의 경계를 넘어섰다는 사실을 명확히 하였다(갈 6:16).

실제로 하나님 나라가 민족으로서 이스라엘의 경계에 갇혔었는가?

이와 관련하여, 하나님께서 과연 혈통을 따라서 이스라엘 민족을 구성하였는지도 살펴볼 필요가 있다. 바울이 유대인과 이방인의 구원 문제를 다루면서 언급했듯이, 이스라엘에게서 난 그들이 다 이스라엘이 아니기 때문이다(롬 9:6). 하나님께서 부르신 자로부터 자손이 파생되지만, 하나님의 부르심이 혈통을 따라서 계승되지는 않았다는 사실을 고려해야 한다. 아브라함에게서 난 이스마엘과 이삭이 갈라지고 이삭에게서 난 에서와 야곱이 갈라지듯이, 그렇게 계속해서 하나님의 직접적인 선택이 반복적으로 이루어지기 때문이다(롬 9:7-13). "영접하는 자, 곧 그 이름을 믿는 자들에게는 하나님의 자녀가 되는 권세를 주셨으니, 이는 혈통으로나 육정으로나 사람의 뜻으로 나지 아니하고 오직 하나님께로서 난 자들이니라"(요 1:12-13)는 요한의 증언은 비단 새 언약의 백성에게만 적용되는 것이 아니다.

이런 측면은 출애굽에서도 반영되었다, 아브라함과 이삭과 야곱의 후손이 유아를 제외하고 보행하는 장정이 육십만 명이었을 뿐만 아니라, 중다한 잡족이 또한 포함되어 있었다(출 12:37-42). 여기 중다한 잡족은 혈통을 따른 이스라엘 민족과는 구별되는 무리이며, 430년간의 애굽 체류 과정에서 이런저런 이유로 합류하게 된 무리이다. 이들도 애굽을 탈출하는 과정에서 하나님이 행하시는 구원의 사건에 참여함으로써 하나님 백성의 공동체에 포함되었다. 이스라엘은 혈통에 기반한 민족적 정체성을 배제하지 않지만, 비혈통적 차원을 포괄하는 언약에 기반한 신앙고백 공동체였다는 점도 기억해야 한다.

더욱더 직접적인 논의를 전개한다면, 하나님께서는 민족적, 혹은 혈통적 이스라엘 안에서 부단히 자기 백성을 친히 선택하는 일을 계속하셨고, 이런 점에서 언약 백성의 공동체로서의 정체성을 항상 견지하셨다고 말할 수 있다. 언약을 갱신하는 제사에 참여함으로써 하나님의 긍휼을 입도록 배려하고, 하나님의 말씀을 존중하는 삶을 살아가는 자를 친히 세우심으로써 남은 자의 공동체를 이루신 분이 하나님 자신이기 때문이다(롬 9:27-29). 심지어는 이스라엘이 멸망했을 때조차도 하나님의 경륜은 중단되지 않았다. 바벨론 제국의 심장부에서 하나님은 당신의 백성인 다니엘과 그의 세 친구를 선택하시고 그 가운데서 자신이 이스라엘의 경계 안에서만 활동하는 지역 신이 아니라 열방을 통치하는 우주적인 하나님인 것을 유감없이 드러내셨기 때문이다.

　비록 민족적으로나 지역적으로나 국경을 넘어섰으나, 하나님께서는 성령으로 말미암아 거듭나고 성령의 인도를 따르는 다니엘과 그의 세 친구를 세워서, 당대 이방 사회의 한가운데서 당신을 신앙하는 백성을 만들어 내세우심으로써 온 세상을 향한 구원의 의지를 명확하게 드러내셨다. 다니엘을 중심으로 일어난 일련의 일은 다니엘을 인도하신 하나님의 통치에 관한 이야기다. 이는 믿음을 따라서 일어난 일이다(롬 9:30-33). 이런 점에서 보면, 구약을 가로지르는 핵심 가치는 통치자이신 하나님의 주권적인 선택이요, 선택하시는 하나님에게 언약 백성이 인격적으로 반응하는 것이다(출 19:4-6).

구약을 관통하는 하나님의 통치에서 드러나는 구원의 실체

논의를 매듭짓는 의미에서 구약을 가로지르는 믿음의 실체가 무엇인지도 살펴봐야 한다. 사실 타락하여 하나님과 원수 된 인류를 향한 하나님의 구원 의지는 아브라함에게서 공식화된 것보다 훨씬 더 이른 시점에서 발현되었다. 아담과 하와의 타락이 있었던 직후에 하나님의 구원 경륜이 드러났기 때문이다. 하나님은 두 가지 핵심을 드러내셨는데, 구원자의 "정체"와 구원의 "방법"이 바로 그것이다. 하나님은 여인의 후손에게서 한 남자아이가 출생할 것과 그 아기가 여인의 원수인 뱀의 머리를 깨트림으로써 필연적인 승리를 끌어낼 것을 약속하시며, 구원자의 정체를 배아 형태로 드러내셨다. 또한, 하나님은 죄로 인하여 부끄러움을 경험하는 인류에게 천연모피로 옷을 만들어 입히시며, 피가 인류의 죄를 덮음으로써 부끄러움을 덮을 것이라는 방법을 명확히 하셨다.

이렇게 지목된 그 한 사람에 대한 경륜은 아브라함과 그의 아들 이삭에게로, 집단적인 인격으로서 이스라엘에게로, 이스라엘의 진정한 통치자로서 다윗에게로, 다윗의 혈통적인 육신을 넘어서 남은 자에게로, 남은 자에게서 메시아로, 메시아에게서 예수에게로 이어진다(고전 2:6-16). 피를 뿌림이 택한 백성의 부끄러움을 덮는다는 사실은 유월절에 희생된 어린 양으로, 회막 앞에서 진 밖으로 내몰려 광야로 보내진 아사셀 염소와 백성의 죄를 대신하여 죽임당하는 어린 양에게로, 대제사장이면서 성전되어 인류 가운데 장막을 치신 예수가 자기 백성의 죄를 짊어지고 성문 밖으로

나가 골고다에서 십자가에 매달려 죽임당하고 피를 흘린 어린 양 (the slaughtered lamb)으로 구현되는 방식으로 실현되었다. 따라서 십자가야말로 하나님의 경륜이 이스라엘 민족의 경계를 넘어 보편적인 인류 역사의 지평으로 내딛는 화해의 실체이다(엡 2:11-22).

이런 점에서 보면, 이스라엘은 예수의 오심을 견인하는 수단이었고, 구원받은 하나님의 백성으로 삶을 노정할 수 있도록 기능한 특별한 민족이었다. 구원의 구체적인 경륜을 펼치기 위하여 택한 나라이다. 이스라엘 백성의 구체적인 역사는 이스라엘을 향한 하나님의 구원 행동이면서, 동시에 온 인류를 위한 구원의 경륜을 펼치기 위한 하나님의 구원 행동을 견인하는 역사이다. 이런 역사에 대한 히브리서 기자의 "옛적에 선지자들을 통하여 여러 부분과 여러 모양으로 우리 조상들에게 말씀하신 하나님이 이 모든 날 마지막에는 아들을 통하여 우리에게 말씀하셨으니, 이 아들을 만유의 상속자로 세우시고 또 그로 말미암아 모든 세계를 지으셨느니라"(히 1:1-2)는 고백은 이스라엘 역사의 핵심을 정확히 관통하고 있다.

3. 신약의 빛에서 읽는 "아우토 바실레이아"

신약의 저자들이 그려내는 핵심적인 관심사는 히브리서 기자의 바로 그 고백(히 1:1-2)을 근간으로 구성되어 있다. 마태복음 11장

25-30절의 말씀에 그 핵심 논점이 정확히 반영되어 있다. "그때에 예수께서 대답하여 이르시되 천지의 주재이신 아버지여 이것을 지혜롭고 슬기 있는 자들에게는 숨기시고 어린아이들에게는 나타내심을 감사하나이다. 옳소이다. 이렇게 된 것이 아버지의 뜻이니이다. 내 아버지께서 모든 것을 내게 주셨으니 아버지 외에는 아들을 아는 자가 없고 아들과 또 아들의 소원대로 계시를 받는 자 외에는 아버지를 아는 자가 없느니라. 수고하고 무거운 짐 진 자들아 다 내게로 오라 내가 너희를 쉬게 하리라. 나는 마음이 온유하고 겸손하니 나의 멍에를 메고 내게 배우라 그리하면 너희 마음이 쉼을 얻으리니. 이는 내 멍에는 쉽고 내 짐은 가벼움이라 하시니라."

이런 예수의 말씀을 바울의 언어로 바꾸면, 마침내 예수께서 하나님과 사람 사이의 유일한 중보자로서 자리를 독점적으로 차지하신 것이 명확하게 드러난다(딤전 2:5). 다른 말로 하면 하나님께서 예수에게 전권을 위임하셨기에, 이제부터는 아들을 통하지 않고는 하나님과 사람 사이에 누구도 끼어들 수 없도록 조치하신 것이다. 요한이 보존한 언어로 바꾸면 예수께서 길이요, 진리요, 생명이시기에 예수로 말미암지 않고는 하나님 나라에 들어갈 수 없게 된 것이다(요 14:6). 예수는 그동안 하나님께서 자기 백성을 위해 세웠던 모든 메신저를 능가하는 사랑하는 독생하신 아들이다(막 12:1-12). 비록 죽임을 당하여 건축자들의 버린 돌이 되었으나, 이스라엘뿐만 아니라 이방인까지도 포괄하여 하나로 연결하는 모툉잇돌이 되는 놀라운 반전이 일어났다(막 12:10, 엡 2:11-22).

그리스도 예수는 하나님의 아들로서 친히 사람이 되어 죄인 가운데 거하신 하나님과 인간 사이의 유일한 중보자이다(요 1:1-14, 딤전 2:5). 아담과 하와에게 약속한 그 사람이요, 단번에 영원한 속죄제사를 드림으로써 구원의 토대를 역사적으로 놓은 분이다. 그런 의미에서 그리스도 예수는 구약에서 약속을 따라서 기다려온 그 사람이며, 세대를 거듭하면서 반복적으로 드려진 희생제사를 궁극적으로 성취하는 종말론적인 존재이다. 구약의 다양한 계기를 통하여 지목되었던 바로 그분이요, 하나님과 백성을 화목하게 하는 최종병기인 셈이다. 이제 하나님 나라는 예수라는 인격과 그의 사역을 떠나서는 볼 수 없고 들어갈 수 없는 것으로 귀결되었다. 이런 면에서 예수는 하나님 나라 그 자체이며, 몸소 천국(αὐτὸ βασιλεία)인 것이다.

예수께서 니고데모와 나눈 하나님 나라 담론을 통해 일깨우고자 했던 내용이 바로 지금껏 논의한 이런 전망이다. 이스라엘은 아브라함의 언약을 이음으로써 하나님의 구원 경륜을 펼쳐가는 소중한 언약 백성의 공동체요, 마침내 예수께서 그분의 사역을 성취해냄으로써 그 존재의 의미가 완성되는 그런 언약 백성의 공동체였다. 이런 점에서 니고데모가 마주하고 있는 예수야말로 이스라엘의 역사를 통하여 구현하려고 했던 하나님 나라의 핵심이요, 요체요, 토대였다. 그리스도 예수의 십자가와 부활의 길을 통하여 언약 백성으로서 이스라엘은 민족적인 경계를 넘어서 하나님 나라의 최전방의 대안 공동체인 교회로 전환되어야 하는 패러다임 전환기를 맞닥트리고 있었다.

4. 종말의 빛에서 읽는 "아우토 바실레이아"

오스카 쿨만(Oscar Cullmann, 1902-1999)은 역사를 그리스도 예수를 중심으로 이해하는 것이 옳다는 견해를 신학적으로 구체화하였다. 그는 『그리스도와 시간』(나단출판사, 1987)에서 구약이 그리스도 예수를 기다리는 시간(Erwartungszeit)이라면, 신약은 오신 그리스도 예수를 회상하는 시간(Erneuerungszeit)이라는 논지를 전개하였다. 그리스도 예수가 신·구약의 중심이라는 사실을 명확히 한 것이다. 예수가 구약과 신약을 관통하는 핵심 가치인 하나님 나라 그 자체라는 사실을 집약하여 드러냈다. 20세기의 기독론 중심의 신학이라는 충격과 함께 집중적으로 조명된 내용으로, 성경에 반영된 하나님의 경륜을 일관된 안목으로 읽어낼 수 있는 방향을 제시했다는 점에서는 성경과 역사를 읽어가는 건전한 논의로 받아들여야 한다.

신·구약성경의 중심으로서 그리스도 예수의 인격과 사역을 종말론적인 언어로 재해석하는 지점을 자극한 신학자는 요하네스 바이스(Johannes Weiss, 1863-1914)이다. 그는 저서 『하나님 나라에 대한 예수의 가르침』에서 예수가 선포한 하나님 나라는 이 세상 질서를 종식하고 새로운 질서를 도래케 하는 성격을 지니고 있다고 설파한다.[9] 그 후로 알베르트 슈바이처(Albert Schweitzer, 1875-1965)도 예수의 생애 연구사를 다룬 책『라이마루스로부터 브레데까지』에서 예수가 가져온 하나님 나라의 묵시적 종말 사상을 파헤친다.[10] 구약이 기다려온 예수는 계몽주의자들이 구현했던 분과는 차별화되는 존재라는 점을 환기시키며 예수는 종말을 일관되게 추구한(consistent eschatology) 메시아였다는 사실을 드러내려고 했다.

　슈바이처는 예수가 유대교의 묵시문학적인 종말을 마음에 품고 그 일을 실행하기 위하여 자신의 일생을 바쳤지만 성취하지 못하여 끝내 역사의 수레바퀴에 깔려 죽었다고 보았던 프리드리히 스트라우스(David Friedrich Strauß, 1808-1874)의 입장을 계승하였다.[11] 슈바이처는 적어도 예수가 일관된 종말 의식을 갖고 살았다는 사실을 적확하게 드러냈다는 점에서 올바른 통찰을 제기했다고 볼 수 있다. 예수가 제자들을 파송하여 천국 복음을 전하도록 하는 일에서 그리고 자신의 죽음에서까지 그 의식을 가지고 일관된 삶

9　Johannes Weiss, *Die Predigt Jesu vom Reiche Gottes* (Göttingen: Vandenhoeck & Ruprecht, 1989).

10　Albert Schweitzer, *Von Reimarus zu Wrede: Eine Geschichte der Leben-Jesu-Forschung* (Tübingen: J. C. B. Mohr, 1906).

11　D. F. Strauss, *Das Leben des Jesu für das deutsche Volk bearbeitet II* (Bonn: Emil Strauss, 1877), 299-308.

을 살았다는 것이다.[12] 슈바이처는 포로기 이후 선지자들을 통하여 예고되었던 종말이 예수의 인격과 사역을 통하여 실현되었어야 하는데, 예수께서 그런 결과를 보지 못하고 실패한 채 죽었다고 본 것이다. 그러나 환 더 베이끄(A. van. de Beek)는 예수께서 실패한 것이 아니라, 슈바이처가 그 실상을 드러내는 일에 실패했다고 보았다.[13]

슈바이처의 논점은 종말을 통하여 실현될 하나님 나라는 여전히 미래의 어느 날엔가 필연적으로 실현될 그런 나라(an exclusive futuristic eschatology)로 남겨지게 되었다는 것이 다. 이런 논점이 제안되면서, 이 세상은 인간의 이성에 기반한 기술의 발전에 근거하여 점진적으로 유토피아를 향하여 움직일 것이며, 인간의 관념에 이미 신의 관념이 구현되었기 때문에 이웃사랑을 실현할 수 있고, 예수의 삶을 본받으면서 윤리적인 측면에서 하나님 나라를 성취할 수 있다고 믿었던 계몽주의자들의 환상에 대하여 예수는 "아니오"라고 응답한 분이었음이 명확해진 것이다. 그리고 구약성경이 견지하는 묵시적 종말론 전망에서 예수를 다시 읽을 수 있도록 자극했다는 점에서, 슈바이처는 다양한 비판에 내몰릴 수 있음에도

---

12 Albert Schweitzer, *Geschichte der Leben-Jesu-Forschung* (Tübingen: J. C. B. Mohr, 1913), 406-434.

13 환 더 베이끄는 "Volgens Schweitzer is er niets van Jesus' verwachting waar geworden. Volgens Wright heeft niets Jesus zich vergist, maar Schweitzer." 라고 평가하였다. A. van de Beek, *God doet recht: Eschatologie als christologie* (Zoetermeer: Meinema, 2008), 146.

불구하고 매우 중요한 논점을 제안하였다는 사실에 대하여 평가 받을 수 있을 것이다.

기존의 패러다임에 대한 이런 도전을 계기로 성경을 다시 읽게 되었고, 구약성경에서 묵시문학적인 종말을 노래했던 선지자들의 전망을 심층적으로 읽음으로써 예수께서 가져온 종말이 슈바이처가 판단하였듯이 실패로 끝난 것이 아니라, 오히려 실현되었다는 사실이 드러나게 되었다. 특별히 독일 신학계에서 제기된 주장에 자극을 받은 영국 신학자인 다드(Charles Harold Dodd, 1884-1973)는 그리스도 예수의 초림에서 구약성경이 견지해온 종말의 한 차원이 실현되었다는 사실(realized eschatology)을 강조하는 일에 전력을 쏟았다.

그의 주장은 예수의 인격과 사역에서 구약의 신실한 하나님의 백성이 간절하게 기대했던 하나님 나라의 면모가 드러났다는 것이다. 신실한 자들을 칭의하여 하나님의 백성의 지위에 앉히고, 교만하고 압제하는 자들을 심판하여 영원한 정죄에 노정하는 일이 그리스도 예수의 십자가와 부활에서 실현되었다고 본 것이다. 한편으로 하나님의 택한 백성은 그리스도 예수의 십자가로 죄와 사망에서 해방되어 자유하게 되는 일이 일어났을 뿐만 아니라, 부활에서 의와 생명에로 확정되어 하나님 나라의 백성이 되는 일이 일어났기 때문이다. 다른 한편으로 그리스도 예수의 십자가로 사탄의 머리가 깨져 그 왕좌에서 쫓겨나고(요 12:31), 부활로 그리스도 예수께서 온 우주의 주로서 등극하시어 그의 왕권이 실현되었기 때문이다(마 28:18-20, 시 2:1-12).

특별히 그리스도 예수의 십자가를 승리로 묘사하는 요한의 신학에 따르면, 그리스도 예수의 십자가와 부활로 아담과 하와를 꾀어 하나님을 향한 반란을 꾀한 사탄의 머리를 깨트리는 일이 일어났다. 사탄이 이 세대의 왕으로서 천하를 미혹하는 권좌에서 내어쫓겼다(요 12:31). 이런 인식은 자신의 십자가의 죽음을 언급하면서 예수께서 친히 하신 말씀인데, 요한복음 자체 내에서 십자가는 부활로 필연적으로 귀결되기 때문에, 십자가와 부활이 갖는 구속사적인 의미가 잘 반영된 것이다(요 12:27-33).

십자가에 못 박혀 죽으셨다가 부활하신 그리스도 예수가 온 우주의 왕으로 등극했다는 사실은 마태의 신학에도 잘 반영되어 있다(마 28:16-20). 예수께서 십자가와 부활을 통하여 왕으로 등극하는 반면에, 사탄은 결박되어 무저갱에 갇힘으로써 더는 자유롭게 천하만국을 미혹하는 전권을 행사할 수 없게 되었다(계 20:1-3). 새로운 왕으로 등극하신 그리스도 예수께서는(마 28:16-20) 온 천하에 다니며 만민에게 십자가와 부활에서 시작된 일을 널리 전파할 것을 명하셨다(막 16:15).

그리스도 예수의 십자가와 부활이 갖는 이런 종말론적인 차원 때문에 종말론적인 삶에 참여하는 일이 곳곳에서 일어났고, 그 결과로서 교회공동체가 형성되게 되었다. 12명의 제자, 70인의 전도 공동체, 120여 명의 무리, 500여 형제들, 3000명, 5000명의 회심과 함께 예루살렘교회가 형성되고, 사마리아에도 복음이 전파되어 신앙 공동체가 형성되고, 이방인 지역에서도 곳곳에 교회공동체가 형성되었다. 이렇게 형성된 공동체의 모퉁잇돌은 바로 십자가에 못 박혀 죽고 부활하신 그리스도 예수였다는 사실을 기억해야 한다.

이런 측면에서 보면, 그리스도 예수는 구약이 갈구한 종말론의 토대를 놓은 분이요, 신약의 공동체들이 그 토대를 회상하여 기념하는 분이다. 시간의 양적인 측면에서 보면 구약이 신약보다 더 길지만, 질적인 측면에서 보면 종말의 때가 충만해졌다는 점에서 신약이 시간의 중심을 구성한다고 말할 수 있고, 그 시간의 중심에 그리스도 예수가 우뚝 서 있다. 그리스도 예수가 아담과 하와를 통해서 시작된 인류 역사의 중심을 이룬다고 말할 수 있는 것은, 그분의 십자가와 부활에서 구약의 역사와 신약의 역사까지도 심판하시며 구원으로 수용하는 지점을 구성하기 때문이다.

사도 바울도 구약의 종말론적인 관점에서 그리스도 예수의 십자가와 부활을 읽었다. 그리스도 예수께서 자신의 십자가와 부활로 인하여 인간을 죄와 그 죄에 수반되는 비참에 빠트린 세상 주관자인 사단의 손아귀에서 빼내어, 하나님의 사랑스러운 독생자인 자신의 영광스러운 나라로 옮겨주는 것으로 읽었다(엡 2:1-3, 골

1:13-14), 그리스도 예수의 십자가와 부활에 참여한 자의 삶은 이미 하나님 안으로 받아들여졌고(롬 5:18, 골 3:1-3), 그리스도 예수의 다시 오시는 날에 영광스러운 모습으로 공개적으로 나타나게 될 것(골 3:4)이라는 사실에서 구약에서 견지한 종말의 한 차원이 완성되었다고 본 것이다. 말을 바꾸어 표현하면, 둘째 아담 그리스도 예수의 십자가와 부활에서 첫째 아담에서 비롯된 이 세대(this age)를 향한 심판이 실행되었고, 그리스도 예수를 머리로 하는 올 세대(age to come)의 생명이 이미 활동하기 시작했다(롬 5:18).

이런 전반적인 일이 그리스도 예수의 초림에서 이루어진 핵심적인 국면이다. 구약시대의 신실한 자들이 앙망했으며, 선지자들이 간구했던 하나님의 공의로운 심판과 자비로운 수용이 그리스도 예수의 십자가와 부활에서 성취되었기 때문에, 알버트 슈바이처가 오판했듯이 예수께서 종말을 가져오는 일에 실패한 것이 아니라, 찰스 다드가 선언했듯이 종말을 이미 실현하여 작동하는 지점을 역사 안에 구성했다고 말하는 것이 옳다. 그리스도 예수의 인격과 사역에서 구약의 종말론적인 전망과 신약의 종말론적인 비전이 서로 포옹하는 일이 일어났다.

이런 측면에서 오리게네스가 언급한 "아우토 바실레이아"(αὐτὸ βασιλεία)는 매우 핵심적인 하나님 나라 개념을 구성한다. 하나님 나라는 근본적으로 그리스도 예수를 떠나서는 구성되지 않는다는 점에서 그렇다. 이미 살펴보았듯이 구약의 백성들은 그리스도 예수의 오심을 고대하는 방식으로, 신약의 백성들은 오신 그리스도 예수를 회상하고 기념하는 방식으로 그리스도 예수 중심적인 삶을 구성했다. 비록 구약에서는 그림자요, 신약에서는 실체가 드러난다는 차이가 있지만, 기독론적인 중심성을 떠나서는 하나님 나라를 구현할 수 없다는 점에서 구속사적인 역사 이해의 신빙성을 의심할 수는 없다.[14]

나가며

하나님 나라를 말할 때, 그 나라의 정체를 가장 명확하게 드러내는 지점은 그리스도 예수와 그분의 사역이다. 그리스도 예수가 구약의 역사와 신약의 역사를 관통하는 핵심 가치라는 점에서 그렇다. 우주는 여전히 하나님께 속하였으나, 범죄한 인류는 그 사실을 망각하였다. 우주와 그 가운데 만유의 주재이신 하나님은 역사 속에서 민족으로 이스라엘을 일으키셨고, 그 나라를 통하여 이 사실을 열방에 일깨우는 일을 경륜하셨다. 그리고 여러 모양과 여러 부분으로 말씀하시기를 거듭하였으나, 마침내 아들로 이 사실을 알리시기로 최종적인 행동을 하셨다.

만유의 주재이신 하나님의 아들 그리스도 예수는 성육신하여

---

14 K. Barth, *Church Dogmatics* IV/4 (Grand Rapids: Eerdmans Publishing co., 1981), 248-249.

하나님과 그분의 구원 경륜을 계시하였고, 결과적으로 그리스도 예수를 통하여 하나님과 인류가 화해하는 길이 열리게 되었다. 바로 이러한 성취가 이루어지는 과정에 사용된 민족이 언약 백성의 공동체로서 이스라엘이었다. 이스라엘을 통한 하나님의 경륜이 성취되면서 민족으로서 이스라엘을 넘어서 하나님 나라가 보편적이고 우주적으로 실현되기 시작하였고, 그 핵심적인 실체가 바로 교회공동체다. 교회는 하나님 나라 그 자체이신 그리스도 예수를 머리로 한 언약 백성의 공동체이며, 하나님 나라를 최전방에서 드러내는 핵심 공동체로서 세상에 실존을 꾀하게 되는 것이다.

구약과 신약을 포괄하는 핵심으로서 하나님 나라는 그리스도 예수를 떠나서는 형성될 수 없다는 사실을 확인하였다. 이제 하나님 나라가 어떤 모습으로 구현되어야 하는지에 대하여 더 깊은 논의가 필요하다. 이 장에서는 단지 구약과 신약에서 펼쳐지는 하나님 나라가 "아우토 바실레이아"라는 지점에서 근본적으로 그리고 본질적으로 환기되어야 한다는 사실을 지적하면서 하나님 나라의 토대만을 확인하였다. 우리는 오늘날 "하나님 나라"라는 표현이 주는 다양한 의미가 그리스도 예수와 그분의 사역을 통하여 정돈될 필요가 있다는 사실을 향하여 겨우 발걸음을 떼어놓았을 뿐이다.

2장

현존하는 하나님 나라

1장에서 하나님 나라는 "아우토 바실레이아"이신 그리스도 예수를 떠나서는 설명되지 않는다는 사실을 명확히 하였다. 이제 그리스도 예수의 인격과 사역의 핵심을 조금 더 깊숙하게 파고들어 갈 필요가 있다. 바울의 표현에 따르면 예수는 하나님과 인간 사이의 유일한 중보자다(딤전 2:5). 마태는 중보자로서 예수가 하나님과 사람 사이에서 전권을 가진 존재로 자신을 묘사했다는 사실을 명확하게 보존하고 있다(마 11:27). 메시아, 혹은 그리스도인 예수가 하나님과 사람 사이에서 중보자로서 어떤 삶을 살았는지를 명확하게 규정하지 않고서는 그가 가져온 하나님 나라를 정확하게 정의하기 어렵다. 여기서는 그리스도 예수의 인격과 사역을 명확하게 밝히고, 그가 가져온 하나님 나라를 구체적으로 살펴보려고 한다.

구약의 전승에서 볼 때, 악인의 박해와 압제로 인한 핍박 가운데서 고통받던 의인들은 하나님의 종말론적인 임재를 소망하며 살아왔다. 한편으로, 다윗을 정점으로 하는 초기 왕정 시대, 솔로몬을 정점에 둔 후기 왕정 시대, 분열 왕국 시대, 포로기와 포로 후기에 걸친 모든 경건한 하나님의 백성은 하나님께서 실행하시는 구원의 날을 소망하는 삶을 일관되게 추구하였다. 이스라엘 민족은 다윗을 정점으로 하는 초기 왕정 시대를 제외하고는 열강들 사이에서 고통을 받았고, 그런 중에 이스라엘의 태평성대를 구가했던 다윗 왕조의 영광을 회복하려는 움직임이 움트게 되었다(암 9:11-12). 신약성경에서 이에 관련한 명확한 기록인 사도행전 15장 15-21절[15]을 참고한다면, 구약에서 이스라엘 민족의 회복은 다윗 왕조의 전망을 벗어나서 설명하기는 힘들다.

다른 한편으로, 이스라엘 민족의 흥망성쇠와 함께 그 민족의 현실 속에서 다양한 삶의 정황을 직면하면서 고통받던 수많은 경건한 개개인의 염원 역시 궁극적으로는 진정한 왕, 왕 중의 왕이신 하나님의 직접적인 통치를 목도하는 것에 놓여 있었다. 그런 전형의 흔적이 시편에서 다양하게 발견된다. 삶의 고통스러운 현실을 끌어안고 하나님 앞에서 탄식하며 신원하는 수많은 경건한 사람

---

15 "선지자들의 말씀이 이와 일치하도다. 기록된 바 이 후에 내가 돌아와서 다윗의 무너진 장막을 다시 지으며 또 그 허물어진 것을 다시 지어 일으키리니 이는 그 남은 사람들과 내 이름으로 일컬음을 받는 모든 이방인들로 주를 찾게 하려 함이라 하셨으니 즉 예로부터 이것을 알게 하시는 주의 말씀이라 함과 같으니라. 그러므로 내 의견에는 이방인 중에서 하나님께로 돌아오는 자들을 괴롭게 하지 말고 다만 우상의 더러운 것과 음행과 목매어 죽인 것과 피를 멀리하라고 편지하는 것이 옳으니 이는 예로부터 각 성에서 모세를 전하는 자가 있어 안식일마다 회당에서 그 글을 읽음이라 하더라."

을 발견하게 된다(시 37:1-40). 그들은 진정한 왕이 오셔서 경건한 의인의 억울한 현실을 끝내고 의와 평강으로 다스리는 새로운 삶의 현실을 갈구했다(시 74, 89). 생수의 근원과 푸른 풀밭을 찾는 동물처럼 경건한 하나님의 백성은 하나님의 근원적인 생수를 마시는 그런 삶의 자리에서 자유로운 자로 살아갈 수 있기를 바라며(사 4:2-4, 10:20-27, 37:30-32), 진정한 왕의 도래를 소망한다.

구약이 펼쳐 보이는 맥락에서 종말은 이런 두 차원의 흐름으로 전개될 수밖에 없다. 핵심은 하나님께서 왕으로서 이 역사에 개입하시는 것이다. 구약은 하나님께서 역사 안으로 뚫고 들어와 친히 이런 불의한 권력과 편향된 정의를 끝내기를 갈구하고 있다. 온전한 왕이신 하나님께서 임하시지 않고서는 불의한 역사가 종식될 수 없고, 오만한 인간이 심판에 넘겨지지 않기 때문이다. 하나님의 개입으로 종말론적인 온전한 왕권의 실현이 꼭 필요하다. 구약에서부터 이어져 온 이런 종말의 희망이 성취되는 지점이 바로 하나님의 성육신이다. 하나님의 성육신은 하나님께서 역사 그 자체에 개입하시는 종말론적인 사건이다. 불의한 권력의 심장부, 무도한 압제의 현장, 부당하고 불공정한 삶의 어둠 속에 한 줄기의 빛으로 하늘로부터 뚫고 들어온 사건이 바로 하나님의 성육신이다(사 64:1, 요 1:1, 14, 18).

신약성경은 바로 이 지점을 정확히 인식하면서 열린다. 요한복음 1장 1절의 "태초에 말씀이 계셨습니다. 그 말씀은 성부 하나님과 함께 계셨습니다. 성부 하나님과 함께 계셨던 그 말씀도 하나님이셨습니다"라는 말씀[16]에서 매우 명료한 성자의 성육신 그림 속에서 하나님이신 예수께서 소개된다. 하나님이신 성자의 성육신은 민족으로서 이스라엘을 통하여 마침내 성취되었다. "아브라함과 다윗의 자손"으로서 그리스도 예수의 세계를 펼쳐 보이는 마태복음의 관점도 매우 중요하다(마 1:1). 하나님의 구속 경륜을 묵상하던 바울은 이런 두 차원을 함께 묶어서 "육신으로 하면 그리스도가 그들에게서 나셨으니 그는 만물 위에 계셔서 세세에 찬양을 받으실 하나님이시니라 아멘"(롬 9:5)이라고 표현할 수 있었다.

이는 이사야서에서 예고되었듯이 하나님께서 하늘을 가르고 강림하시어 자기 백성을 구원하시는 예언의 성취다(사 64:1). 하나님이 보좌로부터 하늘을 가르고 고통하는 역사의 한 가운데로 오셔서, 하늘과 땅을 자신의 통치 아래 두시고 고통의 근원을 파하시는 것이다. 그리고 하나님의 가슴에서 생명과 쉼을 누리도록 새 하늘과 새 땅을 이루기 위한 심판과 구원(사 66:1-24)이 그리스도 예수 안에서 성취될 것으로 내다보는 것이다. 하나님은 이스라엘 민족을 통하여 인간을 고통 가운데 떨어지게 만든 죄와 허물을 해결하시어(사 53:1-12) 열방에 하나님의 진정한 통치를 구현하려고 의도했던 바를 영원히 궁극적으로 성취하고자 하는 것이다(히 1:1-3). 이렇게 볼 때, 예수께서 하나님의 아들로서 우리 한가운데 성

---

16 저자의 사역이다.

육신하여 행하신 일은 종말론적인 성격에서 벗어나서는 해명될 수 없다.

1. 예수의 세례

성령을 통하여 마리아에게 잉태된 예수는 일반적인 출산의 과정을 통하여 아기로 세상에 오셨다. 태어난 지 8일 만에 할례를 받고, 부모인 요셉과 마리아로부터 양육을 받아 열두 살 때 유대인의 결례를 따라서 예루살렘성전에 올라가 하나님 앞에 자신을 나타내었고, 이것을 끝으로 성경에서 예수의 유년기의 삶은 종결되었다(눅 2:41-51). 이후 서른 살이 되어서야 예수께서 자신을 세상에 드러내셨다(눅 3:23). 하나님의 아들로서, 그리고 유대인으로서 예수의 정체성을 명확하게 고지한 후 열여덟 해의 생애는 생략된다. 하나님과 사람 사이의 유일한 중보자로서 그의 정체성을 알리는 일이면 충분하였으며, 서른 살에 세상에 자신을 드러낸 것 역시 유대인의 결례를 따른 것이다.

예수께서 다시 자신을 드러낸 곳은 세례 요한이 세례를 베푸는 현장이었다(눅 3:21). 여기서 제기될 수 있는 신학적인 문제는 요한의 세례가 회개의 세례인데(마 3:1-2), 예수에게도 이런 세례가 필요한가 하는 데 있다. 예수께서는 모든 일에 우리와 한결같이 시험은 받으시되 죄는 없는 분이기에(히 4:15), 심지어는 죄를 알지도 못하는 분이기에(고후 5:21) 요한이 베푸는 회개의 세례(눅 3:7-14)는 그에게 불필요하기 때문이다. 세례 요한도 자신에게 나아오는 예수를 향하여 자신이 베푸는 세례를 받을 필요가 없다는 사실을 명확히 하였다(마 3:14). 따라서 예수는 왜 요한의 세례를 자청한 것일까 라는 물음이 자연스럽게 제기될 수밖에 없고, 성경의 안내를 따라서 답을 찾는 일이 필연적이지 않을 수 없다.

이 물음에 대한 예수의 대답에 주목할 필요가 있다. 예수께서는 자신에게 세례가 베풀어져야 할 당위를 요한에게 설명하면서 "우리가 이와 같이 하여 모든 의를 이루는 것이 합당하니라"고 제안하셨고, 이 제안을 받아들인 요한에게 끝내 세례를 받으셨다(마 3:15-16). 그렇다면, 요한과 예수께서 합의한 일, 즉 이렇게 함으로써 "모든 의를 이루는 것"에 함의된 것은 무엇일까? 모든 일에 한결같이 시험을 받으시되 죄는 없으신, 심지어 죄를 알지도 못하시는 예수께서 어떤 이유로 세례 요한이 베푸는 회개의 세례를 받으셨을까? 특히 예수께서 언급하신 "모든 의를 이룸"이 무엇을 의미하는지 집중하지 않을 수 없다.

성육신하신 예수께서는 하늘을 가르고 역사의 한복판으로 들어오신 분인데, 그분이 죄인이 받을 세례를 자청하여 받으셨다. 이는 하나님과 사람 사이의 유일한 중보자로서 자신의 생을 열어가는 핵심적인 지점을 보여준다. 예수께서는 요한의 세례를 통하여 죄인의 죄를 짊어지고 그 죄를 그에게서 멀리 옮겨주시기 위하여(요

1:29) 세례를 받으신 것이다. 죄를 옮겨주시는 행위는 구약의 제사 제도에서 이미 구체적으로 계시되었다. 한편으로는 아사셀 양을 통하여 죄를 진중에서 광야로 멀리 옮겨주는 일로, 다른 한편으로는 죄를 짊어지고 죽임을 당하여 흘려진 피로 죄를 덮어주는 방식으로 이루어진다. 요한은 그리스도 예수를 죄를 옮겨주시는 분으로 묘사하였고(요 1:29),[17] 마가는 십자가에 못 박혀 죽음으로 이 일을 성취하는 분으로 묘사하였다(막 10:38, 45). 예수는 이러한 두 차원을 한 인격 안에 구현하는 존재로서 세례에 참여하고 있다.

이런 전망에서 보면, 바울과 그 일행이 에베소에 들어가면서 세례 요한의 세례만을 알고 있던 어떤 제자들을 만나 대화를 나누던 과정이 잘 해명될 수 있다(행 19:1). 세례 요한의 세례가 지향하는 방향은 죄인의 회개에 놓여 있는데, 예수께서는 요한의 세례를 받아 십자가와 부활에서 본질적으로 이 일을 성취함으로써 죄인들의 죄와 허물을 멀리 옮겨주실 뿐만 아니라 근원적으로 덮어주시는 일을 성취하셨다. 따라서 바울이 그들을 만나 이 사실을 일깨움으로 그 일의 경과를 듣고 깨달은 그들이 그 사실을 받아들임으로써 구원에 참여하는 일이 일어났다(행 19:2-7). 하나님과 사람 사

---

17 요한계시록 5장 12절에 "죽임을 당한 어린 양"(τὸ ἀρνίον τὸ ἐσφαγμένον)이라는 내용이 보존되어 있다는 점에서, 요한은 구약의 속죄제의 양 두 마리의 역할이 예수에게서 성취된 것으로 이해하였다고 보아야 한다. 풀어 말하자면 예수는 자기 백성의 죄를 짊어지고 성문 밖으로 나가셨고, 골고다 언덕에서 자기 백성의 죽음을 대신하여 죽음으로써 자기 백성에게서 죄를 멀리 옮겨주실 뿐 아니라, 그 죄를 덮어 부끄러움을 가려주신 것이다.

이의 유일한 중보자인 예수는 죄인의 죄를 짊어지고 예루살렘 성문 밖으로 나가 골고다 언덕 위에서 십자가에 못 박혀 하나님의 저주를 받아 죽음으로써, 죄인으로부터 죄를 멀리 옮겨주고 속량하여 하나님의 아들딸이 되는 길을 자신의 세례를 통하여 노정하였다. 바울이 이 사실을 깨닫고, 에베소의 그 어떤 제자들에게 전한 것이다. 바울의 눈에 예수께서는 요한의 세례를 통하여 자신의 삶을 노정하고, 궁극적으로는 그 삶을 성취하는 그런 존재로 일관한 분으로 파악되었다.

2. 예수의 십자가와 부활

예수의 생애를 통하여 구현된 인격과 삶을 설명할 수 있는 키워드는 다른 어떤 것보다도 "십자가"와 "부활"이다. 성육신뿐만 아니라 생애도 근원적으로는 십자가와 부활을 향하여 노정되어 있다. 그리스도 예수의 삶은 십자가와 부활을 근간으로 파악되어야 하고, 교회의 삶도 마찬가지여야 한다.

십자가

예수는 자신이 이 세상에 온 이유를 "섬김을 받으려 함이 아니라 도리어 섬기려 하고 자기 목숨을 많은 사람의 대속물(λύτρον ἀντὶ πολλῶν)로 주려함이니라"(막 10:45)고 밝히셨다. 이는 예수께서 자신이 받을 세례를 이야기하는 맥락에서 언급한 것으로서 십자가의 세례를 지목하는 말씀이다(막 10:38). "자기 목숨을 많은 사람의 대속물로 주려함이니라"는 구절에서 우선 "많은 사람의"라는 표현의 의미를 찾아야 한다. "많은 사람의"(ἀντὶ πολλῶν)라는 표현에서 전치사 "안티"(ἀντὶ)는 "대신에"라는 뜻으로 읽을 수 있다. 예수께서 사용한 동일한 표현으로 "많은 사람을 대표하여"(περὶ πολλῶν, 마26:28)라든가, 혹은 "많은 사람을 위하여"(ὑπὲρ πολλῶν, 막 14:24)라는 표현을 거론할 수 있다. 이런 용례로 볼 때 예수의 죽음은 많은 사람을 대표한, 많은 사람을 대신한, 많은 사람을 위한과 같은 뚜렷한 함의를 담아내고 있다.

이와 관련하여 특별히 "이것은 죄 사함을 얻게 하려고 많은 사람을 위하여 흘리는 바 나의 피 곧 언약의 피니라"(마 26:28)는 말씀에서 예수 죽음의 의미를 해석할 수 있는 핵심적인 단서를 찾을 수 있다. 또한, "자기 목숨을 많은 사람의 대속물로 주려함이니라"(막 10:45)는 말씀에서 그 의미의 더 깊은 차원을 만나게 된다. 인격적인 존재인 예수가 다른 인격적인 존재들의 죄가 용서되는 합법적인 토대를 마련하기 위하여 자신을 대속물로 내놓는 삶을 살았다는 말씀이다. 특별히 현대인들에게는 예수라는 한 인격적인 존재가 다른 많은 인격적인 존재의 대속물로 제공될 수 있는지에 관한 물음이 제기될 수 있으나, 이는 하나님이 정하신 방법이라는 점에서 적법하게 해명될 수 있다. 인류와 그 역사를 심판하고 구원하는 문제와 관련하여, 하나님께서 선지자 이사야를 통하여 많은 무리의 죄악을 한 인격적인 존재에게 담당시킨다는 방법을 구체적으로 제안했기 때문이다(사 53:6, 고전 1:23-24).

그리스도 예수는 무죄한 자로서, 죄의 삯인 사망에 매인 인간을 위하여, 십자가에서 우리의 죽음을 대표하여 죽으셨다(ὑπὲρ ἡμῶν, 롬 5:8). 이로써 죄인을 죄와 상관없는 의로운 자로 삼을 수 있는 합법적인 길이 열렸다. 바울은 이런 예수의 십자가에서의 죽음을 구약성경에 반영된 속죄제사의 모티브를 통하여 보다 더 구체적으로 설명하였다. 그는 "그리스도 예수 안에 있는 속량으로 말미암아 하나님의 은혜로 값 없이 의롭다 하심을 얻은 자 되었느니라. 이 예수를 하나님이 그의 피로써 믿음으로 말미암는 화목제물로 세우셨으니 이는 하나님께서 길이 참으시는 중에 전에 지은 죄를 간과하심으로 자기의 의로우심을 나타내려 하심이니 곧 이 때에 자기의 의로우심을 나타내사 자기도 의로우시며 또한 예수 믿는 자를 의롭다 하려 하심이라"(롬 3:24-26)는 말씀에 그 내용을 담아 놓고 있다.

바울의 진술에 잘 반영되었듯이 예수는 "화목제물"(ἱλαστήριον)로서 죽음에 넘겨지신 것이다. 화목제물은 속죄제사에 사용되던 제물인데, 회막 앞에 운집한 이스라엘 백성의 죄가 전가된 어린 양이 모든 백성의 죄를 대신하고 대표하여 죽임을 당한다. 죽임을 당할 때 흘린 피를 받아서 대제사장이 지성소로 들어간 후, 지성소 끝 중앙에 놓인 법궤 위 중심에 있는 대접을 뒤집어 놓은 듯 펼쳐진 시은좌(mercy seat)에 뿌리게 된다(출 25:17-21, 레 16:15, 히 9:1-

28, 10:1-14). 그리고 피가 시은좌를 다 덮을 때, 회막 앞에 운집한 모든 백성의 죄가 각각 덮이게 되고(expiation), 결과적으로 지성소에 임재하시는 성부께서 죄인인 백성 각각을 향하여 가졌던 공의로운 진노가 풀어짐으로써(propitiation) 하나님과 회막 앞의 백성들 사이에 화해(reconciliation)가 일어난다.

이런 일이 일어나는 이유는, 죄인 각각의 죄를 대신 짊어지신 어린 양 그리스도 예수께서 공의로운 심판을 행하시는 성부로부터 정당한 심판을 자청하여 받으셨기 때문이다. 그리하여 바울이 언급하듯이 성부께서 "이 때에 자기의 의로우심을 나타내사 자기도 의로우시며," 또한 그와 같은 일을 행하신 그 "예수(를) 믿는 자를 의롭다 하려"는 일이 가능하게 되었기 때문이다(롬 3:26). 성육신을 통하여 진정한 인간이 되어 화목제물로 세워진 예수는 기꺼운 심판을 자청하심으로써 죄인의 죄를 대신 담당하신 것이다. 공의로우셔서 죄를 용납하지 못하시는 성부 하나님은 죄인을 대신하고 대표하신 중보자 예수를 심판하심으로 당신의 공의를 만족시키신다. 동시에 하나님은 그런 일을 담당하신 예수를 믿음으로써 죄와 그 결과로부터 해방된 인간을 의롭다 하실 수 있는 길을 찾으신 것이다. 성부 하나님은 성육신한 아들이 화목제물이 되시니 속죄(expiation)를 이룰 뿐만 아니라 자신의 공의도 만족하게 되어 자기 화해(propitiation)를 이룬다. 동시에 죄인을 의인으로 받아들여 사랑스러운 자녀로 입양할 수 있는 화해의 길(reconciliation)이 열린 것이다.

페트루스 아벨라르두스(Petrus Abelardus, 1079-1142)에게서 확인하듯이, 어떤 신학자들은 예수께서 우리의 죄를 대신 담당하심으로써 하나님의 공의로운 심판의 대상이 되었다는 사실을 부인하려는 의도를 드러내곤 하는데, 이는 왜곡된 읽기로 보인다. 이들은 인간이 죄를 범하였으나 하나님께서 인간을 향하여 공의로운 심판의 무게를 짊어지게 하였다고 여기지 않는다. 오히려 죄에도 불구하고 하나님은 여전히 사랑의 마음을 포기하지 않으셨는데, 다만 인간이 스스로의 죄책으로 인하여 하나님을 피하고 두려워하는 종교심리적 상태에 빠졌다고 말한다. 그래서 스스로 하나님의 면전을 떠나 심판의 두려움에 빠진 채 비참한 삶을 살고 있는 인류에게 하나님께서 자신의 사랑을 확증할 필요를 느끼셨고, 그 사랑의 확증을 십자가로 객관적으로 드러내셨다고 말한다. 인간은 그리스도 예수의 십자가의 죽음에서 발견하는 하나님의 사랑을 직면하면서 내면의 종교심리적 두려움을 떨쳐내고 사랑의 하나님께로 주관적으로 돌이키는 용기를 발현한다고 본다. 객관적인 사건으로서 그리스도 예수의 자발적인 십자가와 주관적인 돌이킴이라는 인간의 반응이 드러나서 주객의 일치를 지향하는 속죄론으로 제안될 수 있으나,[18] 이렇게 되면 공의로우신 하나님은 사라지고 사랑하시는 하나님만 남게 됨으로써 성경의 대속적 속죄론을 온전하게 담아내지 못하는 곤경에 처하게 된다.

---

18   이성림, "아벨라르의 속죄론: 도덕감화설에 대한 비판," 『ACTS신학저널』 48 (2021): 205-236.

이와 관련하여 바울은 갈라디아교회에 보내는 편지에서, 그리스도인이 마땅히 알고 받아들여야만 하는 심오한 통찰을 드러낸다. 그것은 바로 죄를 범함으로써 죄인된 자들이 율법 앞에서 하나님의 저주를 받기에 마땅한 자임을 알게 된다는 것이다. 바울은 공의를 외면하는 자들의 주장과는 상반되게 "그리스도께서 우리를 위하여 저주를 받은 바 되사 율법의 저주에서 우리를 속량하셨으니 기록된 바 나무에 달린 자마다 저주 아래 있는 자라 하였음이라"(갈 3:13)는 말씀에서 하나님을 공의로운 분으로 명확하게 언급한다. 바울은 율법을 하나님의 마음의 표현으로서 의롭고 선한 것으로 본다(롬 7:12). 따라서 율법에 비추어 죄인으로 판명이 되면(롬 7:13), 율법의 정죄에 따라서(롬 2:12) 죽을 수밖에 없음을 명확히 드러낸다(롬 6:23).

율법은 신령한 것이어서(롬 7:14) 사람이 율법을 다 지키면 그로 인하여 살게 되는 것이 마땅하다(롬 2:6, 13). 하지만 아담 안에서 범죄한 인간은 타락하여 하나님의 영광에 이르지 못하고 율법의 저주에 매인 바 되어(갈 3:10, 12) 죄와 사망의 종노릇하는 삶을 살고 있었다(롬 6:6, 9). 그리스도 예수는 이런 율법의 저주 아래 있는 자들의 죄를 대신 담당하시어 예고된 율법의 저주를 받아 죽음에 넘겨진 것이다. 다른 말로, 성부 하나님은 율법에 기록된 대로 죄인의 죄를 대신 담당한 예수를 죄의 값을 가감치 않고 공의롭게 심판하신 것이다. 율법의 저주 아래 있는 죄인의 죽음을 예수에게서 대신 취하신 것이다. 성부 하나님께서 이런 공의로운 심판을 시행하시는 것은 자신의 공의로운 성품에 합당한 일이다. 하나님께서는 이렇게 공의를 만족케 하신 것을 근거로 그리스도 예수께서 이와 같은 일을 자신들을 위한 내포적 대표로서 행하였다고 믿는 자들의 죄를 간과하여 의롭다고 선언하실 수 있었다(롬 3:25-26).

이것이 예수의 십자가의 의미의 한 축이라면, 또 다른 한 축이 존재한다는 사실을 간과하면 안 된다. 그것은 예수가 중보자로서 수동적으로 단순히 율법의 저주만 받은 존재가 아니라, 능동적으로 율법을 성취하신 분이기도 하다는 것이다. 갈라디아서 4장 4-6절에서 확인하듯이 그리스도 예수는 율법 아래 저주받은 자들을 대신하여 십자가에서 저주받음으로써 율법의 저주에서 죄인을 건져내어 하나님의 아들딸들이 되게 하신다. 또한, 성부 하나님은 구속된 자녀에게 아들의 영을 보내어 하나님을 아바 아버지라고 부르며 자녀로서의 삶을 살아가도록 일하신다. 로마서 8장 4절에서 확인하듯이 하나님은 성령으로 말미암아 율법의 요구가 성취되는 삶으로 자녀들의 삶이 노정하기를 원하셨다.

이런 맥락에서 예수께서 "내가 율법이나 선지자를 폐하러 온 줄로 생각하지 말라 폐하러 온 것이 아니요 완전하게 하려 함이라. 진실로 너희에게 이르노니 천지가 없어지기 전에는 율법의 일점 일획도 결코 없어지지 아니하고 다 이루리라. 그러므로 누구든지 이 계명 중의 지극히 작은 것 하나라도 버리고 또 그같이 사람을 가르치는 자는 천국에서 지극히 작다 일컬음을 받을 것이요 누구든지 이를 행하며 가르치는 자는 천국에서 크다 일컬음을 받으리라. 내가 너희에게 이르노니 너희 의가 서기관과 바리새인보다 더 낫지 못하면 결코 천국에 들어가지 못하리라"(마 5:17-20)라고 말씀하신 것이다.

달리 말하면, 그리스도 예수는 한편으로, 율법의 저주를 대신 받아 죄인을 율법의 저주에서 해방하여 의로운 자로 인정을 받아 하나님의 아들로 입양될 수 있도록 십자가에서 수동적인 순종을 이행한 분이다. 다른 한편으로, 아들로서의 삶을 실행할 수 있도록 율법을 성취하는 분으로 율법의 의가 그리스도인의 삶에서 실제로 구현되도록, 그리하여 의로운 자의 신분을 넘어서 실제로 하나님의 자녀로서 누려야 할 영생(롬 5:18)과 그 영생에 수반되는 영광을 지금 여기서 맛보고 경험하며 살아가도록 능동적인 삶으로 섬기신 분이다(롬 6:12-14, 롬 8:4, 요 10:10, 17:17-26).

장사

십자가는 필연적으로 죽음을 내포한다. 정강이를 꺾어서 죽음이 확인된 후에야 십자가 형틀에서 죄인을 내리기 때문이다. 그리스도 예수와 함께 십자가에 못 박힌 두 강도와 달리 예수의 경우 정강이뼈를 꺾지 않은 이유는 예언의 성취[19]라는 측면도 있지만, 그의 죽음이 확실했기 때문이다(요 19:31-37). 이런 이유로 죽음만을 강조하는 경우에는 십자가를 말하는 것만으로도 충분하다. 바울이 "그리스도 예수의 사람들은 육체와 함께 그 정욕과 탐심을 십자가에 못 박았느니라"(갈 5:24)고 고백할 때, 십자가 그 자체에서 수반되는 죽음이라는 차원을 배경에 두고 있는 것이다.

그럼에도 불구하고, 바울은 고린도교회의 회중을 향하여 자신이 받은바 복음을 설명하면서 "이는 성경대로 그리스도께서 우리 죄를 위하여 죽으시고, 장사지낸 바 되었다가, 성경대로 사흘 만에 다시 살아나사"(고전 15:3-4)라고 말함으로써 죽음, 장사, 부활이라는 세 가지 중심을 환기하였다는 사실에 주목할 필요가 있다.[20] 문맥상으로는 육체의 부활의 불필요성을 전제로 갖고 있었던 고

---

19 요한은 출 12:46, 민 9:12, 시 34:20에 예언된 말씀이 성취되는 측면을 강조하였다.

20 리챠드 개핀, 『구원이란 무엇인가』 (크리스챤출판사, 2007), 40-99. 개핀이 "장사"를 따로 구별하여 설명하지는 않지만, 바울신학의 중심을 고린도전서 15:1-4를 근간으로 명석하게 제시하고 있다.

린도교회의 회중에게 육체적인 부활의 중요성을 환기하고자 하는 초점을 일차적으로 고려하면서 해석하는 것이 필요하다. 그리스도 예수의 십자가에서의 죽음이 확실하기에, 장사지낸 바 되는 일이 일어난 것이다. 바울은 그리스도 예수가 실제적인 죽음에 이른 사실을 강조함으로써 고린도교회의 그리스도인도 어느 날엔가 죽게 되고, 장사될 것이지만 그리스도 예수의 다시 오시는 날에 무덤에서 나와 부활의 영광에 참여할 것임을 강조한다.

이렇듯, 바울의 이해 구조에서 예수의 죽음과 장사됨은 부활의 확실성에 대한 근거로 작동하지만, 이차적으로 그리스도인도 그리스도 예수의 십자가에 참여하여 그와 함께 장사되는 일이 필연적이라는 사실을 지목하는 의미로 기능한다. 이와 관련하여, 로마서 6장 1-23절에 걸쳐서 바울이 의와 생명에 참여한 그리스도인의 삶의 당위성을 설명하는 과정에서, "장사되다"라는 표현이 다시 한번 등장한다는 사실을 주목해야 한다. 특별히 4절의 "우리가 그의 죽으심과 합하여 세례를 받음으로 그와 함께 장사되었나니 이는 아버지의 영광으로 말미암아 그리스도를 죽은 자 가운데서 살리심과 같이 우리로 또한 새 생명 가운데서 행하게 하려 함이라"는 바울의 언급에서, 장사, 즉 땅에 묻음은 그리스도인의 장사됨을 의미하기 때문이다.

이렇게 "장사"를 강조하는 이유는 4절의 이어지는 말씀에서 확인되듯이, "이는 아버지의 영광으로 말미암아 그리스도를 죽은 자가운데서 살리심과 같이 우리로 또한 새 생명 가운데서 행하게 하려"는 데 있다. 그리스도인의 삶이 확실하게 부활의 능력에 참여하는 삶이 되기 위해서는 과거의 삶을 묻어버리는 일이 선행되어야 한다는 사실을 강조하는 말씀이다. 십자가에 참여함으로써 죄에 대하여 죽는다는 말이, 단순히 관념적인 혹은 개념적인 일로 머무는 것이 아니라, 과거의 삶을 실제적으로 묻어버림에 이르는 것임을 강조하고 있다. 죽음이 묻힘으로 확인되듯이, 그리스도 예수의 십자가에 참여한다는 말은 자신의 과거를 파묻는 일에서 확인되어야 한다.

바울은 고린도전서 15장 3-4절에서 자신에게 전해진 복음의 핵심이 죽음, 장사, 부활로 요약된다는 사실을 강조하면서, 고린도 교회의 회중에게 그들의 미래 부활의 확실성을 명확하게 하는 것으로 적용하였다(고전 15:12-58). 그리고 로마에 있는 그리스도인들에게 자신의 과거를 그리스도 예수의 십자가에 못 박는 일뿐 아니라, 파묻어버리는 일로 해석함으로써 부활의 소망을 따라서 과거와는 질적으로 다른 새로운 삶을 살아가는 것으로 적용하였다. 교회는 그리스도 예수의 십자가에 참여할 뿐만 아니라 그와 함께 장사됨으로써 한편으로 명확한 부활의 능력을 경험하며 살아가야 하고, 다른 한편으로 미래의 확실한 부활에 참여해야 한다.

"그리스도 예수의 사람들은 육체와 함께 그 정욕과 탐심을 십자가에 못박았느니라"(갈 5:24)고 고백한 바울은 실제로 자신의 과거를 파묻었다. 빌립보교회에 보낸 편지에서 바울은 "나도 육체를 신뢰할 만하며 만일 누구든지 다른 이가 육체를 신뢰할 것이 있는 줄로 생각하면 나는 더욱 그러하리니 나는 팔일 만에 할례를 받고 이스라엘 족속이요 베냐민 지파요 히브리인 중의 히브리인이요 율법으로는 바리새인이요 열심으로는 교회를 박해하고 율법의 의로는 흠이 없는 자라 그러나 무엇이든지 내게 유익하던 것을 내가 그리스도를 위하여 다 해로 여길뿐더러 또한 모든 것을 해로 여김은 내 주 그리스도 예수를 아는 지식이 가장 고상하기 때문이라 내가 그를 위하여 모든 것을 잃어버리고 배설물로 여김은 그리스도를 얻고 그 안에서 발견되려 함이니 내가 가진 의는 율법에서 난 것이 아니요 오직 그리스도를 믿음으로 말미암은 것이니 곧 믿음으로 하나님께로부터 난 의라"(빌 3:4-9)고 고백하기 때문이다. 바울은 육체를 향한 정과 욕심을 파묻었기에 부활의 권능을 누리는 삶을 모색할 수 있었다.

그러나 장사됨을 성경 전반의 맥락으로 끌어낸다면, 베드로에게서 확인하듯이 단순히 땅에 묻힘만으로 종결할 수 없는 주제인 것이 분명하다. 이런 문제는 한국어로 번역된 사도신경에서는 찾아볼 수 없지만, 사도신경(Symbolum Apostolorum, 359)에는 "그리스도께서 옥에 내려가셨다"(descendit ad inferna)라는 표현으로 구체화된다. 장사라는 표현의 일반적인 의미는 무덤에 안장되었다는 의미를 구성하지만, 기독교적인 시각에서 볼 때, 죽음은 육체로부터 영/혼의 분리를 의미한다. 따라서 엄밀한 의미에서 무덤에 매장된 것은 육체뿐이므로 영/혼의 실존에 대하여 질문하지 않을 수 없다.

예수도 인간이었기 때문에, 십자가에서의 죽음과 함께 육체로부터 영/혼이 분리되는 일이 일어났다. 이런 정황은 다음 구절에서 확인된다. "예수께서 큰 소리로 불러 이르시되 아버지 내 영혼을 아버지 손에 부탁하나이다 하고 이 말씀을 하신 후 숨지시니라"(눅 23:46). 그렇다면, 육체로부터 분리된 예수의 영/혼은 어디로 간 것인가라는 질문이 자연스럽게 뒤따른다. 이에 대한 구체적인 진술이 베드로의 글에서 발견된다. 베드로전서 3장 18-22절에 걸쳐서 예수의 죽음과 관련한 구체적인 진술이 기록되어 있다. 특히 18절 중반부터 "육체로는 죽임을 당하시고 영으로는 살리심을 받으셨으니"라고 이어지는 말씀에서 육체로부터 분리된 영/혼의 실재를 직면한다.

이어지는 "그가 또한 영으로 가서 옥 안에 있는 영들에게 선포하시니라"는 말씀에서 확인하듯이, 육체로부터 분리된 영/혼이 옥으로 가셨다. 베드로는 '내려갔다'는 표현이 아닌 '나아갔다'는 표현을 사용하고 있는데, 중요한 것은 옥으로 나아간 것이다. 영으로 다가간 옥에는 노아의 방주를 예비할 동안에 하나님의 말씀에 귀를 기울여 순종하지 않은 자들의 영/혼들이 거하고 있었다. 예수께서 공생애 동안에 노아시대뿐 아니라 소돔과 고모라도 언급하시며 자신이 직면했던 세대를 향하여 탄식했던 언급을 상기할 때, 딱히 그 기간만으로 한정하기보다는 그리스도 예수의 십자가 사건 이전에 살고 죽었던 모든 비그리스도인의 영/혼이 거주하는 곳으로 보는 것이 옳을 것이다.

그렇다면, 그곳에서 예수는 영으로 어떤 일을 행하신 것인지와 관련하여, "옥에 있는 영들에게 선포하셨다"고 설명되어 있다. 과연 무엇을 선포하신 것인지에 대하여 몰트만의 루터 이해에서 확인되듯이, 모든 죄인의 죄를 대신하여 십자가에 못 박혀 죽음으로써 그리스도께서 죄인을 죄와 사망의 억압에서 해방할 수 있는 기반을 마련하셨고, 따라서 복음을 전함으로써 그 옥을 해방하였을 것이라고 대답하는 경우가 있다.[21] 중국어 성경도 복음을 전한 것으로 번역했다. 하지만 칼빈은 해당 본문의 주석[22]에서 그리스도께서 영으로 옥에 있는 영들에게 복음을 전한 것이 아니라, 십자가의 죽음에서 그들의 영원한 정죄가 확정되었음을 선언하신 것으로 해석하였다. 다시 말하면 칼빈은 구속의 승리가 십자가에서의 죽음을 통하여 확정되었음을 옥에 있는 영들에게 선포하여 베드로가 섬기는 공동체의 회중을 위로하고 있는 것으로 해석하였다.[23]

---

21 위르겐 몰트만, 『십자가에 달리신 하나님』 (한국신학연구소, 1980), 205-283.

22 존 칼빈, 『칼빈주석: 히브리서/베드로전후서/골로새서/빌레몬서』 (도서출판 다은, 1999), 429-435.

23 Johan Buitendag, "Descendit ad [in] inferna: 'a matter of no small moment in bringing about redemption,'" in *Hervormde Teologiese Studies* vol.65(1), Pretoria(2009): 1-8.

이런 해석이 이어지는 문맥과 잘 어울린다고 판단된다. 특별히 20절에서 여덟 명과 그 나머지를 대조하면서, 순종과 불순종으로 그 의미를 찾아가는 것과 잘 어울리기 때문이다. 그 문맥을 고려한다면, 옥에 있는 영들에게 복음이 제시되고 옥문이 열려 해방되는 일이 일어났다고 해석할 수는 없기 때문이다. 그뿐만 아니라 노아시대에 물로 심판을 받을 때 물로 다수가 멸망하고 소수인 여덟 명이 구원에 참여하였듯이, 우리도 물로 세례를 받음으로써 선한 양심이 되살아나 하나님을 추구하는 삶을 노정하는 것이 자연스럽고 마땅한 일이라고 권면하는 21절의 내용과도 잘 어울리는 해석이다.

그렇다면, 그리스도 예수의 영이 옥에서 사흘간 체류하였을지도 궁금해진다. 옥에 있는 영들에게 심판을 확정하신 후 부활하시기까지 어디에 계셨는지에 대하여 22절의 "그는 하늘에 '오르사' 하나님 우편에 계시니"라는 표현에서 힌트를 발견할 수 있다. 특별히 "오르사"라는 단어는 19절의 옥에 있는 영들에게 "나아가신" 것을 언급할 때 사용된 단어와 동일한 단어(πορεύομαι)이다. 시제도 동일한 데, 전체적으로 볼 때 죽음과 함께 영으로 옥에 있는 영들에게 심판을 확정하신 후 곧바로 하늘에 나아가셔서 하나님의 보좌 우편에 사흘간 머무신 것으로 읽는 것이 자연스럽다. 부활하신 이후의 상태를 언급하는 것이기도 하지만, 부활하시기 이전의 영의 상태이기도 하기 때문이다. 십자가에서 한 강도에게 들려준 "오늘 네가 나와 함께 낙원에 있으리라"(눅 23:43)는 언급이나, "아

하나님 나라와 광장신학

84

버지 내 영/혼을 아버지의 손에 부탁하나이다"(눅 23:46)라는 고백
과도 일치하는 관점이라고 판단된다.

이런 측면에서 보면, "장사"라는 언급에서 크게 두 차원의 의미
를 발견할 수 있다. 하나는 육체(σάρξ)와 그 육체에 수반되는 정욕
과 탐심에 대한 실제적인 묻음이라는 의미이고, 다른 하나는 장사
된 상태에서 육체로부터 분리된 예수의 영의 활동에 따른 의미이
다. 두 번째 의미는 그리스도 예수의 십자가 사건 이전에 불순종
가운데 죽어 영으로 옥에 있는 자들의 운명과 관련하여 어떤 유형
의 사색도 불필요한 것으로 만든다. 예수의 장사됨은 중간기 상태
에 놓인 영/혼들에게 대하여도 결정적인 의미를 갖는다. 로마 가
톨릭 교회의 일각에서 행하듯 죽은 자들의 영/혼을 위하여 살아
있는 자들이 기도하거나 혹은 공덕을 쌓아 새로운 기회를 얻는 것
으로 생각할 여지를 없애는 의미를 지닌다. 혹은 그리스도 예수의
십자가에서의 대속적 죽음이 사후 인간의 영/혼에게 두 번째 기회
를 가져오는 것처럼 말하는 다양한 가능성에 대하여도 명확하게
그렇지 않음을 말할 수 있는 중요한 의미를 갖는다. 오늘날의 언
어로 표현하자면 보편구원론적인 전망으로 확장될 가능성을 아예
걸어 잠그는 역할을 하는 말씀이다. 그리스도 예수의 십자가의 죽
음의 효력은 다만 살아 있는 자들에게만 구원의 의미로 다가서게
되는 비가역적인 것임을 명확히 할 수 있다는 사실을 다시 새롭게
확인하게 된다.

부활

죽고 파묻히는 일이 중요하다. 그렇다면 그리스도 예수의 부활은 과연 어떤 의미를 갖는 것인지 궁금해지지 않을 수 없다. 사실 십자가와 부활은 동전의 양면처럼 작동한다. 이런 점을 정확하게 반영하고 있는 것이 요한복음이다. 요한은 그리스도 예수의 십자가를 하나님의 영광의 관점에서 바라본다. 하나님께서 창조하신 세계와 그 가운데 만물을 아우르는 심포니오케스트라 지휘자인 인간은 죄를 범함으로 창조주 하나님을 찬양하기보다는 오히려 자신을 지향하여 더 찬양하고, 자신을 비참한 현실에 빠트린 마귀를 부지불식간에 영화롭게 하는 망령된 삶을 살아감으로써 하나님을 욕되게 하는 어두운 현실에 빠져 있었다. 이런 와중에 새로운 인류의 머리인 그리스도 예수께서 십자가와 부활을 통하여, 가짜 왕이면서 진짜 왕 노릇을 하는 마귀의 실체를 폭로하고(요 8:44) 무력화함으로써(요 12:31), 인류가 마귀의 어두운 권세에서 해방되어 사랑스러운 아들의 영광스러운 나라로 옮겨지는 일이 일어났다(요 1:5, 골 1:13). 만물의 중보자이신 그리스도 예수의 구속으로 말미암아 인간을 포함하여 만물이 그 안에 함께 서서(요 1:1-14, 골 1:15-17) 통일되는 일(엡 1:10)이 일어난 것이다.

바로 이런 이유로, 요한은 그리스도 예수께서, 첫 아담의 범죄로 죄가 들어온 세상뿐만 아니라 그 타락의 원인 제공자인 가짜 왕 사탄의 통치가 횡횡하는 이 어두운 세대를 심판함으로써, 하나님의 주권을 다시 빛 가운데 옹립하는 영광스러운 길을 계획하셨고(요 1:1-14), 마침내 십자가와 부활로 그 길을 열었다고 선언한다 (요 12:31). 예수께서 마귀를 지목하여, "그는 처음부터 살인한 자요 진리가 그 속에 없으므로 진리에 서지 못하고 거짓을 말할 때마다 제 것으로 말하나니 이는 그가 거짓말쟁이요 거짓의 아비"(요 8:44-45)라고 그 정체를 드러냈었는데, 부활로 귀결되는 십자가를 짊어짐으로써 그 마귀에 대하여 결정적으로 승리하셨다. 마귀는 하나님의 백성을 미혹하여 하나님 백성의 자리에서 빼내고 사망을 매개로 자신의 노예 삼음으로 자신에게 헌신하여 자신의 궤계를 좇는 자로 만들어 자신을 중심으로 하는 거짓 왕국을 꾀하였다. 예수께서 마귀의 이런 사역의 맨 첫 순간을 지목하면서 마귀를 궁극적인 원수로 삼은 것이다. 십자가에 못 박히신 그리스도 예수는 사단이 사용하는 치명적인 무기인 사망을 사망으로 폐하고, 부활하심으로 그 쏘는 힘을 박탈하여 무력화시키고 자기 백성을 해방하여 승리하셨다(고전 15:55-57).

그리스도 예수의 십자가와 부활로 말미암아 죄와 사망이 지배하는 나라가 아니라 의와 생명이 지배하는 나라로 전환되는 길이 열렸다(롬 5:18). 사단이 왕 노릇하던 곳이 이제는 그리스도 예수가 왕 노릇하는 나라로 전환된 것이다. 특별히 마태복음은 부활은 십자가로 확정된 일을 공론화하는 사건이라는 점을 아주 명확하게 드러낸다. 예수는 십자가로 노정된 자신의 공생애 초반에 확언했듯이(마 11:27) 부활로 하늘과 땅의 모든 권세를 가진 분으로 확정되었다(마 28:18). 만물로 구성된 심포니오케스트라의 첫 지휘자였던 아담의 실패와는 달리, 마지막 지휘자이신 둘째 아담 예수는 만물을 창조주 하나님께로 구속 곧 속량하는 일에 승리하셨다(골 1:14, 고전 15:28). 하늘에 있는 모든 것, 땅에 있는 모든 것, 곧 만물이 그리스도 예수를 머리로 하여 새롭게 노정되는 토대가 십자가와 부활로 놓인 것이다(엡 1:10)

이렇게 볼 때, 바울이 공감하여 인용하는 "예수는 우리가 범죄한 것 때문에 내줌이 되고 또한 우리를 의롭다 하시기 위하여 살아나셨느니라"(롬 4:25)는 말씀이 이런 정황에 정확히 상응한다. 그리스도 예수는 십자가와 부활로 이 역사의 한가운데 새로운 역사를 형성하는 종말론적인 토대를 놓았다. 하나님 나라를 묵상하면서 이런 지점을 깊이 묵상하여 반영하지 않는다면 중심을 벗어나 주변을 배회하는 우를 범하게 된다. 하나님의 진정한 통치는 바로이 중심을 떠나서는 해명되지 않을 뿐만 아니라 해명되어서도 안되기 때문이다. 하나님 나라는 당연히 십자가와 부활을 구심점으로 하되, 하나님의 통치가 어떤 방식으로 그 외연을 구성하는지에 대한 더 많은 묵상과 토론이 필요하다.[24]

---

24   이와 관련한 일련의 논의는 이 책의 후반부에서 구체적으로 제시될 것이다.

3. 십자가와 부활의 구속사적인 의미

사도 바울은 골로새서 1장 13-14절에서 그리스도 예수 안에서 구속 곧 죄 사함을 통하여 "흑암의 권세에서 건져내사 그의 사랑의 아들의 나라로 옮기셨으니"라고 고백함으로써 그리스도 예수의 십자가와 부활이 갖는 구속사적인 의미의 두 차원의 핵심을 정확히 짚어낸다. 한편으로, 바울은 로마에 사는 그리스도인들을 향하여 "너희는 이 세대를 본받지 말라"고 권면했듯이, 골로새교회를 향하여 그들은 흑암의 권세에서 건져진 자들이라고 확언한다. 바울이 로마교회의 성도에게 본받지 말라고 언급한 "이 세대"가 바로 마귀가 미혹하여 형성하는 "흑암의 권세" 아래 있는 세대다. 어두움의 세상 주관자인 마귀와 그의 수하들이(엡 6:12) 그리스도 예수의 십자가와 부활로 그 권좌에서 쫓겨나(요 12:31), 결박되어 그 활동 영역이 현저히 좁아져 더는 천하를 미혹하지 못하는(계 20:1-3) 그런 상태에 떨어졌다. 반면에 교회는 "온 천하에 다니며 만민에게 복음을 전파"할 수 있는 결정적인 토대가 만들어졌다(막 16:15, 마 28:19-20).

다른 한편으로, 이 세대의 한가운데서 하늘과 땅의 모든 권세를 가진 "그의 사랑하는 아들" 예수를 머리로 하는 새로운 나라가 시작된 것이다. 그간 마귀가 머리가 되어 만국을 미혹하는 일이 일어나고 있었는데(계 20:3), 그리스도 예수께서 십자가와 부활로 마귀에 대하여 결정적으로 승리하심으로써 그를 이 세대의 보좌에서 내어 쫓고 하늘과 땅의 모든 권세를 장악하셨다(요 12:31, 계 20:1-2, 마 28:18). 내어 쫓긴 용, 옛 뱀, 곧 마귀와 그 용을 따르는 무리와 어린 양에게 속한 무리 사이에 갈등이 이어졌다. 이런 와중에 그리스도 예수를 머리로 하는 하나님의 백성이 하나님을 찬양하며 영광을 돌리는 삶을 살아갈 뿐만 아니라(계 12:1-15:8), 천하 만민에게 복음을 전파하는 방식으로(마 24:14, 마 28:18-20), 그리스도 예수의 나라가 역동하여 진흥하게 되는 일이 일어났다. 가짜 왕이 다스리는 곳에 거짓과 술수와 음란과 분쟁이 횡횡하였다면(요 8:31-44), 진정한 왕이 전파되어 그가 다스리는 공동체에는 진리와 지혜와 성결과 화목이 충만하게 되는 일이 일어나는 새로운 경험을 한다(요 17:9-26).

이런 대조적인 상황을 비가역적으로 확정한 사건이 바로 그리스도 예수의 십자가와 부활이다. 성육신하셔서 역사의 한가운데로 뚫고 들어온 그리스도 예수는 십자가와 부활로써 아담과 하와의 타락 이후로 형성되어온 인류의 비참을 심화 확장하려는 마귀의 부당하고 정의롭지 못한 통치를 결정적으로 심판하신 것이다. 구약의 신실한 하나님의 백성이 인내로 기다려온 종말론적인 심판이 슈바이처가 언급했듯이 못내 실패로 끝난 것이 아니라, 그 역사적인 토대를 견고하게 놓는 것으로 귀결되었다. 달리 표현하여 구약의 전체 역사를 관통하면서 종말론적인 지향점을 가진 하나님 나라의 모든 백성은 그리스도 예수의 십자가와 부활에 참여하는 방식으로 심판에 참여하고 승리의 반열에 올라설 수 있게 되었다. 신약시대를 포함하여 그 이후의 전체 역사의 과정에서 그리스도 예수 안에서 실현된 십자가와 부활의 종말론적인 심판과 그 수용에 참여한 모든 백성은, "이 세대"(this age)가 심판을 받은 것과 "올 세대"(age to come)에 참여함으로써 이미 승리에 참여한 것을 확신할 수 있다.

이 세대(this age)와 올 세대(age to come) 사이에 명확한 구획이 비가역적이고 결정적인 토대를 놓았다는 점에서, 그리스도 예수의 십자가와 부활 사건의 유일회성과 최종성을 주목해서 구체적으로 묵상할 필요가 있다(히 1:1-3). 그리스도 예수는 십자가와 부활로써 이 역사 안에 비가역적인 방식으로뿐만 아니라 비반복적인 방식으로 결정적인 심판을 행하셨고, 또한 심판을 기반으로 죄인을 자기 백성으로 수용하는 자비로운 정의를 구현하셨다. 이 세대는 이 결정적인 심판에 이미 처했으며, 올 세대도 결정적인 의의 승리에 이미 참여했다. 그리스도 예수의 십자가와 부활에서 일어난 이 결정적인 사건을 받아들이고, 그 안에 서고, 그 사실을 확고하게 붙잡고 살아가는 모든 자에게는, 바울에게 그러했듯이 이런 삶의 실재가 성령 안에서 확실하게 경험되지 않을 수 없다(고전 15:1-11).

이 세대에 대한 설명에 덧붙여서 올 세대에 대해 살짝 언급할 필요가 있다.[25] 올 세대는 그리스도 예수의 재림에서 드러날 삶의 최종적인 국면을 직시하며, 그 미래적인 삶이 지금 그리고 여기에서 펼쳐지고 있는 사실(proleptical reality)을 뜻한다. 성경적인 기독교의 궁극적인 소망은 그리스도 예수의 다시 오심이다. 하이델베르크 신앙교육서 제52 문답이 명확하게 보여주듯이, 다시 오시는 그리스도 예수는 초림 때에 시작한 그 일을 매듭짓는 자로 만유 앞에 드러날 것이다.[26] 그리스도 예수는 초림에서 시작된 일, 즉 이 세대를 심판하고 올 세대를 정의롭게 열어놓으신, 바로 그 일을 완결하러 다시 오실 것이기 때문이다. 지금은 그리스도 예수의 십자가와 부활에서 시작된 일이 교회 안에서 공유되는 자산이지만, 그 날에는 그 일이 공공의 영역에서 사실로 확증될 것이다. 죄와 악이 그치고, 정의와 평화가 구현되는 일이 그리스도 예수의 다시 오시는 날에 공적으로 온전히 도래할 것이다.

4. 십자가와 부활의 구원서정적인 의미

구원사적인 차원에 대하여 살폈으니, 구원서정적인 국면에 대하여도 묵상하는 것이 자연스러운 일이다. 그리스도 예수의 십자

---

25 미래의 하나님 나라에 대하여는 이어지는 장(章)에서 후술될 것이다.

26 Q52. What comfort is it to you that Christ will come to judge the living and the dead?
A52. In all my sorrow and persecution I lift up my head and eagerly await as judge from heaven the very same person who before has submitted Himself to the judgment of God for my sake, and has removed all the curse from me. He will cast all His and my enemies into everlasting condemnation, but He will take me and all His chosen ones to Himself into heavenly joy and glory.

가와 부활 사건은 역사 그 자체 내에 돌이킬 수 없는 의미를 가져왔고, 비반복적인 방식으로 그 주춧돌을 놓았다. 그렇지만 십자가와 부활 사건이 개인적으로 나의 사건이 되지 않는다면, 그것은 나에게는 무의미한 일로 남겨지게 된다. 그리스도 예수의 십자가와 부활 사건이 나의 사건이 되지 않는 한, 여전히 무의미한 역사(this age)에서 마귀에게 미혹되어 역사의 진정한 주인을 망각한 채 목적 없는 삶을 지향하거나 배회하다가 열매 없이 종결되어 종말에는 심판에 이를 수밖에 없고, 영원한 사망에 이르지 않을 수 없다.

바꾸어 말하면, 그리스도 예수의 십자가와 부활 사건에 실존적으로 참여하는 일은 매우 중요하다. 바울은 그리스도 예수의 십자가와 부활 사건의 실재에 참여하는 실존적이면서 객관적인 사건이 바로 세례라고 선언한다. 바울은 로마서 6장 1-23절에 걸쳐서 세례에 비추어 그리스도인의 삶을 설명한다. 그리스도인은 그리스도 예수와 더불어 연합한 자를 의미하는데, 초대교회 당시의 상황에서 보자면 이 연합을 상징하는 핵심적인 성례가 바로 세례다. 세례는 죽고 사는 예식이다. 물속에 들어가서 완전히 잠기는 국면은 죽음을 의미하고, 물속에 완전히 들어간 상태에서 다시 물 위로 올라오는 것은 새로운 출생을 의미한다. 십자가에 못 박히신 그리스도 예수와 연합하여 물속에 들어가는 것은 이 세대에 대한 죽음을 의미하고, 물 위로 올라오는 것은 올 세대에 참여하는 것을 의미한다.

바울은 세례를 중심에 두고 이 세대와 올 세대를 마주 세운다. 이 세대는 죄와 사망이 지배하는 반면에, 올 세대는 의와 생명이 지배한다. 이 세대의 배후에는 사단이 있는 반면에, 올 세대의 배후에는 하나님이 계신다. 죄인이 세례를 받기 전에는 이 세대에 속한 자요, 세례를 받은 이후에는 올 세대에 속한 자로 전환된다. 세례를 받기 전에는 마귀에게 속한 자라면, 세례를 받은 이후에는 하나님께 속한 자가 된다. 그리스도 예수와 연합하여 세례를 받는다는 말은 한편으로는 이 세대의 죄에 대하여, 그 배후에서 역사하는 사단에게 대하여 죽는다는 것을 의미하고, 다른 한편으로는 의에 대하여 살아나는 것이요, 그 의를 제공하시는 하나님과 새로운 관계를 맺는다는 말이 된다. 그리스도 예수의 십자가와 부활은 구원 역사적인 사건(historia salutis)이면서도 또한 죄인 한 사람 한 사람과 연관된 구원 서정적인 사건(ordo salutis)이기도 하다는 말이다.

죄인은 율법이나 양심의 요구를 만족케 할 수 없고, 따라서 정죄와 심판에 이를 수밖에 없는 자이다(롬 2:12-15). 자기에게 주어진 수명이 70이요, 강건하면 80인 삶을 마귀에게 미혹되어 소비하는 삶으로 귀결될 운명에 놓였다. 아담과 하와가 먹음직하고 보암직하고 지혜롭게 할 만큼 탐스러운 선악과를 향하여 손을 내뻗었듯이, 마귀에게 미혹된 죄인도 그런 전례를 좇아서 재물과 돈과 명예를 추구하는 일로 자신의 삶을 허무하게 소비하고 만다. 언약의 하나님을 잃어버린 인간은 대안적인 신을 찾아 나서는데, 그것이 형식적으로는 종교적인 양상을 지니지만, 그 형식을 빌려 실제로 추구하는 것은 재물과 명예와 권력이다. 이런 것이 자신의 삶을 지탱할 수 있는 버팀목이 될 수 있다고 믿고, 그것을 추구하기 위하여 생을 불사르는 일을 거침없이 도모하는 것이 죄인의 실상이다. 그러나 돌아보면 얻었다 싶은 그 시점에서 당뇨나 전립선 문제나 고혈압이나 심장이상과 같은 순환기 이상 증후군이 나타나게 되고, 어느 순간 재물과 명예와 권력이 자신의 삶을 지킬 수 없다는 사실을 깨닫게 되지만 이미 기회가 지나가 버린 후다.

그러나 누군가에게 그리스도 예수의 십자가와 부활을 통하여 하나님의 마음을 열어 보여주고, 자신의 삶의 의미를 재물과 명예와 권력을 통해서가 아니라, 하나님과의 관계에서 새롭게 볼 수 있는 기회를 제공한다면, 성령의 역사와 함께 인간은 그간에 형성해 온 기존의 삶의 방식을 접고, 그리스도 예수 안에서 새롭게 노정되는 삶에 참여하지 않을 수 없게 된다. 그리스도 예수 안에서 죄와 사망에서 벗어나고, 의와 생명을 얻어 하나님의 친백성으로 살아갈 수 있는 길이 있다는 사실을 성령의 사역을 통하여 온전히 깨닫게 된다면, 그것이야말로 진정한 삶의 복에 참여하는 계기가 된다. 이 세대를 살아가지만, 하나님 앞에서 마땅히 누려야 할 삶, 즉 영생(the life of the age)을 맛보게 된다(행 13:46-48).[27]

---

27   톰 라이트, 『모든 사람을 위한 사도행전 II』 (IVP, 2019), 42.

자신의 삶이 더는 죄와 사망과 마귀에서 속하지 않는다는 사실, 이제는 의와 생명과 하나님께 속한 자가 되었다는 사실을 확인하면서, 자신의 삶을 새롭게 하려는 결단이 성령의 사역을 통하여 마음 깊은 곳으로부터 일어나면서 세례에 참여하는 일은 바로 그리스도 예수의 십자가와 부활의 사건에 참여하는 일과 다르지 않다. 세례에 참여한 자는 죄와 사망과 마귀에게 자신의 삶을 헌신하는 것이 아니라, 의와 생명과 하나님께 산 자로서 자신을 드리는 삶을 애쓰지 않을 수 없다. 이런 전망에서 이 세대를 본받지 말고, 오직 마음을 새롭게 함으로 변화를 받아 하나님께서 기뻐하시는 선하고 아름다운 삶을 도모하라는 바울의 권면이 가능하다(롬 12:1-3). 십자가에 못 박히고 부활하신 그리스도 예수께서 아버지로부터 파송하신 종말론적인 선취의 영인 성령이 일깨우는 영생을 맛보는 삶이 뒤따르는 것은 매우 자연스러운 일이다.

세례 행위에서 물에 들어가고 올라오는 사이의 막간의 과정, 즉 장사됨의 중요성에 대하여 아울러 깊이 묵상해야 한다. 이것은 일종의 죽음의 체험이고, 죽어감의 과정이다. 그리스도인은 이 세대의 삶의 특징인 육체에 이끌리는 소욕(ἐπιθυμία σαρκὸς)에 대하여는 끊임없이 죽는 삶을 살아야 한다. 육체의 소욕, 혹은 육체의 자랑을 반복해서 묻어버리는 삶을 살아야 한다. 이런 진지한 싸움이 삶 속에서 경험될 때 생명을 얻음의 의미, 의를 추구하는 삶의 의미, 성령을 따르는 삶의 의미를 더욱 깊이 체감하며 이 세대 한가운데서 올 세대의 삶을 이루어갈 수 있을 것이다. 특별히 그리스도인의 삶에서 육체의 소욕이 드러나는 것은 죽지 않은 채 살고 있기 때문이라는 사실을 깊이 묵상하면서, "내가 그리스도와 함께 십자가에 못 박혔나니 그런즉 이제는 내가 사는 것이 아니요 오직 내 안에 그리스도께서 사시는 것이라 이제 내가 육체 가운데 사는 것은 나를 사랑하사 나를 위하여 자기 자신을 버리신 하나님의 아들을 믿는 믿음 안에서 사는 것이라"(갈 2:20)는 바울의 울림이 자신 안에서 들려지기를 소망해야 한다.

5. 십자가와 부활의 담지자로서 종말론적 공동체인 교회

현시대에도 그러하지만, 당시에도 세례라는 예식은 사적인 것이 아니라 공동체의 예식이었다. 초기 교회에서 비록 한 명에게 세례를 베푸는 경우가 없지 않았으나(행 8:36-39), 베풀어진 세례 그 자체는 십자가에 못 박히고 부활하신 예수의 공적인 명령이었고, 교회가 형성되어 가는 과정에서 자연스럽게 교회공동체의 공적인 예식으로 안정적인 자리를 잡았다. 개인은 세례를 받음으로써, 즉 그리스도 예수의 십자가와 부활 사건에 참여함으로써 공동체의 지체로 받아들여지는데, 이 지점에서 공동체로서 교회가 등장한다. 가시적인 측면에서 볼 때, 교회는 세례받은 자들의 모임이다. 그리고 그리스도 예수와의 연합을 담은 세례라는 가시적인 현실이 구현될 때까지 하나님의 예정과 선택, 성령의 역사로 말미암는 중생과 같은 불가시적인 역사가 선행한다. 이렇듯 삼위 하나님의 은밀한 사역의 가시적인 결과로서 삼위일체 하나님과의 사귐에 참여하는 (εἰς τὸ ὄνομα τοῦ πατρὸς καὶ τοῦ υἱοῦ καὶ τοῦ ἁγίου πνεύματος, 마 28:19)[28] 성례로서 세례는 종말론적 공동체로서 교회를 이해하는 데에 있어서 매우 핵심적인 요소이다(마 28:20).

새로운 삶의 구조로서 현대 도시에 우뚝 선 교회가 가진 문제의 핵심은, 세례가 초대교회의 전망에서 그런 것처럼, 기존의 삶의 질서에 대한 죽음과 새로운 삶의 질서에의 참여라는 의미를 정확하게 반영하지 못한다는 것이다. 교회를 구성하는 그리스도인이 그리스도 예수와 연합함으로써 이 세대의 정과 욕심에 대하여 진정으로 죽었는지, 그리고 올 세대의 의와 생명에 온전히 참여하고 있는지가 핵심적인 관심사가 되어야 한다. 만일 이런 차원이 정확하게 반영되었다면, 교회야말로 종말론적인 공동체가 될 것이다. 남자와 여자, 자유인과 종, 유대인과 헬라인의 차이가 없는, 오로지 그리스도 예수만을 머리로 하여 형제와 자매로 이루어진 그런 공동체로서 한 몸을 이룬다는 것 그 자체가 이 세대에 속한 공동체가 아니라 올 세대의 공동체라는 사실을 증언하는 것이다. 그야말로 종말론적인 공동체로서 자신의 삶을 노정하기 때문이다.

교회는 로마나 고린도나 암스테르담이나 파리나 런던이나 뉴욕이나 동경이나 서울과 같은 세속화된 도시가 추구하는 인본주의

---

28   L. Berkhof, *Systematic Theology* (London: The Banner of Truth Trust, 1971), 625.

적인 가치관을 따라서 그럭저럭 살아가는 그렇고 그런 공동체가 아니다. 교회는 창조주요 구속주인 하나님의 다스림을 받는, 하나님의 마음에 부합하는 삶을 모색하는 그런 공동체다. 교회는 자연주의적이고 유물론적이고 자본주의적인 삶의 가치를 추구하지 않고, 우주와 그 가운데 만물을 창조하셨을 뿐만 아니라 지금도 통치하시는 진정한 하나님이 그리스도 예수 안에서 일구어낸 구원의 하나님인 것을 기념하며 축하하는 공동체다. 교회는 그리스도 예수의 십자가와 부활이 현존하는 역사 안에서 갖는 의미가 무엇인지 늘 고민하기 때문에, 세상과의 관계에서 일종의 '대조공동체'(contrast society)일 수밖에 없다.

그러나 한 걸음 더 나아가서 교회는 '대안공동체'(alternative society)이다. 이 세대 한복판에 있으면서도 변화하는 능력으로 이 세대를 품어 녹여낼 수 있는, 그리하여 변화된 삶의 자리를 창조적으로 만들어 가는 그런 공동체다. 초대교회에서 발견되듯이, 종말론적인 공동체로서 교회는 전쟁으로 전염병이 창궐하고 기아로 허덕이는 현실에서 자신의 소유를 사용하여 지역사회의 필요를 채우고, 전염병으로 죽어가는 자들을 간병하는 중에 자신조차도 감염되어 죽어가는 일을 망설이지 않고 실행할 수 있는 그런 공동체로서 스스로를 증명할 필요가 있다. 이런 일과 함께 교회는 지역사회를 품어 지역을 복음화하는 그런 너른 품을 키워야 한다. 이런 방식으로 교회는 하나님의 다스림을 지역사회에 구체적으로 드러내곤 했다.

나가며

　하나님 나라는 그리스도 예수의 인격과 사역을 통하여 그 견고한 기초를 내렸다. 그리스도 예수의 십자가와 부활에서 인류의 근원적인 문제가 해결되는 길이 제시되었다. 공의로우신 하나님께서 불의한 역사를 심판하시고, 의로운 자들과 함께하시는 사랑의 하나님이라는 사실을 십자가와 부활의 역설을 통하여 명확하게 드러내는 일에 성공하였다. 개인은 심판과 화해라는 역설을 자신의 인격과 사역 안으로 통합하는 일에 성공한 그리스도 예수와 연합함으로써 심판을 통과하여 구원에 이르게 되었고, 그런 경험과 함께 종말론적인 공동체인 교회가 형성되었다. 예수께서 선포하신 하나님 나라는 현재도 교회를 통하여 하나님의 다스림이 인격적으로 구현되는 일이 일어나고 있다는 점에서 수천 년이 지난 지금 이 세대에도 본질을 소유한 현존하는 구체적인 질서다.

3장

미래의 하나님 나라

종말을 일관하는 삶을 살았던 예수는 끝내 종말을 가져오지 못하고 실패한 채 죽었다는 슈바이처의 철저 종말론(consistent eschatology)은 달리 표현하면 미래 종말론(futuristic eschatology)이라는 말에 담길 수 있다. 바꿔 말하면 예수가 종말을 도래케 하는 일에 성공하지 못했기 때문에 종말은 아직 오지 않았고, 따라서 미래의 어느 시점에 돌입할 것을 여전히 기대하고 있다는 말이다. 구약성경의 전망에서 본다면 구약의 신실한 하나님의 백성이 기다려온 파국적이고 최종적 종말이 아직 임하지 않았고, 따라서 미래의 어느 시점에서 실현될 것으로 파악해야 한다는 말이다. 이것이 유대인들이 아직도 가지고 있는 일반적인 기대이기도 하다.

이런 일종의 착시현상이 일어나게 된 것은 구약성경이 열어주는 종말, 다른 말로는 하나님께서 역사에 결정적으로 개입하셔서 악한 나라와 악인을 심판하고 자신이 친히 보좌에 앉아서 통치하시는 절대 평화의 나라가 단회적으로 일순간에 성취될 것으로 예견되었기 때문이다. 하지만, 그리스도 예수를 통하여 실제로 실현된 종말은 '초림'과 '재림'의 이중적 성격을 지닐 뿐만 아니라, 둘 사이에 시간적인 여백을 두고 순차적으로 일어난다는 사실에서 구약의 전망을 훨씬 넘어서는 지점이 있음을 인정할 것인지 여부[29]가 중요한 관심사로 등장한 것이다(행 3:20-21, 13:22-23).

초림하신 그리스도 예수의 인격과 사역을 통하여 이미 실현되어있는 하나님 나라와 미래에 최종적으로 그리고 궁극적으로 실현될 하나님 나라와의 관계, 그리고 미래 하나님 나라 그 자체에 대하여 집중적으로 살펴보는 일이 필요하다. 그리스도 예수의 초림에서 이미 실현된 하나님 나라와 그 나라를 중심에 두고 파생되는 문제 양상이 무엇인지 헤아리고, 또한 그리스도 예수의 재림에서 비로소 최종적으로 완성되는 하나님 나라의 면면을 살피면서, 하나님 나라에 대한 전체적인 퍼즐을 맞춰보아야 한다.

1. 신약의 하나님 나라의 두 다른 전망

그리스도 예수의 초림에서부터 시작하여 실현되고 있는 하나님

---

29 톰 라이트, 『사도행전 II』(IVP, 2019), 29-39.

나라의 양상은 지상의 교회와 천상의 교회라는 두 전망을 통하여 효과적으로 설명될 수 있다.

지상의 교회

하나님 나라는 그리스도 예수의 인격과 사역을 통하여 실제로 역사 안으로 침투하여 실현된 측면이 있다는 사실을 이미 언급했다. 특히, 실현된 하나님 나라의 가시적인 국면은 교회를 통하여 현저하게 확인된다. 그리스도 예수를 머리로 하는 교회는 이 세대 (this age) 안에 실존하며 매우 특별한 형태로 자신의 삶을 살아가는 종말론적인 공동체이다. 그리스도 예수의 십자가와 부활은 사람들을 속이며 이 세대의 왕 노릇하려는 거짓의 아비 마귀의 실체를 드러내고, 그 마귀의 미혹에 빠져 죄를 범함으로써 사망에 매여 종 노릇하는 인간에게서 그 죄에 대한 책임을 제거함으로써 마귀를 무력화한 사건이다. 또한, 동시에 그리스도 예수가 진정한 왕이 되어 다스리는 올 세대에 참여하는 결정적인 전환이 일어났음을 확인하는 사건이다. 따라서 그리스도 예수를 머리로 삼은 교회 공동체는 종말론적인 정체성을 갖지 않을 수 없다. 그리스도 예수와의 연합에 참여하여 형성된 교회는 구약이 내다보는 종말론적인 심판과 구원이 십자가와 부활을 통하여 실현되었다는 측면에서(행 3:20-21, 13:22-23), 종말론적인 공동체로 인식되는 것이 옳다.

공동체로서의 교회에서 시행되는 세례는 하나님의 영원한 경륜에 따른 그리스도 예수 안에서의 선택이 가시적으로 실현된 것이다. 이런 측면에서 보면, 세례와 함께 머리되신 그리스도 예수의 지체로서 세워지는 교회공동체야말로 가시화된 종말론적인 하나님의 백성으로 보는 것이 성경신학적인 전망을 바르게 반영한 해석이다. 세례와 함께 그리스도 예수의 십자가에 참여함으로써 이 세대의 정과 욕심에 대하여 죽고, 그의 부활에 연합하여 올 세대에 참여함으로써 의와 하나님에 대하여 살아난 자들의 공동체가 바로 세례에 참여한 종말론적인 공동체인 교회다(롬 6:1-11). 교회공동체는 세례가 상징하는 삶을 실제로 종말론적으로 자신의 삶에서 살아내는 하나님 나라의 백성이다(롬 6:12-23).

특별히, 세례에 참여한 종말론적인 공동체인 교회의 지체들은 성만찬에 정기적으로 참여하는 방식으로 자신의 정체성을 반복적으로 확인하면서 그리스도 예수가 다시 오실 때까지(ἄχρι οὗ ἔλθῃ) 그 존립을 지속적으로 유지한다(고전 11:26). 성만찬은 종말론적인 식사이다. 이사야 25장 6-7절에서 언급하듯이, 하나님께서 사망을 멸하시고, 눈물을 닦아주시며, 자기 백성의 수치를 온 천하에서 제거하시며(계 21:4-5) 자기 백성을 위하여 기름진 고기와 맑고 오래된 포도주로 만찬을 베푸실 것인데, 그 만찬이 바로 종말론적인 만찬이다. 이 만찬은 요한계시록 19장 6-10절에 걸쳐서 언급되는 어린 양의 혼인 잔치로 궁극적으로 성취된다.

이사야 25장 6-7절에서 예언되고 요한계시록 19장 6-10절에서 궁극적으로 성취되는 종말론적인 만찬의 선취가 바로, 그리스도 예수께서 다시 오실 때까지(ἄχρι οὗ ἔλθη) 행해지는 성만찬이다 (고전 11:26).[29] 성만찬은 교회를 통하여 시행되는 과정에서 일탈이 없지는 않으나(마 22:1-14, 고전 11:27-34) 그럼에도 불구하고, 교회가 마땅히 시행해야 하는 종말론적인 식사이다. 세례가 종말론적인 의미를 내포하듯이, 세례자들이 참여하는 성만찬도 본질적으로 종말론적인 식사이다. 그리스도 예수의 다시 오심에서 궁극적으로 성취될 하나님 나라의 삶을 이 세대의 한 가운데서 교회를 통하여 미리 앞당겨 누리고 경험하는 것이다.

지금 이곳에서 이 만찬에 참여하는 자가 미래 종말론적인 만찬에 참여하게 될 것이다. 이 세대 안에서 구현되는 올 세대의 삶의 장(場)이 바로 성만찬이다. 성만찬은 이 세대를 살아가는 그리스도인이 마땅히 참여해야 하는 올 세대의 상징이다. 그의 살과 피에 참여함으로써 종말론적인 공동체의 머리가 되시는 그리스도 예수에게 충성과 헌신을 표현하는 일이기 때문이다. 고린도전서 10장과 11장에서 확인하듯이, 고린도에 사는 자들은 두 다른 밥상에 참여하며 살아가고 있다(고전 10:14-22, 11:17-34). 고린도의 일반시민들은 고린도의 시장에서 제공되는 밥상, 즉 귀신에게 드려졌던 제물로 만든 밥상을 황제로부터 받아 참여하는 삶을 살아간다면, 고린도교회의 지체인 그리스도인들은 주님께서 제공하시는 밥상, 즉 주의 밥상에 참여하는 삶을 살아간다. 그리스도인들의 눈에는

---

30 A. van de Beek, *God doet recht*, 323-357.

시장에서 제공되는 음식조차도 본질적으로는 주님께서 주시는 음식으로 파악되지만 말이다.

밥상에 참여한다는 것은 각각 그 밥상을 제공하는 주인에게 참여하는 것을 의미하고, 주인에게 충성과 헌신을 맹세하는 일이기도 하다. 일상의 삶을 살아가면서 자신의 삶의 주인을 마귀로 규정하는 자와 그리스도 예수로 규정하는 자 사이에는 본질적인 차이가 있다. 조금 넓혀서 말한다면, 고린도의 시민은 재물과 명예와 권력의 신장을 약속하는 황제에게 드려진 제물을 그들의 밥상에 올림으로써 황제를 주인으로 받아들이는 삶을 추구한다. 반면, 고린도에 실존하는 그리스도인은 그리스도 예수를 주로, 왕으로 받아들이는 행위로써(고전 12:3) 모든 밥상을 주의 밥상으로 여기고 즐거움으로 참여하는 삶을 추구한다.

이런 전망에서 보면 고린도라는 이 세대의 한 중심에 정확히 이 세대의 원리에 속한 공동체가 존재하는 반면에, 올 세대에 속한 공동체도 역시 이 세대의 한 중심인 고린도에 공존하고 있는 셈이다. 특별히 그리스도 예수를 머리로 하는 교회라는 종말론적인 공동체는 이 세대의 정과 욕심에 대하여는 죽은 것으로, 그러나 올 세대의 백성으로서 하나님께 충성을 다하는 그런 백성으로 자신의 삶을 통전적으로 노정한다. 교회는 이런 점에서 구약성경이 언급했던 종말의 한 국면에 이미 참여하고 있다. 이렇게 보면, 교회는 구약이 예고했던 회복된 이스라엘로 인정받을 수 있으며,

바울은 이런 관점을 적용하여 갈라디아교회를 "하나님의 이스라엘"(Ἰσραὴλ τοῦ θεοῦ)로 불렀다(갈 6:16).

요한계시록에서도 동일한 관점에서 교회의 삶을 보여준다. 요한은 요한계시록 12장에서 교회가 사단과의 전투에서 승리하신 그리스도 예수에게 속하였으며, 저쪽 건너편에 선 용이요 옛 뱀이요 마귀인 존재에게 속하여 진을 이루고 있는 자들과 마주하고 서 있는 것으로 묘사한다(계 12:1-17). 요한계시록 13장에는 용의 대리자로서 두 짐승이 등장하는데 왕과 그 왕의 선지자들을 의미한다. 그들이 각각 왕과 왕의 대변인들로서 눈에 보이지 않는 사단을 대리하여 활동한다. 그런가 하면 요한계시록 11장에는 그리스도의 대리자로서 두 증인이 등장하는데 이는 왕 같은 제사장인 교회를 의미한다. 이 두 세력이 진을 형성하고 서로 대결하는 것으로 그려지고 있다는 점에서 고린도의 상황을 조금 더 확장하여 구체적으로 드러내는 것으로 볼 수 있다.

이런 정황에서 교회는 올 세대의 공동체로서 이 세대에 속한 자들과 대조를 이루며, 그리스도 예수를 주로 받아들여 그리스도 예수 안에서 일어난 심판과 화해의 복음을 증언해야 하는 뚜렷한 임무를 실행하는 삶을 드러내야 한다. 교회가 이 세대 안에서 하나님의 통치를 받아들이며 왕 같은 제사장으로 살아가는 삶은 경제적이고 군사적이며 정치적인 승리로 귀결되지 않고 오히려 그리스도 예수의 길을 걸음으로써 죽음에 넘겨지는 것으로 나타난다.

궁극적으로는 부활에 참여하는 방식으로, 환언하여 그리스도 예수의 다시 오심에서야 궁극적인 왕권에 참여하는 것으로 그려진다(계 11:1-19).

　교회는 이런 종말론적인 의식을 가지고, 나그네와 행인 같은 삶을 드러내고 하나님의 백성으로서 이 세대를 살아야만 한다. 그러나 이런 삶은 염세적인 패배주의에 빠지는 것으로 나타나서는 안 된다. 오히려 그리스도 예수 안에서 일어난 악인과 악한 왕에 대한 심판을 깊이 묵상할 뿐만 아니라, 부활로 인하여 열린 올 세대의 영광을 바라보면서 왕 같은 제사장으로서의 삶을 지금 그리고 여기에서 실행할 수 있어야 한다. 보다 적극적으로 삶의 모든 영역, 즉 정치, 경제, 사회, 문화, 교육의 전 영역에서 이런 의식을 가지고 하나님의 백성다운 삶을 추구하는 일에 마음을 다해야 한다. 이런 삶을 살아가는 어느 순간에 육체로부터 영혼이 분리되는 일, 즉 죽음이 자연스럽게 뒤따르게 될 것이다. 이것은 누구나 피할 수 없는 삶의 길이기 때문이다.

천상의 교회

　두 증인으로서 교회의 지체들은 용으로부터 권세를 받아 이 세대를 지배하는 왕과 그 왕의 선지자들의 억압과 박해와 살해에 의해서 죽음에 넘겨진 육체로부터 분리된 영/혼으로서 그리스도 예수와 함께 거하는 낙원에 이르게 된다. 요한계시록 20장 4절의 후반부에서는 아직도 살아서 이 세대의 한가운데서 신앙의 충성을 다하며 두 증인으로서 왕 같은 제사장의 삶을 살아가고 있는 자들이 등장하는 반면에, 전반부에서는 죽임을 당하여 육체로부터 분리된 자들의 영/혼이 그리스도 예수와 함께 있어 왕적인 통치에 참여하고 있는 모습이 나온다. 자연적인 과정에서든 박해에 따르는 과정에서든 죽음과 함께 영/혼으로 주와 함께 거하는 자들의 공동체를 편의상, 혹은 전통적인 교회의 언어를 따라서 "천상의 교회"라고 말할 수 있다.

"천상의 교회"는 보다 엄밀한 의미에서 정확히 표현하자면, "중간기 상태"(intermediate state)라고 말하는 것이 옳을 것이다. 이 상태는 예수께서 들려주신 "부자와 나사로" 비유에 나오는 아브라함이 머무는 상태요, 변화산상에서 드러났듯이 모세와 엘리야가 머무는 상태요, 십자가상에서 약속을 받은 한 강도가 머무는 상태를 의미한다. 또한, 사도 바울이 올라갔던 삼층 천이요, 디모데에게 편지하면서 언급했던 하늘의 나라이다(딤후 4:18). 다양한 방식으로 언급되는 이 상태 혹은 이 영역의 특징은 육체로부터 분리되어 영/혼으로 존재하거나 혹은 부활이나 변화의 몸으로 존재하는 상태라는 것이다.

중간기 상태, 혹은 막간의 상태(intermediate state)라고 부르는 이유는, 이곳에서의 체류는 그리스도 예수의 재림 때까지만 가능하기 때문이다. 그리스도 예수가 다시 오실 때, 중간기 상태로서 낙원에 머물던 영/혼은 다시 자신의 몸과 하나가 되어 부활의 영광에 참여하여 그리스도 예수와 함께 지상에 임한다. 비그리스도인의 경우도 다르지 않아서, 그들도 동일한 날에 부활에 참여하게 되어, 최후의 심판의 보좌에 앉으시는 그리스도 예수 앞에 서게 되는 때에 중간기 상태에서 나올 수밖에 없다. 결과적으로 그리스도인은 선한 부활에, 비그리스도인들은 악한 부활에 참여하게 됨으로써 중간기 상태에서 벗어나게 된다. 이런 점에서 중간기 상태는 궁극적인 상태가 아니라 잠정적인 상태인 것이 분명하다.

그럼에도 불구하고, 그리스도인의 영/혼은 미래 하나님 나라의 위로를 구체적으로 경험하게 되고, 비그리스도인의 영/혼도 미래 지옥의 고통을 경험하게 된다는 점에서 미래 하나님 나라나 지옥과의 연속성이 있다는 사실도 언급하는 것이 옳다. 비록 영/혼으로서 실존함으로써 육체로부터 분리되어 있으나, 정신과 의식의 중심인 영/혼을 인하여 기쁨과 위로와 심판과 저주를 경험할 수 있기 때문이다. 중간기 상태에서도 영/혼은 수면 상태나 무의식의 상태에 머물지 않고 의식 상태에 거하기에 위로와 기쁨이나 심판과 저주를 경험하는 것이 자연스럽다. 이로써 그리스도인의 경우에는 낙원(παράδεισος)에서 그리스도 예수와 함께 영광스러운 왕권에 참여하게 되고, 비그리스도인의 경우에는 게헨나(γέεννα)에서 마귀와 함께 그의 고통스러운 왕권에 참여하게 된다는 사실만큼은 부인할 수 없다.

2. 미래 하나님 나라

죽어서, 즉 몸으로부터 영/혼이 분리되어 있는 상태가 중간기 상태이고, 그리스도 예수의 재림의 날에 그리스도인이나 비그리스도인이나 부활의 몸을 입고 그런 상태에서 나와야만 한다면, 최종적이고 미래적인 하나님 나라와 최종적이고 미래적인 지옥이란 무엇인가라는 질문이 자연스럽게 뒤따른다. 미래에 있을, 즉 그리스도 예수의 재림과 함께 최종적으로 성취될 하나님 나라와 지옥의 성격과 위치에 관한 질문은 필연적으로 제기될 수밖에 없다. 이런 질문과 함께 성경을 전반적으로 살피며 묵상하면, 미래의 어느 시점에 최종적으로 완성될 하나님의 나라와 지옥은 그리스도 예수의 다시 오심과 깊숙하게 결합하여 있다는 사실을 알 수 있다. 이런 방향을 따라서 그리스도 예수의 다시 오심과 연계되어 발생하는 일을 살펴보면, 하나님 나라와 지옥의 미래적인 면모를 파악하는데 결정적인 도움을 받을 수 있다.

지상 교회와 천상 교회의 통합

하나님 나라의 현재적 국면을 언급하면서, 하나님 나라가 지상의 형태와 천상의 형태로 구별되어 존재한다는 사실을 드러냈다 (계 20:4). 이런 구별된 상태는 그리스도 예수의 재림에서 다시 통합되는데, 그 결정적인 사건이 바로 부활과 변화이다. 바울은 데살로니가전서 4장 13-17절에 걸쳐서 그리스도 예수께서 다시 오시는 날에 육체로부터 분리되어 낙원에 머물고 있던 영/혼이 먼저 부활에 참여하여 다시 오시는 그리스도 예수를 영접하고, 그다음으로 그리스도 예수의 밥상에 참여하면서 충성과 헌신을 다하는 삶을 사는 그리스도인이 그리스도 예수를 영접하기 위하여 부활체와 동일한 형질로 변화되어 함께 모일 것이라고 자세하게 설명하고 있다.

이에 대한 바울의 더 자세한 설명은 "보라 내가 너희에게 비밀을 말하노니 우리가 다 잠 잘 것이 아니요 마지막 나팔에 순식간에 홀연히 다 변화되리니 나팔 소리가 나매 죽은 자들이 썩지 아니할 것으로 다시 살아나고 우리도 변화되리라"(고전 15:51-52)는 말씀으로 제시된다. 죽은 자들의 부활도 홀연히 일어나는 일이고, 살아서 활동하는 그리스도인의 변화도 홀연히 일어난다는 사실을 명확히 한 것이다. 그러나 데살로니가전서 4장에서는 이런 일이 그리스도 예수의 다시 오심에서 일어난다는 시점을 명확히 한 점과 부활과 변화가 순차적으로 일어날 것이라는 점을 언급한다는 점에서 차이가 있다. 두 진술을 함께 읽으면 종합적인 판단이 가능하다. 중요한 사실은 천상과 지상으로 구별되어 있던 하나님의 백성이 그리스도 예수의 재림의 날에 부활하거나 변화되어 한 자리에, 한 주님을 중심으로 모인다는 점이다.

정반대의 진영에서도 그리스도 예수의 다시 오심과 함께 결정적인 일이 일어나지만, 그리스도인의 부활과 변화가 선행한 후에 비그리스도인의 부활과 변화가 뒤따라 일어난다(고전 15:24). 우선은 중간기 상태에서 게헨나에서 고통을 당하던 영/혼이 홀연히 자기의 몸과 하나가 된다. 동시에 그리스도 예수가 다시 오시는 광경을 바라보던 자들도(계 1:7) 홀연히 변화될 것이다. 이는 "몸은 죽여도 영혼은 능히 죽이지 못하는 자들을 두려워하지 말고 오직 몸과 영혼을 능히 지옥에 멸하실 수 있는 이를 두려워하라"(마 10:28)는 예수의 말씀에 비추어 볼 때, 살아서 주를 영접하는 불신자들도 홀연히 변화되는 것으로 보아야 한다. 그리스도인뿐만 아니라 비그리스도인도 그리스도 예수의 다시 오시는 날에 순차적이고 평행적인 방식으로 부활과 변화에 참여하게 될 것이다. 이는 사도 바울이 벨릭스 총독 앞에서 부활을 변증하는 과정에서도 명확하게 확인된다. "조상의 하나님을 섬기고 율법과 선지자들의 글에 기록된 것을 다 믿는" 사도 바울이 조상들이 기대하던 "의인과 악인의 부활"을 명확하게 인정하고 있기 때문이다(행 24:14-15). 이는 "선한 일을 행한 자는 생명의 부활로 악한 일을 행한 자는 심판의 부활로 나오리라"(요 5:29)는 예수의 말씀에서도 확인된다.

최후의 심판

그리스도 예수의 다시 오심과 함께 부활과 변화에 참여한 그리스도인과 비그리스도인이 예외 없이 최후의 심판대 앞에 서게 된다. 바울은 다음 진술에서 최후의 심판의 근간을 명확하게 제시한다.

"진노의 날 곧 하나님의 의로운 심판이 나타나는 그 날에 임할 진노를 네게 쌓는도다. 하나님께서 각 사람에게 그 행한 대로 보응하시되, 참고 선을 행하여 영광과 존귀와 썩지 아니함을 구하는 자에게는 영생으로 하시고, 오직 당을 지어 진리를 따르지 아니하고 불의를 따르는 자에게는 진노와 분노로 하시리라. 악을 행하는 각 사람의 영에는 환난과 곤고가 있으리니 먼저는 유대인에게요 그리고 헬라인에게며 선을 행하는 각 사람에게는 영광과 존귀와 평강이 있으리니 먼저는 유대인에게요 그리고 헬라인에게라. 이는 하나님께서 외모로 사람을 취하지 아니하심이라. 무릇 율법 없이 범죄한 자는 또한 율법 없이 망하고 무릇 율법이 있고 범죄한 자는 율법으로 말미암아 심판을 받으리라. 하나님 앞에서는 율법을 듣는 자가 의인이 아니요 오직 율법을 행하는 자라야 의롭다 하심을 얻으리니 (율법 없는 이방인이 본성으로 율법의 일을 행할 때에는 이 사람은 율법이 없어도 자기가 자기에게 율법이 되나니, 이런 이들은 그 양심이 증거가 되어 그 생각들이 서로 혹은 고발하며 혹은 변명하여 그 마음에 새긴 율법의 행위를 나타내느니라)"(롬 2:5-15)

긴 내용을 조금 간략하게 신학적으로 정리하면, 최후 심판의 기준은 '행위언약'이라는 말이다. 인간이 타락하기 이전의 상태에서 하나님과 인간이 맺은 언약을 행위언약이라고 한다. 바울은 율법이 없는 이방인의 경우 양심의 법을 따라서 심판을 받는다고 말하는데, 이는 칼빈이 말한 바와 같이 타락하기 이전 하나님과 인간 사이에 언약이 체결될 때의 잔여물일 것이다. 말을 바꾸어서 시내산에서 주어진 십계명은 '창조질서'의 반영이라고 할 수 있는데, 창조질서에는 하나님과 인간 사이의 관계 규정이 담겨 있다고 말할 수 있다. 우주와 그 가운데 만물을 창조하여 만유의 주재이신 하나님(1), 초월하시면서(2) 동시에 내재하시는(3), 그리하여 그 어떤 피조물도 하나님의 임재를 피할 수 없다는 사실을 알아차린 하나님의 형상을 가진 인간이 하나님을 창조주로 인정하고 그 안에서 안식하는 삶을 살도록(4) 창조와 함께 그 질서가 형성되었다. 하나님께서는 창조와 함께 우주의 중심이 바로 창조주 하나님이심을 명확히 드러내셨다.

이런 근본적인 질서, 즉 "하나님 중심의 질서"에 머물면서 남녀로 창조된 인간은 생육하여 부모와 자녀의 관계를 형성하고(5), 하나님 중심적인 삶을 살아가도록 부모는 자녀를 양육하여 형제자매가 서로를 제 몸처럼 사랑하는 삶을 배우며(6), 하나님의 백성으로서 하나님과 사람과 다른 피조물과의 관계에서 바른 삶을 사는 인격으로 성장하며(7), 하나님께서 제공하신 은사를 존중하며 부지런히 일하여 효율적으로 생산하고(8), 이로써 얻은 소득을 고용인과 피고용인이 공정하게 분배하며(9), 상호 간 수고의 떡을 먹는 삶을 살아가되 탐심을 물리치는 삶을 살아가도록(10) 노정했다는 말이다. 바울은 로마서를 쓰면서 이런 질서가 창조 때에 주어졌고, 타락한 이후에는 양심에 반영되어 잔존하고 있다는 사실을 인식하고 있었다.

이런 면에서 볼 때 행위언약을 체결할 때 기준은 십계명을 근간으로 한다고 말할 수 있다. 율법을 표면적으로만 살피게 되면 마치 시내산에서 비로소 주어진 것처럼 읽을 수 있으나, 사실은 창조와 함께 드러난 것으로 보아야 한다. 시내산에서 주어진 이유는 이스라엘이 구속을 통하여 새로운 백성의 신분을 얻었으나, 여전히 고센에서 몸으로 익힌 세속적인 삶의 법에 지배당하고 있었고, 하나님이 이런 실정을 고려하여 원래 하나님의 백성으로서 살아가야 하는 삶의 법을 십계명의 형식에 담아 다시 제공하신 것이다. 창조 때나 구속의 때에나 하나님의 백성의 온전한 삶은 의로우신 하나님의 마음의 표현인 율법 안에 머물러 살아가는 것이다. 그것이 바로 선이고 의인 것이다. 계명 안에서 하나님과의 관계 안에 서는 것에서 진정한 인간됨과 그 인간의 자유함이 구현된다. 그러나 율법을 깨트리게 되면 비로소 악을 구체적으로 경험하게 되고 악의 힘에 굴종하는 결과에 이르게 된다. 그런 의미에서 행위언약의 근간을 '선악을 알게 하는 나무의 열매'로 정의한 것이다.

불행하게도 아담은 선악을 알게 하는 나무의 열매를 따서 먹음으로써 악을 구체적으로 알게 되었고, 선을 알되 행하지 못하는 상태로, 즉 악의 지배 아래로 팔려가게 되었다. 지금의 논의와 관련하여 중요한 지점은 아담이 행위언약을 어긴 후에도 행위언약 그 자체는 폐기되지 않은 채 보존되어 작동한다는 데 있다. 여전히 작동한다는 점은 인간이 죄의 삯으로 죽음에 넘겨지고 있다는 사실을 통하여 지금도 확인된다. 뿐만 아니라 로마서 2장 5-15절에 걸쳐서 명확하게 확인되는 것처럼 지금도 율법을 온전히 지키거나 혹은 양심에 일치하는 삶을 구현하면 의와 생명을 얻어 영원한 삶에 이를 수 있다. 창조와 함께 제안되었던 이 약속은 변함이 없다. 문제는 인간이 타락과 함께 이런 기준을 따라서 자신의 삶을 형성할 수 없는 철저한 곤경에 떨어졌다는 사실에 있다. 그리스도 예수께서 다시 오시는 날에 모든 인간은 행위언약의 기준 앞에 서게 될 것이다. 율법이 있는 자들은 율법을 기준으로, 율법이 없는 자들은 양심을 기준으로 자신의 생각과 언어와 행위에 대하여 심판에 붙여지게 될 것이다.

이런 상황에서 더욱 중요한 것은 이 세대 한가운데로 들어오셔서 이 세대를 심판하고 올 세대를 개시하신 그리스도 예수가 행위언약의 당사자라는 점이다. 로마서 5장 12-21절에서 확인하듯이, 바울은 첫 아담과 마지막 아담 사이의 대조적인 국면을 명확하게 견지한다. 첫 아담은 행위언약에 실패한 반면에 마지막 아담은 행위언약에 성공함으로써, 전자는 후손에게 죄와 사망을 상속하였고(롬 5:16), 후자는 의와 생명을 선물하였다(롬 5:18). 행위언약의 당사자로서 그리스도 예수는 한편으로 행위언약의 저주를 담당하여 죄인의 죄를 짊어지고 죽음에 넘겨져 그 삯을 지불하였고(갈 3:10, 13), 따라서 그리스도 예수와 연합된 자는 죄와 그 형벌인 사망에서 해방되는 선물을 누리게 된다. 다른 한편으로 그리스도 예수는 행위언약의 의무를 걸머지고 율법 아래 나서서 율법을 성취하는 삶을 살아냄으로써 행위언약의 약속인 의와 영생을 얻으셨기에, 그리스도 예수와 연합된 자에게 의와 생명을 선물하실 수 있었다

(롬 6:1-23). 이런 점에서 그리스도 예수는 한편으로는 죄인을 향한 율법저주를 종결한 자요, 동시에 율법의 선한 요구를 성취한 자로 설 수 있다(롬 10:4). 달리 말하여, 그리스도 예수는 몽학선생인 율법을 성취하여 종결한 자이면서, 규범으로서의 율법을 완성하여 그리스도인의 삶의 규범으로 삼음으로써 율법을 올바른 자리에 둔 자이다.

이런 핵심적인 국면이 반영된 일이 그리스도 예수의 초림에서, 특별히 십자가와 부활에서 일어났다. 그리고 지상 교회와 천상 교회의 지체들이 그 사건에 참여함으로써 이미 자신의 존재와 삶의 도리로 삼았다. 그리스도 예수와 연합하여 세례를 받고, 그분의 밥상에 참여하는 삶을 살아감으로써 이 세대의 삶의 가치에 대하여 죽고, 올 세대의 가치를 추구하면서 살아왔거나 살고 있다. 말을 바꾸어서 하면, 그리스도 예수와 연합함으로써 행위언약을 성취한 자로 살아온 자들이 바로 그리스도인이다. 이들이 그리스도 예수의 다시 오시는 날에 부활과 변화에 참여하여 최후의 심판대 앞에 서되, 이런 확신을 가지고 서게 된다. 이런 이유로 그리스도인에게 주어지는 하나님의 종말론적인 선물은 주 그리스도 예수 안에 있는 영생이다(롬 6:23). 이미 참여하여 누리고 있는 현실의 삶일 뿐만 아니라, 올 세대에서 온전하게 맛볼 삶의 미래적 신비이다.

반면에 비그리스도인들은 그리스도 예수와 연합하거나 양심에 따르거나 율법을 온전히 성취하거나 하지 못한 채 자신의 삶을 형성한다. 이 세대의 정신에 일치하는 방식으로 자신의 삶을 성실하게 형성하는 것이다. 그리고 그리스도 예수께서 다시 오시는 날에 악한 부활과 변화에 참여하여 최후의 심판대 앞에 선다. 이들은 로마서 2장 5-15절에 걸쳐 있는 기준을 따라서, 즉 행위언약의 기준을 따라서 심판을 받을 것이다. 이것은 모든 인간이 피할 수 없이 맞이해야만 하는 운명이다. 최후의 심판은 사실심리와 심리에 따른 판결과 판결에 따른 집행이라는 순서를 따라서 진행되고, 비그리스도인은 행위언약을 근간으로 마음의 생각과 뱉어낸 말과 자신의 행위를 직면하게 될 것이다. 사실심리를 거쳐 판결에 이르고, 그 판결은 끝내 집행될 것이다. 죄의 궁극적인 삯은 영원한 사망이다(롬 6:23).

천국과 지옥

최후의 심판의 결과에서 지옥을 우선적으로 다루는 것이 좋겠다. 행위언약의 저주는 불순종한 인간에게 공의롭게 적용될 것이다. 그리고 하나님과의 관계에서 죄를 범하여 내어 쫓긴 영적인 무리들, 즉 여러 귀신들과 그 머리인 마귀도 영벌에 처해질 것이다. 최종적으로 행위언약의 저주를 받은 비그리스도인들과 하나님께 반기를 들어 정죄된 귀신들과 마귀가 한 곳에 모이게 되는데, 이곳을 영원한 지옥이라고 부른다. 이 세대를 살아갈 때는 그들에게도 만물과 호흡과 생명이 선물로 제공되었으나(행 17:25), 최후의 심판을 통하여 상속하게 되는 영원한 지옥에서는 어떤 자비도, 심지어 물 한모금도 제공되지 않은 채, 영원히 꺼지지 않은 불못에서 공의로운 형벌에 처해지게 될 것이다(막 9:48-49, 눅 16:24).

그렇다면, 천국은 어디인가라는 물음에 대하여 응답할 순서가
되었다. 기독교 역사에서는 천국은 내세(內世)와 얽힌 어떤 곳이라
는 인식을 드러내는 일이 없지 않았다. 이것은 희랍 철학의 기반
을 놓은 플라톤의 사유에서 비롯되는 사상인데, 역사의 어느 단
계에서 신학과 습합(褶合)되는 일이 일어났다. 특별히 이런 습합
의 경향이 동방 신학에서 두드러지게 나타났다. 성자의 성육신
의 동기가 무엇인가 하는 질문에 대하여 답을 구하는 과정에서,
그 동기를 죄 용서에서 찾는 서방교회의 전통과는 달리 동방교회
의 신학자인 아타나시우스(Athanasius, 293-373)는 "그(성자)가 인간
이 된 것은 우리를 하나님 만들기 위함이다"라고 말함으로써 신화
(deification)에까지 확장했었다.[31] 두 본성의 관계를 논하면서 알렉
산더의 주교 키릴루스(Cyrillus of Alexandria, 376-444)의 전통을 따르
는 마르틴 루터에게도 이런 경향이 계승되는데, 구원의 핵심으로
서 그리스도 예수와의 연합에 수반되는 결과는 신화로 자연스럽
게 이어지게 된다.[32] 이런 생각이 관철되면 구원의 최종적인 과정
은 인간의 신화로 귀결되고 만다.

---

31 Athanasius, *De incarnatione Verbi* 54.3, "Αὐτὸς γὰρ ἐνηνθρώπισεν, ἵνα ἡμεῖς
θεοποιηθῶμεν." and cf, Athanasius, Contra Arianos 1.39, 3.34.

32 Tuomo Mannermaa, Kirsi Stjerna(ed.), *Christ Present in Faith* (Minneapolis:
Fortress Press, 2005), 43. Kurt Marquart, "Luther and Theosis," *Concordia
Theological Quarterly* 64(July 2000), 183.

만일 그리스도 예수가 다시 오실 때 인간이 부활하여 신과 동일한 실체로 전환된다면, 이러한 실체를 가진 인간이 살아가야 할 곳은 그런 실체에 상응하는 그런 곳이어야 한다. 이런 점에서 인간의 현재의 몸과 상응하는 방식으로 창조된 우주도 불필요한 것으로 간주될 수밖에 없고, 자연스럽게 폐기되는 운명에 처해질 것이다. 플라톤적인 영육이원론에 영향을 받은 동방교회의 종말론에서도 현재의 우주와의 연속성을 가진 미래 하나님 나라는 불필요한 것이 되고, 동방교회의 기독론적인 전통을 상속한 루터교회의 종말론에서도 우주는 불로써 폐기되는 것으로 설명하고 있다. 이렇게 된다면 그리스도 예수의 다시 오심 이후 인간의 삶은 사실상 신적 삶으로 전환되고, 신적인 존재에 상응하는 방식으로 삶의 환경도 변화되어야 할 것이다.

그러나 이런 신학적인 전망이 성경의 이야기를 잘 반영하였는지, 혹은 천국과 관련한 최종적인 성경적 진술을 잘 반영하였는지에 대하여 비판적인 물음을 제기하지 않을 수 없다. 플라톤에게서 영향을 받은 세계관은 현상계 저 너머에 진정한 세계가 있으며 현세의 불완전한 육체나 물질을 벗어버리고 영혼의 고향이자 실체인 내세(內世)로 다시 돌아가야 한다는 것으로 히브리적인 사유와는 동떨어진 것이다. 성경은 순전한 창조·창조 세계의 타락·창조 세계의 구속·창조 세계의 완성이라는 일관된 관점을 유지하면서 하나님의 경륜이 이루어진다는 사실을 잘 보여준다. 하나님은 우주를 선하게 창조하였으나 인간의 범죄로 인하여 죄의 세력이 작동하는 장이 되었으므로, 구속을 통하여 문제를 근원적으로 해소하고 궁극적인 완성에 이르도록 경륜하신다. 동방교회와는 달리 구속을 신화에서 찾지 않고, 죄의 문제를 해결하는 일로 본다. 문제는 죄이고, 죄를 근원적으로 해소하면 문제는 본질적으로 사라진다는 입장을 드러내기 때문이다.

죄 문제를 결정적으로 해결하기 위하여 그리스도 예수께서 초림하셨고, 또한 궁극적으로 해결하기 위하여 재림하실 것이다. 그분의 재림과 함께 초림에서 시작된 올 세대가 완성되는데, 올 세대의 완성은 구속을 통한 창조 그 자체의 완성에서 완결된다. 성경의 전반에서 이런 관점이 지지되지만, 요한계시록에서 그런 관점의 정점을 만나게 된다. 요한계시록 21장 2절의 "거룩한 성 새 예루살렘이 하나님께로부터 하늘에서 내려오니"라는 진술에서 언급된 "거룩한 성 새 예루살렘"은 앞에서 다루었던 천상의 교회를 의미한다. 히브리서 기자는 하나님이 경영하여 "예비하시는 성"을 언급하는데(히 11:8-16), 이곳이 바로 "거룩한 성 새 예루살렘"이다. 중요한 것은 그리스도인의 최종적인 주거상태라기보다는 그리스도 예수의 재림 때까지에 걸쳐 있는 일종의 중간기 상태를 묘사하는 것이다. 마침내 그리스도 예수의 재림에 수반되는 부활에 참여함으로써 다시 오시는 그리스도 예수와 함께 내려오는 그 광경을 담아내고 있다. 그리스도 예수의 재림의 날까지 예비되어 있으며, 재림의 날에는 부활의 영광에 참여함으로써 마침내 그리스도 예수와 함께 내려오는 것이다.

이어지는 요한계시록 21장 3-5절에서 확인할 수 있듯이, 그렇게 하나님의 백성이 최종적으로 운집하는 지점에서 마침내 하나님의 장막이 사람들과 함께 있게 된다. 하나님께서 궁극적으로 그가 창조한 세계에 자신의 장막을 두시고 자기 백성과 동거하는 일이 창조의 경륜이었고, 이는 구속을 통하여 실현된다. 이로써 하나님께서는 자신의 백성에게 대하여 왕 노릇을 하시고, 구속을 받은 백성은 하나님께서 다스리시는 그 나라의 백성이 되어 하나님께서 창조하시고 구속하신 우주 안에 함께 거한다. 하나님께서 왕으로서 다스리기에 다시 사망이 없고 애통하는 것이나 곡하는 일이나 눈물이 사라진다. 죄로 인하여 고통하고 애곡하고 사망에 이르는 일이 다반사로 일어나던 곳, 거짓된 왕인 사단이 인간을 미혹하여 노예를 삼았던 곳, 처음 하늘과 처음 땅과 처음 바다, 그러니까 죄가 그 위력을 떨치던 상황(this age)이 종결된다. 그리고 이제는 진정한 왕이 통치하는 하나님의 나라, 즉 새롭게 된 하늘과 새롭게 된 땅과 새롭게 된 바다가 완성된다. 왕의 보좌에 온전히 앉으신 분이 "보라 내가 만물을 새롭게 하노라"는 외침으로 올 세대(age to come)가 완성되었음을 장엄하게 드러내는 것으로 완결된다. 이것이 성경이 그려내는 성육신의 목적이다(요 1:14).

하늘과 땅과 바다가 새롭게 된다는 종말론적인 비전이 적용되는 양상은 베드로의 편지에서 죄로 오염된 세상을 용광로에 집어넣어 정화함으로써 새롭게 하는 것으로 보다 구체적으로 해석되어 반영되어 있다. 베드로후서 3장 10-13절에서 이 사실을 확인하게 되는데, 하늘과 땅이 용광로에 들어가 그 뜨거운 불에 풀어져 불순물이 걸러짐으로써 의가 거하는 새로워진 하늘과 새로워진 땅으로 변화된다고 강조하고 있다. 이 세대를 살아가는 그리스도인은 그리스도 예수께서 다시 오시는 때에 하늘과 땅이 죄와 사망의 세력에서 해방되어 의와 생명이 충만한 곳으로 새로워지는 이런 종말론적인 비전을 소유해야 한다. 그리고 그리스도 예수의 재림에서 실현될 종말론적인 삶의 새로워짐을 소망하면서 자신의 매일의 삶에서 불순물을 제거하고 하나님의 뜻에 일치하는 의로운 삶을 살아가려는 성실함을 유지해야 한다고 권면의 말씀이 자연스럽게 이어지고 있다(벧후 3:15).

교회 역사에서 이 본문에 근거하여 현재의 우주는 멸절되고, 현재의 우주와는 완전히 단절된 전혀 새로운 영원무궁한 내세로 들어간다는 멸절설이 주장되었으나, 이런 해석은 베드로가 전개하는 해석에 반하는 것이 분명하다. 사도행전 3장 21절에서 명확하게 확인되듯이 베드로는 그리스도 예수께서 오시는 날에 만유가 회복될 것을 아주 명확하게 언급하기 때문이다. 이런 점에서 사도 베드로와 사도 요한 사이에는 어떤 의견의 불일치도 존재하지 않는다. 예수께서도 마태복음 19장 28절에서 자신이 다시 오시는 날에 세상이 새롭게 될 것을 명확히 언급하신다는 점에서, 이들은 예수께서 공생애 기간에 제자들과 공유했던 관점을 보존한다고 말할 수 있다.

바울은 그리스도 예수를 중심으로 구약을 새롭게 해석한 유력한 기독교 신학자이면서 또한 산헤드린공회의 인정을 받은 유대교 학자이기도 하다. 이런 바울도 그리스도 예수가 다시 오시는 날에 하나님께서 만유 안에 만유가 되실 것을 명확히 밝힘으로써 같은 입장을 드러냈다(고전 15:28). 이는 창조의 선함을 상속할 뿐 아니라, 노아 언약을 통하여 확정하신 바대로 창조 세계의 보존과 회복이라는 구약의 전망을 공유하기 때문에 가능한 일이다. 바울은 이런 구약의 전망을 기독론적인 토대에 기초하여 명확하게 다시 진술하는 과정에서, 그리스도 예수를 창조 세계의 중보자일 뿐만 아니라(골 1:16-17) 구속자로 세우신 하나님의 경륜을 분명히 하였다(엡 1:10).

나가며

미래의 하나님 나라가 새로워진 우주에서 최종적으로 성취된다는 관점은 사실 성경의 초반부에서 명확하게 제시된다. 하나님은 우주를 창조하시고 만유의 주재 곧 만유의 왕이 되셔서, 당신의 형상을 닮은 인간이 만물과 함께 당신을 즐거워하고 영화롭게 하는 삶을 살아가도록 친히 언약을 체결하여 만유 가운데 공존할 것을 계획하셨다. 왕과 백성이 더불어 창조된 세계에 거하는 나라, 그것이 바로 하나님 나라이다. 이런 면에서 보면, 하나님 나라는 창조 때부터 드러났으나, 창조주 하나님에게 반역한 사단이 진짜 왕이신 하나님을 알아보지 못하도록 인간을 미혹하였다. 그리하여 사단은 자기를 추종하는 백성을 만들어 대대적인 반역을 꾀함으로써 하나님께서 창조하신 우주 안에 자신을 중심으로 하는 유사 나라를 만들려고 집요하게 움직여온 것이다.

하나님께서는 이런 삶의 현실에서 고통하는 인간을 구속하여 창조 때부터 계획하였던 그 나라, 곧 자신의 나라를 회복하시고자 하는 열정을 품으셨다. 그리고 그 열정은 성자의 성육신으로, 백성의 죄를 담당하여 처리하는 것으로, 의와 생명을 전가하는 것으로, 종말론적인 미래의 실체로서 올 세대를 열고, 종말론적인 선취의 영인 성령의 내주를 허락하는 일차적인 작업의 완결로 발현되었다. 하나님의 의지의 성취로 오신 그리스도 예수는 십자가와 부활로 토대를 놓으신 후 다시 오신다는 약속을 남기고 가셨다가 장차 다시 오심으로써 자신이 시작한 사역을 마침내 궁극적으로 완결할 것이다. 그 날에 그리스도 예수는 다시 오셔서 당신의 백성을 온전히 모아 하나님 나라를 완결하실 것이다. 그리고 사단과 그의 수하와 그에게 미혹된 인간을 구별하여 격리하실 것이다. 그리스도 예수를 믿음으로 구원에 참여할 뿐만 아니라, 그리스도 예수를 맏아들로 하는 공동의 상속자가 된 백성과 구별하여 모으실 것이다. 이로써 마침내 그 나라 백성은 창조와 구원의 하나님을 진정한 왕으로 인정하며 공의로운 심판을 통과한 복락을 누리는 방식의 삶이 확고하게 자리를 잡게 된다. 이런 점에서 초림에서 실현된 하나님 나라와 미래에 완결될 하나님 나라를 구별하여 이해하

는 일은 하나님 나라의 백성으로서 그리스도인의 삶을 형성하는
일에 매우 중요한 장을 열어주는 것이다.

4장

갈등하는 하나님 나라

논의를 좇아온 독자는, 그리스도 예수와 연합함으로 종말에 참여한 그리스도인이 하나님께서 창조하셨으나 사단이 미혹하는 갈등하는 시·공간에 처해 있다는 사실을 어느 정도 짐작할 수 있을 것이다. 한편으로, 그리스도 예수의 십자가와 부활로 사단이 결박되어 천 년 동안 천하만국을 미혹하지 못하는 상황이나(계 20:1-3), 다른 한편으로 여전히 그의 수하들을 통하여 사단이 현재의 시·공간에 자신의 여세를 미치고 있는 형국이기 때문이다(계 12:12). 예를 들어, 지역에 근거를 두고 활동하던 폭력조직 두목을 잡아 감옥에 집어넣을 때 그의 통치력에 현저한 제한이 생기는 것은 사실이나, 감옥 안에서도 자신의 부하들을 움직여 세력을 미치듯이, 유사한 상황이 사단과 그의 수하들과 관련해서도 일어난다. 소위 실현된 하나님 나라와 미래에 완성될 하나님 나라 사이의 긴장 구조에서, 아직도 이 세대의 왕으로서 그의 수하들을 동원하여 영향을 떨치고자 마지막 힘을 발휘할 사단의 전략을 직면하면서 살아가야 하는 그리스도인의 삶의 현실은 피할 수 없는 일이다. 이런 상황에서 하나님의 백성은 어떤 삶을 모색할 수 있을지 더 깊은 묵상이 필요하다.

1. 하나님 나라의 "이미"와 "아직 아니"

하나님 나라는 그리스도 예수의 십자가와 부활에서 결정적으로 역사화 되었고, 타락한 인류 가운데서 자신의 백성을 되사내려는 하나님의 의중이 드러난 것이다. 아브라함과 이삭과 야곱을 통하여 움이 돋고, 다윗과 그의 왕조를 통하여 싹이 나고 나무가 되어 새들이 깃들었으나, 결실의 기대를 저버리고 베임을 당하여 불에 타 소실되는 듯했다. 그러나 그루터기를 남겨 두셔서 회복의 길을 내시는 하나님의 오랜 열심의 결과로 "이 모든 날 마지막"에 마침내 아들이 말씀하시는 일이 일어났다(히 1:1-2). 하나님은 비가역적일 뿐만 아니라 비반복적인 방식으로 이 배반의 역사 안으로 진입해 들어오셨고, 하나님의 종말론적인 개입이 역사 안에서 실행된 것이다.

하나님의 아들로서 성육신하여 오신 그리스도 예수로 인하여 역사 그 자체가 이 세대와 올 세대로 결정적으로 구별되어 상호간 어떤 형태의 긴장을 유발하며 존속할 수밖에 없게 되었다. 유대교의 관점에서는 하나님 나라가 여전히 미래에 머물러 있지만, 그리스도인의 관점에서 하나님 나라는 이미 이곳에 침투하여 현존하며 활동하는 구체적인 실재이다. 그리스도 예수의 십자가와 부활 사건이 역사 안에서 역사를 심판하는 성격을 명확하게 견지할 뿐만 아니라, 이미 이곳에서 올 세대의 능력이 본질적으로 작동하고 있다. 이런 긴장 국면을 거치는 과정에서 미래로 연계되는 하나님 나라는 그리스도 예수의 다시 오심에서 마침내 완성될 것이다. 예수님이 다시 오시는 그 날에, 그리스도 예수께서 처음 오셨을 때 놓은 토대에 근거하여, 최종적으로 역사와 그 역사 내에서 모반을 꾀한 마귀와 그 수하들과 그의 추종자들은 심판에 넘겨지고, 반면에 그리스도 예수를 머리로 하여 종말론적인 삶을 신실하게 견지한 자들은 공개적으로 인정을 받고 위로를 누리게 될 것이다.

미혹의 영

이런 현실 속에서 자신의 때가 얼마 남지 않은 것을 인식한 마귀와 그의 수하들의 사역 또한 사생결단의 방식으로 활성화될 것이다. 비록 천 년 동안 결박되었으나 나머지 힘을 몰아서 자신의 나라를 구축하기 위한 사역에 매진할 것이다. 이들의 활동 양상을 파악하기 위해서 그간의 이력을 살피는 일이 도움이 될 것이다. 성경의 안내를 따라가면, 사단과 그의 수하들은 하나님께서 정한 특정한 "지위"(ἀρχή)와 "역할"(οἰκητήριον)을 맡은 존재임을 알게 된다(유 1:6). 풍선을 예로 들어 설명하자면, 다양한 모양의 풍선을 만들 때 용도에 따라서 얼마의 공기압을 견딜 수 있는지 예측하고 제작하였을 것이다. 마찬가지로 하나님께서 마귀와 그의 수하들도 본래 그 쓰임을 따라서 선하게 창조하셨다. 그들의 지위와 역할을 특정하여 하나님과 자신의 백성인 인간을 위하여 봉사하는 영(ministering spirits)으로 일하기를 의도하신 것이다(히 1:14).[33]

이렇게 선한 의도를 따라서 창조되었으나 그들은 교만하여짐으로, 즉 자신의 지위와 역할에 머물지 않음으로 정죄에 떨어졌다(딤전 3:6, 유 1:6). 마치 풍선이 쓰임에 따라 모양과 공기압이 정해진 범주를 넘어서 공기를 주입하게 되면 '뻥' 하고 터지게 되듯이 사단과 그의 수하들에게도 유사한 일이 벌어진 것이다. 자신의 지위와 역할을 넘어서는 범주에까지 자신을 높임으로써, 달리 말하여 스스로 높여 교만하여짐으로써 하나님의 심판과 정죄의 운명에 빠지고 만 것이다(유 1:6). 사단과 그의 수하들은 정죄에 빠진 채로 광폭활동을 이어나가게 된다. 욥기 1장 7절이나, 2장 2절에 보게 되면, 하나님께서 사단을 향하여 "네가 어디서 왔느냐"라고 질문하자, 사단은 "땅을 두루 돌아 여기 저기 다녀 왔나이다"라고 대답하는 것을 보아 그들의 활동 반경을 확인할 수 있다.

---

33 시편 기자는 인간이 "천사보다 조금 못하게" 창조되었다(시 8:5)고 언급한 것으로 읽기도 하는데, 사실은 "하나님보다 조금 못하게"로 읽는 것이 더 일반적이다. 성육신하신 그리스도 예수를 천사보다 조금 못한 존재로 언급하는 본문이 있어서(히 2:9) 시편 8편 5절의 말씀도 그런 범주에서 읽어야 한다는 반론이 없지 않지만, 이는 구속을 통하여 마귀를 멸하시며 진정한 자녀됨의 영광으로 이끄시려는 경륜을 따라서 일어난 일로 보아야 할 것이다(히 2:10-11, 14-15). 이런 점에서 구속에 참여한 하나님의 백성은 천사들을 판단하는 자리에 다시 서게 될 것이다(고전 6:3).

이렇게 사단이 두루 돌아 이곳저곳 다니면서 하는 일의 면면을 잘 드러내는 본문은 에베소서 2장 2절인데, "공중의 권세 잡은 자"로서 "불순종의 아들들 가운데서 역사하는 영"이라고 규정하고 있다. 문맥을 고려하면서 이 구절을 읽을 때, 불순종의 아들들 가운데서 역사하는 영으로서 "이 세상 풍조"를 만들어 공유하도록 미혹하는 영(요일 4:6, 딤전 4:1)이라는 사실을 알아차릴 수 있다. 비록 욥은 불순종의 아들로 분류되지는 않았으나(욥 1:8, 2:3), 욥과의 관계에서도 사단은 이 세상 풍조를 기반으로 욥을 미혹한다. 한편으로는 욥의 소유를 빌미로(욥 1:10), 다른 한편으로는 욥의 건강을 빌미로(욥 2:5), 욥이 소위 보편적인 인류가 추구하는 시대정신을 따라서 자신의 삶을 꾀하는지 아닌지를 확인하는 과정을 밟고 있다(욥 1:12, 2:6). 사단은 욥이 하나님을 순전하게 섬기는 이유가 하나님께서 이 세대에 속한 인간이 보편적으로 추구하는 가치인 재물과 건강을 제공하시기 때문일 것이라는 그런 전제로 하나님과 욥 사이를 파고들어 둘 사이의 간격을 벌리려 하였다.

이런 사역의 시발적이고 결정적인 예는 아담과 하와에게서 찾을 수 있다. 교만하여 하나님의 정죄를 받은 마귀와 그의 수하들이 미혹하는 영으로서, 인간이 하나님으로부터 소외되어 하나님 대신 육신의 소욕, 안목의 정욕, 이생의 자랑을 따라 살도록 인간을 미혹하는 사역을 펼친 첫 경우가 이에 해당하기 때문이다. 창세기 3장 1절에 사단이 등장하는데, 그를 규정하는 단어가 히브리어로 "아룸"으로 그 의미는 "미묘함"이라는 뜻을 갖는다. 이 단어는 선의인지 악의인지 명확하지 않은 어떤 지점을 찾아 그것을 근간으로 접근하여, 상대방의 판단을 흐리게 만들어 결과적으로는 자신의 목적을 달성하는 데 사용되는 형용사이다. 성경은 사단에게 이런 형용사를 사용하면서, 꾀를 내어 거짓으로 상대방을 함정에 빠트려 잘못된 선택을 하게 만들어 자신의 사익을 꾀하는 존재임을 밝힌다(요 8:44).

그 날도 미묘한 사단이 하와를 찾아왔다. 사단이 왜 아담이 아닌 하와를 미혹의 대상으로 삼았는지에 관련한 이유는 창세기 2장 15-25절의 내용에서 발견된다. 창조의 과정에서 아담이 홀로였을 때, 하나님은 아담에게 이렇게 말씀하셨다. "여호와 하나님이 그 사람을 이끌어 에덴동산에 두어 그것을 경작하며 지키게 하시고 여호와 하나님이 그 사람에게 명하여 이르시되 동산 각종 나무의 열매는 네가 임의로 먹되 선악을 알게 하는 나무의 열매는 먹지 말라 네가 먹는 날에는 반드시 죽으리라 하시니라." 하나님은 이 말씀을 아담에게 하신 후에 하와를 창조한 것으로 보인다(창 2:18, 21-23). 창조의 개략적인 윤곽을 보여주는 1장에서는 아담과 하와의 창조 사이에 시간적인 간격이 없는 것처럼 보이지만(창 1:26-28), 인간을 중심으로 더욱 자세히 묘사하고 있는 2장에서는 여백이 있었음을 확인할 수 있다(창 2:18-22).

이런 구체적인 정황을 잘 알고 있었을 사단(골 1:16)이 꾀를 내어 하나님으로부터 직접 들어 기억이 명확하였을 아담을 피하고, 상대적으로 여지를 지닐 개연성이 있는 하와를 찾아와 그녀의 기억력을 파고든 것으로 보인다. 아마도 하와는 하나님의 말씀을 아담에게 전해 들었을 것이고, 따라서 사단이 "하나님이 참으로 너희에게 동산 모든 나무의 열매를 먹지 말라 하시더냐"고 넌지시 그 기억을 떠올리도록 질문함으로써 하와의 기억의 정확성을 떠보았던 것이다(창 3:1). 사단의 이런 미묘한 질문에 대하여 하와는 "동산 나무의 열매를 우리가 먹을 수 있으나 동산 중앙에 있는 나무의 열매는 하나님의 말씀에 너희는 먹지도 말고 만지지도 말라 너희가 죽을까 하노라 하셨다"라고 대답함으로써 그 기억이 정확하지 않음을 드러내고 말았다(창 3:3). 창조의 과정을 반추함으로써 하와의 기억의 여백을 확인한 사단은 곧바로 하와에게 치고 들어와 "너희가 결코 죽지 아니하리라"고 단언하면서, 한 걸음 더 나아가서 "너희가 그것을 먹는 날에는 너희 눈이 밝아져 하나님과 같이 되어 선악을 알 줄 하나님이 아심이니라"고 말함으로써 하나님과 하와 사이를 파고들어 둘 사이의 신뢰 관계를 허물려는 간계를 통하여 미혹한 것이다(창 3:5). 하와는 이 말을 듣고, "아, 하나님이 자신과 같이 될까 봐서, 그래서 먹지 말라고 하신 거구나"라는 의문을 품음으로써 미혹되었을 것이 확실해 보인다.

이렇게 마음을 빼앗긴 하와는 눈을 들어서 선악을 알게 하는 나무 열매를 보았고, "먹음직도 하고, 보암직도 하고, 지혜롭게 할 만큼 탐스럽기도 한 나무인" 것을 확신하게 되었다. 미묘한 질문을 통하여 하와의 상태를 확인한 사단이 그 빈틈에 쐐기를 박아 넣은

후, 하나님과 하와의 신뢰 관계에 지렛대를 끼워 재낌으로써 관계를 확연히 벌려놓았다. 그 결과, 하와는 손을 뻗어 그 열매를 따서 먹는 지경에 이르고 말았다(창 3:6). 미혹하는 영인 사단이 하와의 여백을 파고들어 육신의 소욕, 안목의 정욕, 이생의 자랑에 사로잡히도록 부추기는 광경을 볼 수 있다. 요한이 태초부터 계신 분을 사랑하는 삶과 세상에 있는 것을 사랑하는 삶을 대조하면서, "세상에 있는 모든 것이 육신의 정욕과 안목의 정욕과 이생의 자랑이니 다 아버지께로부터 온 것이 아니요"라고 말할 때(요일 2:12-17), 창세기 3장 1-7절을 상기했을 것이다. "먹음직하고, 보암직하고, 지혜롭게 할 만큼 탐스러운 것"이 "육신의 정욕, 안목의 정욕, 이생의 자랑"에 상응하기 때문이다. 환언하여, 사단은 아담과 하와로 하나님 대신에 바로 이것을 추구하며 일생 살아가도록 미혹하였고, 결과적으로 이것이 바로 이 세대의 가치와 정신으로 확정되었다.

사단은 지금도 인간으로 하여금 바로 이런 가치를 좇아 자신의 삶을 꾀할 것을 미혹하고 있고, 인간은 바로 이런 시대정신을 좇는데 불나방처럼 날아들어 자신을 불사르고 있다. 육신의 정욕, 안목의 정욕, 이생의 자랑을 다른 언어로 번역하면, 재물과 명예와 권력에 각각 상응할 것이다. 사단은 하나님이 아니라, 재물과 명예와 권력이 너의 삶을 너끈히 지킬 수 있으니, 굳이 하나님께 예속되어 굴종하는 삶을 살지 말고 독립하여 자존적인 삶을 꾀하라고 하와를 미혹하였다. 그리고 그런 삶을 향하여 대담한 첫걸음을 옮긴 것이 바로 하와와 그녀의 남편 아담이었다. 21세기를 살아가는 보편적인 인류는 그들의 후손으로서 이런 가치에 본성적으로 공감하고, 이것을 추구하는 일에 자신의 삶을 전적으로 쏟아붓는 것이 사실이다.

이것이 그 당시뿐 아니라 지금 여기 대한민국 서울에 사는 보통 부모의 자식을 향한 기대라는 사실을 부인하기 쉽지 않다. 이런 정황이 주말 안방을 파고들었던 드라마 「SKY 캐슬」[34] 에 고스란히 녹아 있다. 초중고교생을 둔 부모의 기대는 인격이 성숙한 사회인을 양육하는 데 있기보다는 자본주의에 기반한 무한경쟁 사회에서 재물과 명예와 권력을 상속하거나 획득할 수 있는 그런 인간을 만드는 데 놓여있다. 자본주의를 근간으로 한 한국 사회 엘리트층은 실제로 이런 대열에 합류한 인간으로 구성된다. 문제는 과연 재물과 명예와 권력이 인간을 지킬 수 있는가에 달려 있다. 수고하고 절제하고 애써서 50대 중반쯤 재물과 명예와 권력을 얻었는가 싶을 때, 대사질환의 조짐이 구체적으로 드러나기 시작한다. 죽음이 얼마 남지 않은 것이다. 존재론적인 물음 앞에 설 때, 재물과 명예와 권력은 무력하기 짝이 없다.

시편의 어느 시인이 읊었듯이, 인간은 자신에게 주어진 70이요 강건하면 80인 인생, 화살촉이 날 듯 신속하게 날아가는 인생(시

---

34 「SKY 캐슬」은 2018년 11월 23일부터 2019년 2월 1일까지 금요일과 토요일에 방송되었던 JTBC 드라마다.

90:10)을 이렇게 소비하고 죽음에 넘겨지게 되는데, 문제는 역사와 삶의 주인이 사단이 아니라는 데 있다. 존재와 삶의 결정적인 순간뿐만 아니라 맨 마지막 순간에 역사의 심판대에 앉으시는 분은 그리스도 예수다(요 5:22-26, 마 25:31, 행 17:31). 사단이 아니다. 우리는 모두 자신의 삶을 결산할 최종적인 순간에 그리스도 예수 안에서 삶의 진정한 가치를 드러낸 삼위 하나님 앞에 설 것이다. 사단이 내민 가치를 따라 산 삶은 하나님과 원수 된 삶이었기 때문에 그 앞에서 내놓을 삶의 내용이 없는 자로 판명될 것이다. 하나님 없이 형성된 재물과 명예와 권력은 결과적으로는 자기를 추구함으로써 파괴에 이르는 나르시스적인 삶일 뿐이다. 미혹하는 영인 사단과 그의 수하들은 바로 이런 허무한 삶의 자리에 인간을 세우고자 지금도 미묘하게 활동하고 있다.

진리의 영

이 세대의 풍속을 좇도록 미혹하는 영인 사단과 그의 수하들의 활동이 왕성한 가운데 진리의 영이신 성령이 펼치는 삶의 영역도 함께 존재한다. 요한복음 3장 1-36절의 니고데모와 예수의 대화의 맥락에서 확인할 수 있듯이, 인간의 마음에 덧씌워진 묵은 죄와 허물을 물로 씻듯 씻으시는 성령의 정화하는 사역이 없이는 인간은 하나님 나라를 볼 수도 없고, 그 나라에 들어갈 수도 없다(요 3:3, 5). 소위 미혹하는 영인 사단에게 미혹되어 육체의 소욕, 안목의 정욕, 이생의 자랑을 좇는 사람은 성령이 없는 사람이고(고전 2:14), 성령으로 아니하고는 시대정신을 벗어나 새로운 삶의 세계를 직면하도록 그리스도 예수께서 주시는 마음을 파악할 수 없기 때문이다(고전 2:14-16). 여기에 타락한 인간의 존재론적 한계에서 비롯되는 아픔과 슬픔이 있다.

본디 하나님의 형상을 따라 창조된 인간은 성령의 내주를 가진 존재였다(창 2:7, 6:3). 흙으로 존재 전부를 받았던 호랑이는 흙으로 지어지자마자 생령, 그러니까 살아서 활동하는 존재가 되었으나, 흙으로 육체를 형성한 아담은 호랑이와 달리 생령, 즉 살아서 활동하는 존재가 되지 않았다. 흙으로 지어진 그의 코에 생기를 불어넣어 영혼이 창조되자마자 아담은 살아서 활동하는 존재가 되었다(창 2:7). 육체와 영혼이 하나가 된 인간이 살아서 활동하기 때문이다. 여기에 더하여 영육통일체로서의 인간은 성령의 내주를 갖게 되었다. 성령이 영육통일체인 인간을 거소(dwelling place)로 삼았기 때문이다(창 6:3). 이것이 본디 인간의 실상이다. 성령의 내주를 누리며 삼위 하나님과의 교제를 향유하는 존재가 바로 인간이다(요 14:16-19, 23, 17:21)

그러나 하나님을 대적하는 죄를 범하여 육체의 소욕에 사로잡히게 되자 성령은 인간을 떠나게 되었다(창 6:3). 성령이 내주하는 인간은 성령의 소욕을 따라서 삼위 하나님과의 교제를 누리게 된다. 하지만 성령이 떠난 인간은 삼라만상에 반영된 하나님의 자기 계시를 직면함으로써 하나님을 알되 그분을 마음에 모시기를 싫어하고, 그분이 일상에서 베푸시는 다양한 은혜인 해와 공기와 호흡과 만물과 생명 등에 감사하지도 않고, 그분을 영화롭게 하는 삶을 거절하며, 하나님의 영광을 썩어질 금수와 버러지의 형상으로 바꾸어 하나님과 원수된 그런 존재로 전락하였다(마 5:45, 행 14:17, 17:25, 롬 1:20-21, 5:9-10). 하나님 없는 상태를 즐기며 스스로 지혜롭다고 생각하나 오히려 어리석게 되어 그 생각이 허망하여졌고 마음이 어두워졌기 때문인데(롬 1:21-23), 이것이 바로 성령이 부재한 인간의 모습이다(고전 2:14).

하나님을 마음의 중심에 모시지 않는 사람은 역설적으로 자신을 높이는 일을 감행하게 되어, 자신의 욕망을 충족시킬 대체재로써 우상을 만들기 시작한다. 썩어지지 않을 하나님의 영광을 썩어질 사람과 새와 짐승과 기어 다니는 동물 모양의 우상으로 바꾸는 일을 감행했다(롬 1:23). 엄밀한 의미에서 우상은 한편으로 죄로 인한 본성의 부패에도 불구하고 잔존하는 하나님의 형상의 작용을 따라서 일어나는 신의식(sensus divinitatis)의 결과물이기도 하지만, 다른 한편으로 본성이 부패한 채로 자신을 끊임없이 추구하려는 욕망을 따라 신의식과 연동함으로써 구체화되는 자신의 내면이 드러난 외적 형상이다. 이렇듯 인간은 아주 교묘한 방식으로 신을 빙자하여 자신을 섬기는 존재로 전락하고 말았다. 타락한 인간의 육신의 소욕은 현저하여 불의, 추악, 탐욕, 악의, 시기, 살인, 분쟁, 사기, 악독, 비방, 능욕, 교만, 불효, 우매, 배약, 무정, 무자비와 같은 형태로 자신을 드러낸다(롬 1:29-31). 바울은 이런 상태로 전락하여 육신의 소욕에 좌우되는 인간을 육신에 속한 사람

(ψυχικὸς ἄνθρωπος)이라고 불렀는데, 신국제번역(NIV)은 "성령이 없는 사람"(The man without the Spirit)으로 번역하였다(고전 2:14). 이런 욕망에 자신을 내맡긴 채 살아가는 인간이 바로 미혹하는 영인 사단의 종된 삶을 살아가는 인간이다.

이런 상태에서 벗어나는 일, 이런 세대의 삶의 풍조에서 해방되는 일, 이런 삶의 흐름에 종말을 고하는 일이 인간에게 긴요한 일이 아닐 수 없다. 이러한 흑암의 세계에서 건져내어 그의 아들의 나라로 옮겨지는 일이 인간에게 일어나야 하는데, 사도 바울은 그 일이 바로 그리스도 예수 안에서 일어났다고 선언한 것이다(골 1:13). 미혹하는 영인 사단과 사단에게 미혹됨으로써 죄의 노예가 되어 굴종하는 삶(롬 6:6), 종말론적으로는 사형에 해당하는 삶(롬 1:32)을 사는 인간을 대신하여, 그리스도 예수께서 그 죽음을 대신 담당하심으로써 사단의 손아귀에서 빼내시고, 그리고 부활하심으로써 의와 생명을 제공하시는 하나님의 수하로 들어가게 해주셨기 때문이다(롬 6:9-11). 그리스도 예수는 인간의 범죄함을 인하여 십자가에 내어주신 바 되시고, 죄인을 의롭다 하시기 위하여 살아나신 분이기 때문이다(롬 4:25).

이로써 그리스도 예수 안에 있는 자는 죄와 사망에서 해방되고, 의와 생명에 참여하는 자로 여겨진다. 이런 전망에서 "하나님이 세상을 이처럼 사랑하사 독생자를 주셨으니 이는 그를 믿은 자마다 멸망하지 않고 영생을 얻게 하려 하심이라"(요 3:16)는 말씀이

성립하게 되는 것이다. 예수께서 니고데모와의 대화에서 궁극적으로 의도하신 것은 바로 이런 사실을 인식하는 인간이 되어야 하며, 그리고 그러한 일이 바로 자신의 눈앞에 서 있는 그리스도 예수를 통하여 일어난다는 사실을 인식할 수 있어야 한다는 것이다. 그때 비로소 하나님 나라를 보고, 그 나라에 들어가서 지금 여기서 영생을 누릴 뿐만 아니라, 미래에도 더욱 풍성하게 누릴 수 있다. 이와 동일한 흐름에서 바울은 육신에 속한 사람은 이런 사실을 파악하여 받아들일 수 없다고 선언하였고, 다만 성령을 통하여서만 깨닫고 받아들일 수 있다고 단언했다(고전 2:13-14).

바울뿐 아니라 요한도 이런 깨달음에 이르도록 인간이 급진적으로 변화되는 일, 이것을 중생이라고 한다. 전형적인 바리새인 니고데모와의 대화에서 예수는 이런 성령의 사역을 에스겔서 36장 25-27절에서 찾을 수 있다고 말한다. 하나님의 언약 백성이 바벨론제국에서 포로로 유배 생활을 하는 과정에 이 세대의 풍속, 미혹하는 영인 사단이 밑그림을 그리고 제국의 황제들이 그 위에 세워 올린 가치관을 따라서 양육되는 과정에서 그 마음이 더러워지고 세월이 지날수록 덧씌워진 세속적인 가치관이 지배하는 일이 일어났다. 그리하여 하나님을 알되 결과적으로 그 마음에 하나님 두기를 싫어하고 영화롭게도 감사하지도 않는 삶의 찌꺼기가 누덕누덕 켜에 켜를 놓듯 쌓이고 쌓였는데, 그 마음의 묵은 때를 물로 씻어내듯이 씻어내는 성령의 사역을 중생이라고 말씀하기 때문이다. 에스겔서 36장 25절에는 물이, 27절에는 성령이 등장하는데, 그 사이에 있는 26절에는 마음이 놓여 있다. 히브리인들의 평행법의 원리에 따르면, 물로 신체의 때를 씻듯 성령께서 마음의 묵은 때를 씻어냄으로써 감추어진 마음의 속살을 드러내어 하나님을 영접하고, 그분과 교제하며, 그분을 영화롭게 하는 삶의 상태로 다시 태어나는 일, 즉 물과 성령으로 남(γεννάω ἐξ ὕδατος καὶ πνεύματος, 요 3:5), 혹은 "위로부터 남"(γεννάω ἄνωθεν, 요 3:3), 한자어로는 중생이다.

성령은 중생한 인간 안에 자신의 거소(dwelling place)를 두고 사시며, 인간의 마음이 온전히 작동하도록 사역한다. 그리하여 인간이 하나님과 인간 사이의 유일한 중보자인 그리스도 예수께서 행하신 일을 이해하고 받아들여 그 안에 서서, 어떤 유혹에도 불구하고 그 사실을 견고하게 붙잡고, 신실하게 자신의 삶을 꾀할 수 있는 능력을 발휘하게 된다. 환언하여 이런 과정을 거침으로써 인간은 그리스도 예수께서 죄인인 자신의 죄를 대신하여 십자가에 못 박혀 죽음으로써 죗값을 지불하여 마귀의 손아귀에서 건져내시고, 부활하심으로써 의와 생명에로 확정하여 하나님의 소유되고 자유한 백성으로 너끈히 살아가게 하신다. 그리고 우리는 이 사실을 수용하고, 기뻐하며, 견지하는 삶을 살아가게 되는 자리에 설 수 있게 된다. 이런 사역이 바로 진리의 영이신 성령이 그리스도 예수를 값으로 지불하고 산 인간 안에서 행하시는 놀라운 사역이다(롬 5:5, 8:1-10). 인간은 성령으로 아니하고는 예수를 주로 시인할 수 없으며, 동시에 성령으로 난 자마다 예수를 저주받을 자라고 말할 수 없다(고전 12:3). 그리스도 예수로 말미암아 죄로부터 해방되고, 의와 생명을 상속하는 하나님의 아들들이 되었기 때문에(갈 4:6), 아들들의 마음속에 아드님이 보내신 성령이 거주하면서, 마음 깊은 곳으로부터 하나님을 아빠 아버지라고 부르도록 일하신다(롬 8:14-17).

그뿐만 아니라, "그 안에서 너희도 진리의 말씀 곧 너희의 구원의 복음을 듣고 그 안에서 또한 믿어 약속의 성령으로 인치심을 받았으니 이는 우리 기업의 보증이 되사 그 얻으신 것을 속량하시고 그의 영광을 찬송하게 하려 하심이라"(엡 1:13-14)에서 확인하듯이, 성령은 그리스도 예수로 인하여 그리스도인에게 주어지고, 하나님의 자녀들이 되었음을 "인치면서" 동시에 그 사실을 "보증하는" 역할을 수행한다. 환언하여, 성령은 미래 하나님 나라의 자산으로서 지금 이곳에서 미래 하나님 나라의 영광을 드러내는 선취적인 사역(proleptical working)을 하시기에, 그리스도인들이 이 세대를 살아가면서 올 세대, 즉 미래 하나님 나라를 향하여 자신의 삶을 매일 새롭게 개방할 수 있다. 이런 측면에서 성령은 그리스도인을 부단히 미래로 개방하도록 도우시는 종말론적인 구원의 보증이다.

성령이 내주하는 그리스도인은 이 세대의 정과 욕심에 대하여는 죽은 자요, 올 세대를 향하여는 살아난 자로서 자신의 삶을 적극적으로 꾀하는 삶을 향하여 일어나 걸어가야 한다(갈 5:22-26).

그리스도 예수를 깊이 묵상하며 하나님을 사랑하고 이웃을 섬기는 삶을 살아가려는 하나님의 백성의 마음에는 사랑, 희락, 화평, 오래 참음, 자비, 양선, 충성, 온유, 절제와 같은 열매로 가득하게 된다(갈 5:22-23). 성령의 아홉 가지 열매를 맺는 삶은 다른 말로는 그리스도 예수를 닮는 삶을 살아가는 것으로 번역될 수 있다. 아마도 지구상에서 성령의 아홉 가지 열매를 온전히 맺은 유일한 인간은 그리스도 예수뿐일 것이다. 그런 점에서 성령과 예수는 상호 포용으로 사역에 동참하시며, 이로써 그리스도인으로 하여금 진정한 자유를 맛보도록 도와주신다. 성령이 계신 곳에는 그리스도 예수가 현존하고, 동시에 마땅히 경험되어야 할 진정한 자유가 구현된다(고후 3:17).

2. 갈등하는 하나님 나라

그렇다면, 미혹하는 영과 진리의 영이 공존하며 각각 자신의 사역을 꾀하는 중간기의 상태, 즉 막간의 삶의 상태에는 어떤 일이 일어나게 되는지 궁금하지 않을 수 없다. 말을 바꾸어서 그리스도 예수의 초림과 재림 사이인 막간의 상태에서는 어떤 일이 일어나는지 관심을 기울이는 일은 매우 자연스럽고 중요한 일이다. 20세기의 언어로 표현하자면, 하나님 나라의 "이미"와 "아직 아니"의 긴장 관계에서 일어나는 역동에 대하여 바른 이해를 갖추는 일이 하나님 나라 백성의 삶을 노정하는 일에 매우 긴요하기 때문이다.

미혹하는 영과 하나님의 백성

마귀의 연원을 추적하신 예수께서는 마귀를 "처음부터 살인한 자"라고 규정하신다. 이는 아마도 아담과 하와를 하나님과의 관계에서 불순종하여 멀어지게 한 사건을 염두에 두고 하신 말씀일 것이다. 인간은 창조주 하나님께 대하여 불순종함으로써 창조주이시며 섭리주가 되시는 하나님과의 관계에서 소외되어 죽음에 이른 자가 되었다. 성경신학적인 면에서 보면 행위언약을 따라서 불순종에 해당하는 벌을 받게 되었는데, 그것이 바로 "죽음"과 함께 흙으로 돌아가는 것이다(창 2:17, 3:19). 바울은 구원에 참여한 에베소교회의 성도들에게 이런 근원적인 언약적 사실에 소구하면서, "허물과 죄로 죽었던 너희"라고 불렀다(엡 2:1). "하나님으로부터의 분리"를 뜻하는 이런 차원의 죽음을 조직신학적으로는 "영적인 죽음"(spiritual death)이라고 부른다.[35]

예수께서 떠올리신 이 사건에서 주목해야 할 부분은 마귀가 "무죄한" 하와와 아담을 미혹했다는 사실이다. 그리고 이 사실은 무죄하시고 둘째이자 마지막 아담인 예수의 삶에서도 반복되었다는 사실을 기억할 필요가 있다. 무죄한 상태에서 미혹이 일어난다면 죄의 소욕에 경도되는 상태에서는 더 말할 나위도 없을 것이지만, 상황을 좀 바꾸어보면 그리스도 예수로 말미암아 하나님의 백성이 된 그리스도인에게도 미혹하는 일이 일어날 수 있다는 사실을

---

35 Wayne Grudem, *Systematic Theology: An Introduction to Biblical Doctrine* (Grand Rapids: Zondervan, 1994), 810.

상정하는 일이기도 하다. 그렇다. "구속의 날까지" 구원을 보증하시는 성령의 사역 때문에 그리스도인을 궁극적인 죽음에 이르게 할 수는 없으나, 현실적으로는 마귀와 그의 수하인 귀신들이 성령의 내주를 가진 그리스도인에게조차 접근하고 미혹할 수 있다. 그리스도인은 자신 안에 성령의 내주가 이루어지는 때로부터 구속의 날까지 인치심을 받았음에도 불구하고, 마귀의 시험과 미혹이 자신에게 미칠 수 있다는 사실을 깊이 인식해야 한다.

다층적인 선교현장에서 가진 다양한 경험을 통하여 이런 가능성에 대하여 열린 태도를 견지했던 바울은 에베소교회의 성도를 향하여 "마귀에게 틈을 주지 말라"(엡 4:27)고 권면한다. 이런 권면에서 바울은 마귀가 성도에게조차 접근하려고 시도한다는 것을 하나의 사실로 인정하고 있음을 확인할 수 있다. 예수의 형제로서 예루살렘교회를 목양했던 야고보도 세상적이요, 정욕적이요, 마귀적인 지혜가 작동하는 상황을 언급하면서(약 3:15), 그리스도인은 성결한 지혜를 주시는 하나님께 순복하며 마귀를 대적함으로써 자신 안에 내주하시는 성령을 시기하는 자리로 내몰지 않을 것을 권면한다(약 3:17, 4:1-3, 7). 이러한 경우를 통하여 바울이나 야고보가 마귀의 사역을 언급하는 문맥을 살피게 되면 일관된 사실을 알아차릴 수 있다. 성도들과 더불어 화평하지 않고 다투고 분쟁하고 시기하고 질투하는 이런 맥락에서, 마귀가 성도들 사이에 틈을 만들어 비집고 들어와 활동할 수 있다는 것이다(엡 4:25-32, 약 4:1-3).

이런 상황에 내몰릴 수 있는 대상은 젊은이들뿐만 아니라 교회의 장로들도 포함된다는 점에서 더욱 주의가 요청된다(벧전 5:1-11). 얼른 생각하면 신앙이 연약한 자들에게나 미성숙한 자들에게서나 일어날 수 있는 일처럼 보이지만, 사실은 교회의 지도자에게도 예외가 아님을 보여준다는 점에 특히 유의해야 한다. 사탄은 미성숙한 자에게는 그에 어울리는 방식으로, 성숙한 자에게는 그에 적절한 방식으로 다양하고 교묘한 꾀(τὰ νοήματα)를 모색할 수 있다. 육신의 소욕에 이끌리는 그리스도인에게 사단은 만만하지 않은 존재이며, 그리스도인과의 관계에서 자신의 목적을 이루기 위해 매우 교묘하게 광명의 천사로까지 위장할 수도 있다(ὁ Σατανᾶς μετασχηματίζεται εἰς ἄγγελον φωτός, 고후 11:14).

마귀와 그의 수하들의 활동은 개인적인 삶의 영역에서도 경험될 수 있고, 교회공동체적인 상황에서도 나타날 수 있다. 세상 속에서 어둠의 세력을 거머쥐고 사람들을 미혹하는 사역을 하는 것을 넘어서 성도와 성도의 회인 교회 안에서조차 마귀가 활동한다는 사실을 기억할 때, 마귀의 전략을 성경의 기록을 살펴서 분석하고 대처하는 지혜가 필요하다. 마귀와 그의 수하들은 성도의 삶의 주변을 잘 파악하고 그 삶의 정황에서 어떤 위기 요소를 찾을 것이다. 인간관계, 놀이, 문화적 지향, 습관, 성품, 삶의 목적을 추구하는 양상 등을 빅 데이터화하고 분석하여 미혹하려는 대상의 삶을 구성하는 핵심 가치를 찾아 전략적인 거점을 만들어 부지불식간에 빠져들도록 함정을 팔 개연성이 매우 높다.

이런 점에서 하나님 나라의 백성은 자신을 향하여 이미 명확하게 드러내신 하나님 말씀의 경계를 유념해야 한다. 마귀가 어느 지점을 통하여 틈을 만들어 파고들어 올지 모르는 상황에서, 그리스도인은 하나님께서 삶의 규범, 혹은 삶의 경계로 주신 십계명을 존중하면서 자신의 삶을 노정하는 것이 매우 지혜로운 일이다. 계명에 담긴 금지와 약속을 헤아리며 자신의 삶을 객관적인 기준 안에 두는 것이 매우 중요하다. 주관적인 기준을 추구하고 그것에 안주하다 보면 자신도 모르는 사이에 사단의 잔꾀에 빠져드는 일이 일어날 수 있기에, 주관적인 감정이나 시대정신을 따라 세대의 풍조에 삶의 우선권을 내놓는 것은 주의력을 가지고 가능한 한 피해야 한다. 이런 범주의 주관적인 기준이 마귀가 가장 손쉽게 활용할 수 있는 미혹의 재료가 될 개연성이 농후하기 때문이다.

무엇보다 하나님의 말씀인 성경을 뭉근하게 읽고 또 읽는 습관을 갖는 것이 소중하다. 특별히 성경 말씀을 읽고 개인적이고 주관적인 적용을 찾는 일보다 더 우선하는 일이 하나님의 말씀을 창세기부터 요한계시록까지 읽어가는 것이다. 반복해서 읽고 또 읽는 과정을 통해서 하나님의 말씀이 기억에 자리하고, 비록 매 순간에 읽은 모든 말씀이 살아서 역동하지는 않더라도 삶의 어떤 특별한 계기와 함께 선택에 직면하게 될 때 성령께서 그 기억의 페이지를 열어 말씀을 떠올리게 하심으로써 고민하는 문제를 해결할 길을 밝게 비추어 올바른 선택을 하며 하나님의 백성으로서 똑바로 걸어갈 수 있도록 도와주시기 때문이다. 하나님의 말씀을 반복적으로 읽음으로써 기억에 쌓인 말씀의 층이 두터워질수록 실존적인 적용이 더욱 명확하고 통전적으로 일어날 수 있다. 그리하여 주관적인 왜곡에 빠지지 않게 되는 것은 성령께서 "성경이 자기 자신을 해석하는"(*Scriptura sacra sui ipsius interpres*) 길로 자기 백성을 이끄시기 때문이다. 이런 좋은 습관을 형성하는 일이 미혹하는 영의 활동에 포섭되는 일을 피할 수 있는 지혜로운 선택이다.

진리의 영과 하나님의 백성

미혹하는 영에게 마음을 빼앗기는 일은 성령을 근심하게 하는 일이다. "하나님의 성령을 근심하게 하지 말라 그 안에서 너희가 구속의 날까지 인치심을 받았느니라"(엡 4:30)는 말씀은 바로 이런 맥락에서 주어진 것이다. 여기서 언급되는 "구속의 날까지"라는 표현은 한편으로는 한 그리스도인의 영혼이 육체로부터 분리되는 순간을, 다른 한편으로는 그리스도 예수의 다시 오시는 날에 있을 부활, 즉 육체와 영혼이 다시 하나가 되는 순간까지를 의미한다. 양자를 포괄하여 최종적인 구원에 이르기까지 성령께서 구원의 실질적인 보증으로서 일하기 때문에, 그리스도인은 성령을 근심하게 하면 안 된다. 오히려 성령의 인격적인 설복에 인격적으로 호응함으로써 온전한 구원의 즐거움을 누리며 살아가는 그리스도인이 현명한 그리스도인이다.

다행스러운 것은 성령을 근심하게 하는 일이 어떤 범주의 것인지가 이 말씀의 문맥에서 자연스럽게 드러나 있어서, 그리스도인이 성령을 근심하게 하는 일을 피할 길을 발견할 수 있다는 것이다. 성령을 근심하게 하는 일은 그리스도 예수와 연합하기 이전에 좇던 가치관을 따라서 자신의 삶을 형성하려는 다양한 삶의 양상들과 본질적으로 관련되어 있다. 쉽게 말하여 다투고, 거짓을 말하고, 분을 내고, 시기하며, 교만하며, 외식하며, 불의를 행하고, 진리에 대항하며, 하나님과 원수를 맺는 일을 꾀하는 모든 일이 바로 성령을 근심하게 하는 일이다. 이런 일은 삶의 일상적인 맥락에서 너무나 쉽게 일어날 수 있는 일이라는 점에서, 성령을 근심하게 만드는 상황이 멀지 않은 곳에 다양한 양상으로 산재하고 있다는 사실을 유념할 필요가 있다. 그리스도 예수를 만나기 전까지 추구해온 삶의 태도가 순식간에 뒤바뀌어서 성령의 아홉 가지 열매를 주렁주렁 맺는 일이 그렇게 자연스럽게 일어나지 않는다는 점에서, 일상에서 피해야 할 일이 순간순간 일어날 수 있다.

야고보는 위로부터 난 성결하고, 화평하며, 관용하며, 양순하며, 긍휼과 선의가 가득한 지혜와 세상적이요, 정욕적이요, 마귀적인 지혜를 대조하면서, 후자를 좇는 삶은 결과적으로 성령을 시기하게 만드는 것임을 강조한다(약 3:13-4:10). 이처럼 사도 바울도 에베소서 4장부터 5장 초반부에 걸쳐서 성령에 이끌리는 삶과 마귀에게 틈을 내어주는 삶을 상세하게 비교하여 서술한 후에 "너희가 어떻게 행할 것을 자세히 주의하여 지혜 없는 자같이 하지 말고 오직 지혜로운 자같이 하여 오직 주의 뜻이 무엇인지 이해하라"고 권면한다(엡 5:15-17). 그리스도 예수와 더불어 연합함으로써 이 세상의 정과 욕심에 대하여는 죽은 자로, 올 세대의 가치에 대하여는 산 자로 여기는 삶, 즉 악하고 음란한 세대에서 주님의 뜻을 분별하면서 살아가는 일이 부단히 계속되어야 한다는 사실을 일깨우면서, 술에 취하여 술에 이끌리는 삶과 성령에 취하여 성령에 이끌리는 삶을 인상적으로 대조한다(엡 5:18). 마치 술에 취하여 술에 이끌리듯이 성령에 취하여 성령에 이끌리며 주님의 뜻을 분별하는 삶이 과연 어떤 것일까 고민하게 만드는 지점이다.

이 권면의 초두에서 바울은 그리스도 예수의 사역을 환기하면서 "그는 우리를 위하여 자신을 버리사 향기로운 제물과 희생제물로 하나님께 드리셨다"는 사실을 일깨운다. 이는 하늘로부터 오는 성결한 지혜를 추구하는 자는 향기로운 제물로 자신을 구속하신 그리스도 예수를 좇는 향기로운 삶을 살아가는 것이 마땅한 것이라는 권면의 근거로 작동한다(엡 5:2-3). 이런 근거에서 볼 때, 음행과 탐욕과 허언을 일삼는 자는 십자가로 세상의 정과 욕심이 지배하는 이 세대를 심판하시고, 의와 생명이 지배하는 올 세대를 열어놓으신 그리스도 예수가 다스리는 나라에 합당하지 않다. 이제는 어둠에 속하여 어둠의 일에 몰두하지 말아야 하고, 오히려 빛에 속하여 빛의 자녀들로 행하는 결단을 실행해야 하기 때문이다(엡 5:5-11). 모든 일에서 그리스도 예수로 인하여 하나님께 감사하는 삶을 꾀하고, 그리스도 예수로 인하여 서로 존중하며 섬기는 삶을 살아가는 것이 주님의 뜻을 추구하고 구현하는 삶이다(엡 5:20-21).

이러한 삶을 살아가는 것이 바로 술에 이끌리듯 성령에 이끌리는 삶이요, 구조적으로 동일한 권면을 담고 있는 골로새서 3장 16절에 따르면, "그리스도의 말씀이 풍성히 거하는" 삶이다. 바울의 입장에서 보면, "성령에게 이끌리는 삶"이나 "그리스도의 말씀이 풍성하게 거하는 삶"은 표현의 차이에도 불구하고 동일한 실재를 구현하는 삶의 길이다. "그리스도의 말씀이 풍성히 거하는 삶"이라는 바울의 표현에는 "그리스도 (예수)는 율법의 마침"이라는 중요한 전제가 반영되어 있다(롬 10:4). 두 가지 이유 때문이다. 한편으로, 그리스도 예수는 율법의 정죄에 팔린 죄인의 죗값을 지불하심으로써 율법의 정죄를 끝내신 분이다. 다른 한편으로, 그리스도 예수는 율법의 요구를 성취하심으로써 율법을 완성하신 분이다. 이런 의미에서 그리스도 예수는 믿는 모든 자에게 요구되는 본질적인 의를 이루신 분이고, 그리스도인은 이 사실을 믿음으로서 죄와 사망에 대하여는 죽은 자로, 의와 생명에 대하여는 산 자로 인정을 받는다.

자연스럽게 그리스도인은 그리스도 예수를 따라 성령 안에서 율법의 중심을 향하여 바짝 다가서게 된다. 무엇보다도 하나님을 사랑함으로써 우상을 멀리하며, 하나님을 진정한 초월자일 뿐만 아니라 온전히 가까운 자로 받아들임으로써 하나님을 즐거워하며 예배하는 자로 자신을 노정하게 된다. 그뿐만 아니라 이웃을 사랑함으로써 간음을 피하고, 살인하지 않으며, 도둑질하지 않으며, 탐심을 물리치는 삶을 도모하게 된다(롬 13:8-10). 이로써 율법의 중심을 성취하는 삶을 맛보게 되는 것이다. 이런 의미에서 그리스도인은 정죄하는 몽학선생으로서의 율법에서는 해방되었으나, 삶의 규범으로서 율법에 대하여는 새롭게 살아난 자이다. 그리스도 예수의 십자가와 부활에 참여함으로써 구원에 참여한 그리스도인은 이 사실을 깊이 유념하고 묵상해야 한다. 이런 이해의 기저로부터 예수께서 "내가 율법이나 선지자를 폐하러 온 줄로 생각하지 말라. 폐하러 온 것이 아니요 완전하게 하려 함이라"는 말씀의 깊이에 이르게 된다. 뿐만 아니라, "내가 너희에게 이르노니 너희 의가 서기관과 바리새인보다 더 낫지 못하면 결코 천국에 들어가지 못하리라"는 말씀을 하신 구원의 경륜을 꿰뚫어 볼 수 있다(마 5:17, 20). 은혜 없이 율법을 성취하여 구원에 이르려는 바리새적인 율법주의가 아니라, 새 언약에 기초한 구원의 경륜을 따라 하나님 나라의 백성다운 삶의 지평에로의 초대이다.

이렇듯, 이 세대에 속한 삶의 가치에서 해방될 뿐만 아니라 올세대의 가치에 참여함으로써, 하나님 나라의 백성이 누려야 할 온전한 자유에 이르는 길이 바로 그리스도 예수와 성령으로 인해 활짝 열린 것이다. 누구도 닫을 수 없는 문이 활짝 열린 것이다. 바울은 이런 이해의 맥락에서 그리스도의 말씀이 너희 안에 풍성하게 거해야 비로소 성령에게 이끌리어 춤을 추듯 살아가는 진정한 자유에 이를 수 있다고 권면했다. 그런 맥락에서 그리스도 예수의 말씀에 풍성히 거하는 삶은 세상적이요 정욕적이요 마귀적인 세상의 풍조로부터는 멀어지고, 진정한 인격의 구현으로서 성령의 아홉 가지 열매가 구현된 그리스도 예수를 닮는 삶을 향해서 자연스럽게 가까워진다. 하나님 나라의 백성의 삶이 성령과 그리스도 예수 안에서 참되게 구현되는 이유는, 바울이 깊은 묵상과 함께 고백하듯이 "주는 영이시니"(ὁ κύριος τὸ πνεῦμά ἐστιν) 주의 영이 계신 곳에는 자유함이 있기 때문이다(고후 3:17). 성령에 이끌리는 삶은 어떤 주관적인 경향성이나 끌림이나 정서의 움직임만으로 해석되어서는 안 되고, 기독론적인 객관성을 담보하는 하나님 말씀의 객관성에 항상 기초한다는 사실을 명확히 하고 있다.

그리스도 예수와 성령은 나뉘어 별도의 사역을 하는 것이 아니라, 성부와 연하여 삼위 하나님의 창조와 구원의 경륜을 이루는 일에 동참한다. 성부와 성자와 성령의 사역이 창조를 이루었고, 죄와 사망의 세력을 멸하고, 하나님 나라를 다시 회복하여 완성하는 일을 이룬다. 삼위 하나님은 본디 인류를 조성하여 하나님의 뜻인 율법을 근간으로 하나님 나라를 이루기를 뜻하셨다. 율법이 온전히 구현되는 곳에 하나님의 하나님이심이 선포되고, 인간의 인간됨이 선포됨으로써 하나님의 왕이심이 구현되며 인류는 하나님의 백성임이 구현되는 것이다. 창조와 함께 이것이 기획되었으나 범죄함으로 왜곡되었고, 하나님은 구속과 함께 회복을 도모하며 완성의 길을 노정하신 것이다. 하나님 나라가 회복될 때 하나님의 뜻인 율법이 그의 백성의 심비에 온전히 새겨지고 성령이 친히 교사가 되어 그 뜻을 밝히신다(렘 31:33, 겔 36:27, 히 8:10-11). 그리하여 하나님을 온전히 왕으로서 경외하며, 하나님께서 온전히 왕으로서 다스림으로써, 다시 애통하는 것이나 곡하는 것이나 눈물이나 죽음이 없을 뿐 아니라 사계절 풍성한 소출을 내는 창조 세계로 새로워지는 그런 나라가 확정된다(계 21:1-5, 22:1-5).

이런 변화가 "이미" 시작되었고, "아직" 완성되지 않은 것이다. 하나님 나라의 백성은 바로 이 막간의 상태를 직면하고 있다. 미혹하는 영이 활동하고, 진리의 영이 일깨우는 사역이 공존하며 긴장을 유발하는 상태이다. 그리스도인은 단순히 존재하는 것이 아니라, 바로 이미 시작되었으나 아직 완성되지 않은 하나님 나라의 백성으로서 자신의 삶을 성령 안에서 펼쳐야 하는 과제 앞에 서 있다. 미래 하나님 나라의 실재로서, 그 실재를 지금 여기로 미리 앞당겨 가져와 긴장의 시간을 살아가는 그리스도인의 삶의 현실로 전환되게끔 그리스도인 안에 내주하시는 분이 바로 성령이다. 그리스도 예수의 십자가와 부활에 내포된 그 약속을 끌어내어 그리스도인의 마음에 알리고, 설복하는 과정을 통하여 하나님을 아빠 아버지라 부르게 하시고, 하나님의 자녀로서의 삶을 이곳에서 맛보며 살아갈 수 있도록 도우시는 분이 하나님이신 성령이시다. 그리스도인은 바로 이 성령의 현존 안에 존재한다. 바로 이런 삶의 세계를 성령을 통하여 맛보며 살아가도록 구원의 경륜이 펼쳐지고 있고, 그리스도인은 이 사실을 마음에 기억하고 성령 안에서 자신의 삶을 형성해야 하는 자리에 있다.

미혹하는 영과 진리의 영의 대결

무엇보다도 먼저, 하나님의 성전으로서(고후 6:16) 하나님을 두려워하는 가운데 "육과 영의 온갖 더러운 것에서 자신을 깨끗하게" 해야 할 그리스도인 자신이 미혹하는 영과 진리의 영이 각축을 벌이며 대결하는 장이라는 사실을 깊이 묵상해야 한다(고후 7:1). 그리스도 예수의 십자가와 부활로 이 세대에서 벗어나 올 세대의 구성원이 되었으나, 그간 짝하고 살았던 삶의 오랜 습관이 안팎에서 불현듯이 치밀어오르는 존재가 그리스도인이기 때문이다. 바울의 인간 이해에도 이런 차원이 반영되어 있다. 바울이 목회적으로 연결되어 서신을 주고받은 거의 모든 교회의 성도에게 거의 관용적으로, "너희가 전에는, 그러나 이제는"이라는 표현을 통하여 거듭 거듭 권면하는 내용이 바로 인간의 안팎에서 일어나는 역동을 집요하게 반영하고 있다. 이미 구원에 참여하였으나 여전히 구원을 이루어가야 하는 긴장 구조 내에서, 이에 수반되는 갈등을 해결해야 하는 존재가 그리스도인임을 아프게 일깨우고 있다.

그리스도인은 법적으로는 하나님의 권속, 하나님의 자녀, 하나님의 백성이 되었으나, 그를 둘러싼 삶의 실제적인 정황은 여전히 이 세대에 둘러싸여 있다. 하나님의 아들과 딸이기에 성령이 오셔서(갈 4:6) 우리의 영과 함께 하나님을 아빠로 부르는 일을 쉬지 않고(롬 8:15-16), 다시 오실 영광스러운 그리스도 예수와 공동의 상속자가 되기 위하여 이 세대에서 제기되는 고난을 즐거움으로 감당하는 그런 삶을 살아가기 위해서 최선을 다한다(롬 8:17). 그럼에도 불구하고 연약하여 성령을 근심하게 하는 자리에 이르게 하고, 왜곡된 마음의 욕구에 반하여 성령께서 탄식하도록 만드는 일이 많은 것이 현실이다(롬 8:26). 이러하기에 그리스도인은 하나님의 자녀인 것을 확신하면서도, 하나님 나라에 이르려는 소망을 견지하는 가운데, 삶의 기저에서부터 꿈틀거리며 올라와 안팎으로 에워싸는 왜곡된 욕망을 삶에서 절제하고 근신하여 그리스도 예수의 다시 오심을 사모하는 자리에 늘 새롭게 서야 한다(벧전 1:13-25).

이런 점에서 보면, 그리스도인은 미혹하는 영인 마귀에게 이끌릴 수 있는 상태이기도 하고, 진리로 이끄시는 성령에게 이끌릴 수 있는 상태에 있기도 하다. 그리스도 예수의 십자가와 부활로 인하여 성령이 다시 인간의 마음에 내주하기 전에는 마귀가 자유롭게 사용할 수 있는 대상이었다면, 이제는 성령께서 그리스도인의 마음에 계시면서 그리스도 예수의 십자가와 부활에서 비롯된 새롭고 변화된 상태에 있는 것은 사실이나, 옛 습관을 따라서 마귀가 틈을 타고 미혹할 수 있는 그런 마음이기도 한 것이다. 그럼에도 불구하고 진리의 영과 미혹하는 영이 단순히 각축을 벌이며 균형적인 형국을 유지하는 것은 아니다. 미혹하는 영과 진리의 영의 사역은 비대칭적이다. 마귀와 그의 수하들이 최대한의 역량을 동원하여 미혹하는 교묘한 사역을 하고 있으나, 피조물에 불과하기에 성령과 영원히 맞설 수는 없기 때문이다. 그러므로 그리스도인은 성령의 인도를 좇아 마귀를 너끈히 대적할 수 있다(약 4:5-8,

엡 6:10-20).

이런 대결은 개인에게서 일어나는 일이기도 하고, 예루살렘이나 에베소나 빌립보나 고린도나 갈라디아에 있는 교회공동체에서 일어나는 상황이기도 하다는 사실을 깊이 묵상해야 한다. 예를 들어서, "그리스도 찬가"로 널리 알려진 빌립보서 2장 6-11절에 걸친 노래도 사실은 교회공동체의 긴장과 갈등을 반영하여 인용되고 있다. 보다 구체적으로 "다툼이나 허영"(빌 2:3), "원망과 시비"(빌 2:14)라는 육신의 소욕이 발생하고 있는 상황에서 인용되는 노래이다. 비록 마지막 장인 빌립보서 4장 2절에서야 등장하기는 하지만, 빌립보교회 안에서 유오디아와 순두게 사이에 교회의 공동의 과제를 놓고 모종의 긴장과 갈등이 있었던 것으로 보인다. 그리스도 찬가의 내용을 인용하면서 서로 품으라고 권면했던 마음이 가장 긴요했던 인물이 바로 유오디아와 순두게였을 뿐 아니라, 이들의 긴장에 회중의 마음은 조금씩 지쳐가고 있었다(빌 2:5, 4:2-3). 이런 상황에 노출되는 일은 비단 빌립보교회만은 아니었고, 골로새교회도(골 3:5-17), 에베소교회도(엡 4:1-32) 예외가 아니었다. 그리고 과거뿐 아니라 현재에도 일어나는 일이라는 점에서 21세기를 살아가는 그리스도인도 이와 관련하여 경각심을 가지지 않을 수 없다.

마지막으로, 미혹하는 영과 진리의 영의 대결은 역사 그 자체에서 일어나는 현상이기도 하다. 특별히 선교 현장에서 일어나는 일이기도 하다. 복음이 미지의 세계로 파고들어 갈 때, 미혹하는 영과 진리의 영의 대결이 드라마틱하게 일어나기도 한다. 바울이 에베소에서 사역을 시작하고 2년여 지난 어느 시점(행 19:10), 로마로 가기로 마음을 먹고 디모데와 에라스도를 마케도니아로 먼저 파송하고 난 후 어느 시점(행 19:21-22)에 에베소에서 복음으로 인하여 큰 소동이 일어나게 되었다. 에베소는 당시 무역의 중심지였을 뿐 아니라 종교적인 심장부이기도 하였다. 바울이 그의 동료들과 함께 전파한 복음이 그 도시의 종교적인 위선을 벗겨내기 시작한 것이다. 진정한 신은 손으로 만든 신이 아니라(행 19:26), 그리스도 예수 안에서 자신을 계시하신 분임을 증언한 지 2년여의 세월이 지나면서, 에베소에 사는 시민들이 종교적인 미몽에서 깨어나기 시작한 것이다(행 19:27). 그간 마귀의 미혹에 마음을 빼앗겼으나 이제는 사시고 참되신 하나님을 깨달아 발견하고는 그간의 삶에서 돌이켜 개종하는 일이 뒤따랐다. 이와 함께 에베소 도시를 500여 년이나 지배해오던 여신 아데미(Artemis)를 떠나는 종교적인 근간이 흔들리는 일이 일어나게 되었다.

이런 변화와 함께 그간 이 종교에 밀착하여 여신상을 제조하던 공장에서 미묘한 상황이 전개되었다. 관련 공장을 경영하던 업주인 데메드리오는 그간 아데미 신상을 주조하여 판매하는 일로 유복한 삶을 누렸는데(행 19:25), 더는 공급과 수요가 맞아떨어지지 않으면서 재정적인 위기에 직면하게 되었던 것이다(행 19:27). 데메드리오는 동일 직종에 종사하는 이들과 함께 이 곤경에서 벗어나려는 계획을 세우되, 자신들의 이익과 관련한 이슈는 뒤로 감추고 종교적인 명분을 전면에 내세웠다. 그들은 아직도 종교적 미몽에 빠져 있는 시민들을 미혹하여 바울과 그 일행이 에베소뿐 아니라, 온 아시아를 넘어 천하가 위하는 여신인 아데미의 위신을 떨어트리는 일을 감행하고 있다고 교묘하게 선동했다(행 19:27). 이에 분노한 시민들은 바울 일행을 붙잡아 극장에 세우곤 두 시간 동안이나 "위대하다 에베소 사람들의 여신이여!"라는 구호를 외치는 맹목적인 극도의 흥분 상태에 빠지게 된 것이다(행 19:32-34). 여차하면 바울의 일행이 목숨이 위태로워질 상황에 이른 것이다.

바울은 에베소 맞은편에서 이에 관하여 들었을 고린도교회의 회중과 이 사건을 회상하면서, "맹수들과의 싸움"으로 회상하였을 정도로 긴박한 상황이었음을 드러냈다(고전 15:32). 그러나 바울은 이 싸움을 회상하면서 사람들이 흔히 사용하는 그런 "인간적인 방법"으로 싸우지 않았다고 고백한다(고전 15:32). 그렇다면 그는 도대체 그 싸움의 실체를 무엇으로 파악했었는지 그리고 어떤 방식으로 싸웠던 것인지 궁금하지 않을 수 없다. 바울은 과거에 있었던 사실을 회상하여 에베소교인들과 공유하면서 "우리의 씨름은 혈과 육을 상대하는 것이 아니요 통치자들과 권세들과 이 어둠의 세상 주관자들과 하늘에 있는 악의 영들을 상대함이라"고 주의를 환기시킨다(엡 6:12). 또한, 당시의 로마 군인이 정복 전쟁을 수행하기 위하여 전신갑주를 입은 모습을 떠올리며, "마귀의 간계를 능히 대적하기 위하여 하나님의 전신갑주를 입으라"고 권면한다

(엡 6:11). 종말을 살아가는 그리스도인이 미혹하는 마귀와의 전쟁에서 능히 승리하고 견고하게 서기 위해서 취할 대비라는 것이다. 진리의 허리띠를 띠고, 의의 흉배를 붙이고, 평안의 복음의 신을 신고, 악한 자의 불화살을 막기 위하여 믿음의 방패를 들고, 구원의 투구를 착용하고, 무엇보다도 예리한 공격용 무기인 하나님의 말씀, 즉 성령의 검을 들라고 권면한다(엡 6:14-17). 복음을 전파하는 길에 만나게 되는 마귀와의 싸움에서 실패하지 않고 승리하는 삶을 꾀하는 데 필요한 방어와 공격의 지략을 사용할 것을 권면하고 있는 것이다.

에베소의 소요 사태에 사용한 마귀의 궤계는 복잡 미묘하다. 사람들의 눈에 띠지는 않으나 실제로는 막후에서 활동하는 마귀는 생계 문제에 직면한 제조공장의 관계자들을 충동하고, 시민들의 애향심을 부추기고, 그들의 종교성을 파고들어 높이며, 의도적으로 종교적인 갈등을 유발한다. 나아가 관리들을 끌어들여 사회적이고 정치적인 이슈로 부각시킴으로써 자신의 영역을 존치할 뿐 아니라, 더는 에베소에서 복음을 증언하지 못하게 하려는 전략을 다층적으로 드러내기 때문이다. 이런 와중에서 바울은 인간적인 동기를 사용하거나 인간적인 방식을 활용하여 이 문제를 풀려고 하지 않았고, 오히려 이런 사태의 배후에서 미묘하게 조종하여 자신에게 유리한 조건을 만들려는 마귀의 궤계를 보았다. 이런 형태의 마귀의 전략은 요한계시록에서도 발견된다. 소위 악의 삼위일체라고 일컬어지는 구조를 보게 되기 때문이다. 황제와 그 황제의 선지자들과 그 배후에서 조종하는 마귀의 활동 구조가 삼위일체적이기 때문이다. 아마도 요한은 이런 전망에서 마귀를 "이 세상임금"이라고 일컬었을 것이다(요 12:31). 바울이나 요한은 눈에 보이는 일이 전부가 아니라는 사실을 늘 유념했다. 그들은 신자들이 인간적인 동기나 방법을 넘어서서 마귀를 대적하기 위하여 하나님의 전신갑주를 입고, 교회로 하여금 막후의 권력자인 마귀의 궤계를 딛고 일관되게 두 증인의 삶을 살아가도록 권면했다.

이렇듯 개인의 실존, 교회적 실존, 역사적 실존에서 미묘하게 활동하고 있는 미혹의 영을 보면서 제기되는 중요한 점은 주도권을 누구 손에 내어주느냐는 것이다. 개인이나 공동체가 개인적으로나 교회공동체적으로나 시민적 삶을 살아가는 과정에서나 육신의 소욕에 자신을 내어 맡기면 마귀가 기뻐하는 삶을 살아가게 되고, 성령의 인도에 자신을 내어 맡기면 성령의 열매를 맺게 되기 때문이다(롬 8:4). 간단하게 보자면 이것은 일종의 진지 싸움이 벌어지는 모양새다. 육신의 소욕이 진지를 구축하고 성령의 소욕이 진지를 구축한 상태에서, 육체의 소욕이 그 진지로부터 뿜어 나오면 육체의 소욕에 지배되는 반면에, 성령의 소욕이 그 진지로부터 집중적으로 화력을 끌어올리면 성령의 소욕에 지배되는 일이 일어나기 때문이다. 이런 맥락에서 바울은 이렇게 말할 수 있었던 것이다. "너희는 성령을 따라 행하라 그리하면 육체의 욕심을 이루지 아니하리라. 육체의 소욕은 성령을 거스르고 성령은 육체를 거스르나니 이 둘이 서로 대적함으로 너희가 원하는 것을 하지 못하게 하려 함이니라"(갈 5:16-17).

그리스도인은 악하고 음란한 이 세대에서 마귀가 인류를 미혹하기 위하여 사용하는 재물과 명예와 권력이라는 핵심 가치의 헛됨을 파고들어 결과적으로 이것이 인간을 지켜주지 못할 뿐만 아니라 오히려 허무에로 굴종케 한다는 사실을 폭로해야 한다. 그리고 반대로, 그리스도 예수의 십자가와 부활을 통하여 재물과 명예와 권력을 향한 정과 욕심에 대하여 죽고 의와 생명과 하나님을 향하여 살아난 삶이 재물과 명예와 권력을 새롭게 해석하고 평가하며 삼위 하나님 안에서 의와 평강과 희락이 구현되도록 노정하게 된다는 사실을 확증함으로써, 성령을 따르는 삶의 소중함을 일깨워야 한다. 이것이 이 세대와 올 세대 사이에서 경험되어야 하는 하나님 나라의 핵심적인 실재여야 한다(요 3:16-21). 이 핵심적인 차이를 직관하고 삶을 노정하는 자는 하나님 나라를 본 자요, 동시에 이미 들어간 자인 것이다(요 3:3, 5).

나가며

그리스도인과 그리스도 예수를 머리로 한 교회공동체는 먼저 자신의 정체성을 명확히 하는 일에 최선을 다해야 한다. 하나님 나라가 그리스도 예수의 십자가와 부활을 통하여 이미 시작되었다는 사실을 깊이 인식해야 한다. 그리고 그리스도 예수의 십자가와 부활에 참여함으로써 이 세대의 풍속을 따르지 않고 오히려 이 세대의 정과 욕심에 대하여 죽은 자로 하나님의 의와 생명을 추구해야 한다. 한편으로 십자가를 통하여 이 세대가 심판을 받았을 뿐 아니라, 다른 한편으로 이미 올 세대가 지금 여기에서부터 시작되었음을 기억하고 살아가야 한다. 이 세대를 미혹하는 영인 마귀와 그의 수하들이 치명적인 상처에도 불구하고 남은 힘을 모아 결사항전을 하고 있으나, 올 세대의 영이신 성령께서 지혜와 능력으로 하나님 나라의 백성의 삶을 인도하고 있다는 사실을 깊이 묵상해야 한다.

비록 눈에 보이지는 않지만 전장이 펼쳐진 것이다. 정체성, 가치관, 세계관 전쟁이 벌어지고 있는 것이다. 누구의 정체성, 누구의 가치관, 누구의 세계관을 가지고 자신의 삶을 형성할 것인가라는 집요한 싸움이 일어나고 있다. 삶의 다양성만큼이나 다양한 미혹이 일어날 개연성이 있고, 모든 곳에서 모든 방식의 미혹이 일어날 수 있는 상황에 처해 있다. 올 세대의 통치자이신 그리스도 예수의 인격과 삶에 매인 삶을 노정하고 실행하는 과정에는 항상 마귀와 그의 수하들의 미혹이 일어날 수 있으니, 그리스도인은 이런 삶의 전망을 보면서, 성령의 인도를 따라서 자신의 삶을 전략적으로 설계할 수 있어야 한다. 하나님의 전신갑주를 입고, 방어와 공격의 시점을 잘 선택해야 한다.

특별히 그리스도인과 그가 속한 교회공동체가 하나님 나라를 구현하여 세상 속에서 대조공동체(contrast society)로서 명확하게 자신을 세워나갈 때, 이 세대의 정과 욕심이 더욱 분명하고 명확하게 각인되어 나타난다. 그러므로 교회는 자신의 정체성을 명확히 함으로써 세상과 본질적인 갈등을 노정해야 하는 것이다. 세상을 변혁하는 것에서가 아니라 자신의 정체성을 명확히 함으로써 이루어야 할 과제라는 점에서, 하나님 나라는 그리스도인과 그가 속한 공동체인 교회를 통하여 우선적으로 발현된다고 보아야 한다. 스텐리 하우워스(Stanley Hauerwas)가 강조하듯이 그리스도인과 그들의 모임인 교회가 먼저 종말론적인 공동체가 될 때, 이 세대가 교회공동체를 보면서 자신의 세속성을 발견하고 직면하는 일이 일어나기 때문이다.[36]

---

36 Stanley Hauerwas, *The Peaceable Kingdom: A Premier in Christian Ethics* (Notre Dame: University of Notre Dame, 1983), 59-63, 99-102.

5장

하나님 나라의 다양한 존재 방식

하나님 나라는 그리스도 예수의 구속과 구속의 열매인 그리스도인 개인뿐만 아니라 개인들의 모임으로서 종말론적인 하나님 백성의 모임인 교회공동체를 통하여 구현되는 기독론적인 성격을 가진 것이라고 강조하여 언급해왔다. 지금까지의 논의에서 보았듯이 그리스도 예수의 십자가와 부활에서 이루어진 심판과 구원을 핵심 가치로 삼아 이 세대의 정과 욕심에 대하여 죽고 올 세대의 의와 생명에 대하여는 살아난 자로 자신을 여기는 그리스도인과 그런 개인들의 모임으로서 교회공동체를 통하여 하나님 나라가 명확하게 드러난다는 사실에 대하여는 의심의 여지가 없다. 이것이 또한 신·구약 성경을 가로지르면서 드러나는 하나님 나라의 핵심적인 국면이기도 하다. 하나님 나라는 민족으로서 이스라엘의 역사를 관통하면서, 그 민족의 일원으로 오신 그리스도 예수의 사역을 근거로 하여, 그리고 민족으로서 이스라엘을 넘어서서[37] 보편적이고 우주적인 전망으로 나아가는 교회공동체를 통하여 그 구체적인 모습을 구현해왔고, 또한 여전히 구현하고 있다.[38]

사실, 하나님 나라의 실현은 이스라엘의 역사에서 민족주의적인 성취로 귀결되어야 한다는 그런 오해를 품었던 사람들이 없었던 것은 아니다. 성경에서도 이런 흔적이 엿보이는데 이를테면 니고데모를 포함한 바리새인들이나 특별히 부활 그 자체를 부인함으로써 내세라는 비전 자체를 부정하는 사두개인들은 민족으로서 이스라엘의 경계 내에서 하나님 나라가 구현된다고 믿었다, 마침내 하나님 나라가 이르렀다고 선언하고 활동하는 유대인 예수를 보면서 사두개인들뿐 아니라 바리새인들은 당연히 그 나라가 이스라엘의 경계 내에서 실현된다고 전제하고 그의 사역을 평가하고 있었기에, 다만 그 성취의 "때"에 대해서만 질문했던 것이다 (πότε ἔρχεται ἡ βασιλεία τοῦ θεοῦ, 눅 17:20).

그러나 예수께서는 하나님 나라가 자신의 인격과 사역을 통하여 임하는 것임을 명확히 하셨다. 그리스도 예수께서 자기 백성

---

37 역사적 시·공간에 구체적인 모습을 갖고 현존했던 이스라엘 민족을 통하여 하나님께서 자기 백성을 창조하고 그 백성의 왕으로서 일하신 것이 사실이지만, 포로기 이후 다니엘과 그의 세 친구들의 삶에서 확인하듯이 하나님 나라가 민족이라는 경계에 파묻힌 일은 없었다.

38 크리스토퍼 라이트, 『하나님의 선교』 (IVP, 2010), 496-497. 라이트는 사도행전 13:16-41과 사도행전 17:22-31, 즉 안디옥에서의 설교와 아덴에서의 설교를 비교하면서 이 전망을 기하학적으로 설명하는데, 한눈에 전체 구도를 파악할 수 있을 것이다.

의 죄를 대신 짊어지고 고난을 당하며 죽음에 넘겨짐으로써 죄와 사망에서 자기 백성을 해방하고, 율법을 준수하여 율법이 약속하는 의와 생명을 벌어 자기 백성에게 선물하심으로써 하나님 나라의 백성이 되는 길을 활짝 열어놓으신 것이다. 또한 그리스도 예수 안에서 이런 일이 일어났다고 믿는 유대인뿐 아니라 이방인까지도 포괄하는 교회공동체를 통하여 하나님 나라가 구체적으로 구현된다고 그 방향을 노정하셨다(마 16:13-20). 그리고 부활하시어 모든 족속($\pi\acute{\alpha}\nu\tau\alpha$ $\tau\grave{\alpha}$ $\check{\epsilon}\theta\nu\eta$)에게 가라고 명령함으로써 하나님 나라를 구체적으로 드러내셨다(마 28:18-20, 갈 6:16). 이런 점에서 예수가 이미 임하였다고 선포한 하나님 나라는 바리새인과 사두개인의 비전을 훨씬 넘어서는 차원을 그 안에 내포하고 있었던 것이 분명하고, 결과적으로 이런 비전의 차이가 원인이 되어 서로의 운명이 달라지는 지경에 이르게 되었다.

예수의 인격과 사역을 떠나서 하나님 나라는 현존할 수 없는 실재인 것이 명확해졌고, 이런 점에서 교회는 민족으로서 이스라엘과 서로 다른 행보를 할 수밖에 없는데, 교회는 유대인을 배제하지 않으면서도 하나님 나라를 구현하는 길을 노정하였다.[39] 이런 점에서 보면, 비록 현실적인 교회 안에 그리스도 예수의 십자가

---

39 누가가 기록한 사도행전을 통하여 누구보다도 바울의 사역에서 민족으로서 이스라엘 보다는 이방인을 포함하며 유대인을 배제하지 않는 방식으로 하나님 나라가 형성되어 가는 모습을 명확하게 확인할 수 있다. 바울 자신도 그런 방식으로 진정한 하나님의 백성인 "온 이스라엘이 구원을 받으리라"는 하나님의 경륜을 혈육의 정을 뒤로 하고 아픈 마음으로 받아들였다(롬 11:25-27).

하나님 나라와 광장신학

와 부활의 신비에 접속되지 않은 이들도 포함되어 있는 것(corpus permixtum)은 사실이지만, 그럼에도 불구하고 현실적 교회가 하나님 나라의 현존을 드러내는 결정적인 실체임을 부인할 수 없다. 바울이 고백하듯이, 갈라디아라는 이방 지역에서 그리스도 예수를 주로 고백하는 신앙을 통하여 형성된 현실의 교회야말로 "하나님의 이스라엘"(Ἰσραὴλ τοῦ θεοῦ)로 불릴 수 있기 때문이다(갈 6:16).

1. 하나님 나라의 존재 방식

"세계가 다 내게 속하였나니 너희가 내 말을 잘 듣고 내 언약을 지키면 너희는 모든 민족 중에서 내 소유가 되겠고 너희가 내게 대하여 제사장 나라가 되며 거룩한 백성이 되리라 너는 이 말을 이스라엘 자손에게 전할지니라"(출 19:5-6)는 말씀은 이제 막 형성되어 역사의 무대에 등장하는 이스라엘 민족의 존재와 역할을 규정하는 매우 중요한 말씀이다. 나아가 신생 민족인 이스라엘 백성의 정체성을 담고 있으며, 그 민족이 대면할 다양한 나라와의 관계 규정이 담긴 이 진술의 의미를 조금 더 자세히 살펴보는 일이 긴요하다. 왜냐하면 구속과 창조의 경륜을 파악할 수 있는 매우 중요한 의미 세계가 이 진술에 내포되어 있기 때문이다.

창조와 관련한 존재 방식

"세계가 다 내게 속하였나니"라는 선언에서 하나님께서 열방을 포함하여 온 우주의 왕이시라는 사실을 관찰할 수 있다. 하나님의 형상이 망가진 후 인간은 하나님을 알되 그 마음에 하나님 두기를 싫어하고 감사치도 않고 영화롭게도 하지 않는 삶을 살아갈 뿐만 아니라 초월하시며 온전히 내재하시는 하나님의 영광을 썩어질 금수와 버러지의 형상으로 바꾸는 삶을 부단히 꾀하고 있으며, 게다가 마귀와 그의 수하들이 이러한 인간을 끊임없이 미혹하여 자신의 통치 아래로 잡아채는 상황이 집요하게 반복되어오고 있다. 그러나, 그럼에도 불구하고 하나님께서는 여전히 자신이 창조한 우주의 궁극적인 주로서 통치하고 계신다. 미혹하는 영으로서 수많은 귀신을 수하에 두고 온 세계를 미혹하려는 마귀가 온 우주의 주가 아니라, 하나님께서 여전히 왕이시고, 그의 통치는 온 우주에 미치고 있다는 사실은 아주 명확한 성경의 메시지다(시 104:1-35, 마 5:45, 행 14:8-18, 17:24-31).

이런 점에서 하나님 나라는 기독론적인 경계를 넘어 우주적이고 보편적인 차원을 갖는다는 사실을 확인하게 된다. 기독론적인 경계를 명확하게 하는 것은 매우 중요한 일이지만, 이것이 성경적인 증언을 넘어서서 극단적인 형태로 강조되게 되면 결과적으로 영육이원론적인 차원으로 빠지는 오류에 이르게 된다. 타락한 상태에서도 하나님께서 온 우주의 주이심이 강조되어야 하고, 타락한 상태에 처한 인간의 절망적인 인식의 한계라는 사실 또한 강조되어야 한다. 전적인 부패로 인하여 진정한 종교를 구현하지 못함으로써 구원에 이를 수 없는 인간의 곤경은 아무리 강조해도 지나침이 없으나, 이런 차원을 넘어서 하나님의 존재와 그의 섭리를 구원론적으로만 좁혀버리게 되면, 구원의 하나님은 교회의 하나님으로 축소될 수밖에 없는 신학적 난제에 내몰리게 된다는 사실을 주의력을 가지고 읽어낼 수 있어야 한다. 창조로부터 하나님께서 온 우주의 주님이심을 명확히 할 때, 구원에 참여한 하나님 나라 백성의 삶의 전망이 온 우주적인 차원으로 확장되는 기반이 만들어진다. 이런 이해가 바울의 사역에서 명확하게 읽혀진다는 사실을 기억할 필요가 있다(행 14:8-18, 17:24-31).

구속과 관련한 존재 방식

이렇듯 타락한 질서가 비등하는 상황에서, 왕이신 하나님께서 열방 가운데서 한 민족을 구속(redemption)하여 자신 앞에 세우신다는 사실에 관심을 기울여야 한다. 당대의 제국이요 이 세대의 정점에 있던 애굽의 황제 바로의 학정에 대하여 최종적으로 장자를 치는 재앙의 날에, 이스라엘 백성의 장자를 대신하여 죽임을 당한 어린 양의 피로 말미암아 죽음의 천사가 이스라엘 백성의 집을 넘어갔다. 그리고 이스라엘 백성을 이 세대로부터 끌어내어 하나님께서 친히 통치하시는 백성으로 불러내 자신의 소유로 삼으셨다는 점에서, 이스라엘은 구속주의 백성이다. 하나님은 애굽을 포함하여 열방을 다스리는 분일 뿐만 아니라, 열방 가운데서 특별히 아브라함과 이삭과 야곱의 후손인 이스라엘을 불러내어 당신의 백성 삼고 친히 통치하시는 분이다.

열방 가운데서 이스라엘은 하나님께서 특별한 관심을 두고 통치하시는 나라가 되었다. 하나님께서 열방을 다스리는 분으로서 애굽의 황제 바로까지도 원하시는 바대로 움직일 수 있는 분이시지만, 특별히 이스라엘 백성을 구속하여 자기 백성 삼고, 그 백성을 통하여 온 열방에 자신의 이름을 널리 알리심으로써 온 우주를 통치하시는 분으로 등극하시려는 의중을 드러내고 있는 것이다. 다른 말로 이스라엘은 열방의 빛으로서, 마귀의 미혹에 빠져 노예된 삶을 살고 있는 열방이 자신을 구원하신 그 하나님의 이름을 드높이며, 하나님께서 행하신 놀라운 일을 알아차리도록 봉사하는 자리로 부름 받고 있다. 구속의 일을 행하신 하나님께서 자기 백성인 이스라엘을 통하여 자신이 열방의 왕으로, 우주의 왕으로 확증되기를 의도하시고 있는 것이다.

구속된 백성 안에서의 존재 방식

유월절 어린 양의 희생을 통하여 특별히 선택된 이스라엘은 십계명을 규범으로 자신의 삶을 노정해야 한다는 점에서 열방과는 구별된다. 십계명은 구원의 길로 제시된 것이 아니라, 자신을 구원하신 하나님을 향하여 하나님의 백성이 마땅히 돌려야 할 감사와 영광을 표현하는 구체적인 삶의 방식으로 제안된 것이다. 율법은 하나님의 마음의 표현이고, 따라서 율법을 존중하는 삶을 살아갈 때 하나님의 백성으로서의 모범적인 삶이 구현되는 것이다. 율법은 하나님 나라 백성의 삶의 규범으로서 기능하고, 율법의 본질을 구현하는 삶의 방식 안에서 하나님께서 이스라엘 백성의 왕이심이 확인되고, 열방 가운데 선포된다. 이런 점에서 하나님 나라는 종교적인 국면을 갖고 동시에 윤리적인 국면을 담고 있다. 적어도 구원의 백성인 이스라엘 민족 내에서 종교와 윤리, 신앙과 삶은 원칙상 분리되지 않는다.

사실 아브라함과 이삭과 야곱의 후손들이 구속을 입은 백성이 되었으나, 그간 애굽에서 종교적으로나 문화적으로 서로 엉켜 살아오는 과정에서 이스라엘 안에는 하나님의 백성으로서는 하지 말아야 하는 다양한 문제가 상존했다. 애굽에서 나온 이후 광야에서의 삶에서 확인되듯이, 내재하실 뿐 아니라 초월하시는 하나님을 단지 내재하는 피조물을 따라서 금송아지로 빚어내는 오해가 있었다. 따라서 피조물과의 관계에서 하나님이 정확히 어떤 분인지 1-4계명을 통하여 알려주어야만 했고, 5-10계명에 걸쳐서 부모와 자식 사이에, 이웃과 이웃 사이에 구체적인 관계의 지침을 보여줄 필요가 있었다. 하나님께서 십계명을 통하여 이스라엘 백성을 옭아매고 진정한 자유를 박탈하려고 한 것이 아니라, 오히려 하나님을 사랑하고 이웃을 섬기는 진정한 자유를 맛보며 살아가는 자기 백성이 되길 원하셨다. 십계명은 은혜의 질서에 상응하는 방식으로 주어진 것으로, 하나님의 통치를 드러내는 하나님 나라 백성의 삶의 법이었다.

십계명은 당대 열강 가운데 실행되었던 그 어떤 법보다도 더 인격적이며 다층적인 사회적 고려가 반영된 것이었다. 하나의 예로 남성과 여성의 관계에서 일방적으로 희생을 강요받던 여성을 사회적인 관계망 안으로 수용함으로써 여성의 지위를 신장하는 뚜렷한 방향성을 보여준다. 십계명은 창조와 구속의 하나님을 중심에 두되, 그 안에서 진정한 예배와 삶이 이루어지며, 하나님께서 허락하시는 용서와 배려를 경험하면서 구체적인 삶의 자리에서 진정한 인간의 상호 가치를 실현할 수 있도록 도와주는 법이다. 또한 통치를 통하여 복종을 강요하는 사회관계가 아니라 은사를 따라서 섬기고 세우는 그런 인간다운 삶이 가능하도록 배려하기 위하여 베풀어진 법이다.

율법이 예배와 생활의 규범으로 온전히 작동하게 되면, 그렇게 해서 형성된 공동체는 당대의 열강 그 어디에서도 찾아볼 수 없는 신 중심적이며 진정한 의미에서 인간 중심적인 삶이 구현되는 진정한 공동체로 확인되는 것이다. 그리고 열강 가운데서 자연스럽게 이스라엘을 구원하시고 다스리시는 하나님의 이름이 널리 알려지고 명성을 얻으며, 그리하여 하나님께 마땅한 영광을 돌리게 되는 것이다. 하나님의 백성으로서 이스라엘 백성의 삶은 자연스럽게 주변 열강의 삶의 모습과 대조되고, 결과적으로 열강을 다스리는 그 어떤 왕보다도 하나님께서 더욱 진정한 왕이심이 드러나게 되는 것이다. 마치 바울이 역설했듯이 에베소교회에서 하나님의 충만이 이루어지면, 에베소교회를 통하여 에베소 안에 하나님의 충만이 구현되는 방향과 유사한 역동이 이스라엘과 열강과의 관계에서 관찰되는 것이다.

제사장 나라와 관련한 존재 방식

이스라엘은 자신을 통하여 열방을 하나님께로 이끄는 제사장 나라로 자연스럽게 기능하게 되었다. 하나님은 이스라엘을 구속하여 이런 놀라운 공동체로 일구어내시고, 바로 자신이 우주를 창조하고 열강을 다스리시는 진정한 왕이신 것을 이스라엘을 통하여 알리고 싶었기 때문이다. 하나님께서는 마귀와 그의 수하들에게 미혹되어 이 땅의 제국이 약속하는 그 세대의 풍속을 따라서 자신을 삶을 구성하고 최종적으로는 허무함에 굴종하는 사람들을 불쌍히 여기시고 그들로 하여금 창조와 구원의 하나님을 찾도록 일하신다. 이것이 세상을 경영하시는 하나님의 경륜이다. 하나님께서 이스라엘 백성을 구속하여 한 곳에 모으신 이후부터, 그들은 바로 이런 하나님의 경륜을 헤아리고 그 사실을 드러내는 제사장 나라로 기능해야 한다는 사실을 명확하게 드러내고 있다.

이런 측면에서 보면, 이스라엘은 삼중의 관계 속에 있는 민족이다. 본질적으로 하나님과의 관계 안에 있고, 내적으로는 백성 상호 간의 관계로 엮여 있고, 외적으로는 열방과의 관계 속에 있는 백성이다. 그러나 조금 정리해서 보면, 하나님을 중심에 두고 내적인 공동체 관계를 이루어야 하는 백성이고, 다른 민족과의 관계를 이루어야 하는 개방적인 존재이다. 자연스럽게 스탠리 하우어스가 언급했던 측면, 그러니까 우선 이스라엘의 내적 정체성이 구현되는 공동체를 꾀하는 일이 긴요하지만, 이스라엘은 그 경계 안에 머물러 있는 것만으로는 충분하지 않다. 구원의 하나님을 인정하고 구원의 은혜를 맛보며 하나님을 예배하고 기념하는 것만으로 충분하지 않다. 구원의 은혜를 맛보며 이를 기념하고 축하하는 것을 넘어 이웃 관계 앞에 서지 않으면 안 되기 때문이다.

하나님의 통치가 언약 백성인 이스라엘 공동체라는 영역(realm)에만 제한될 수 없다. 하나님의 나라가 구원의 공동체를 근간으로 하는 것은 두말할 나위 없는 사실이지만, 구원의 공동체를 넘어서려는 집요한 움직임을 보여주고 있기 때문이다. 왕 같은 제사장의 소명에 부응하는 것을 근간으로 하여 하나님의 통치가 반드시 구원의 공동체의 담벼락을 넘어서게 된다. 하지만 그 구체적인 양상이 어떤 형태를 취하는 것인지에 대하여는 상당한 논의가 필요하다. 전통적인 방식인 전도나 예배나 교회 설립하는 일로 제한되는 것인지, 아니면 그것을 포괄하는 보다 광범위한 어떤 차원이 내포될 수 있는 것인지 논의가 필요하기 때문이다.

2. 구속의 장(realm)을 딛고 보편적인 통치(ruling)로
   발돋움하는 길목

베드로는 자신이 목양하는 성도에게 "오직 너희는 택하신 족속이요 왕 같은 제사장들이요 거룩한 나라요 그의 소유가 된 백성이니 이는 너희를 어두운 데서 불러내어 그의 기이한 빛에 들어가게 하신 이의 아름다운 덕을 선전하게 하려 하심이라"(벧전 2:9)고 권면하였다. 베드로의 이 말씀은 출애굽기 19장 5-6절의 말씀을 인용하면서, 민족으로서 이스라엘과 보편적인 전망에서 새롭게 생성된 교회공동체의 차이와 동일성을 반영하여 적용한 말씀이다. 민족으로서 국경을 두고 외국과 더불어 관계를 맺는 이스라엘과는 달리 교회는 세상과의 관계 안에 실존을 꾀하는 공동체이기 때문이다.

하나님의 백성으로서 이스라엘이 열방과의 관계에서 어떤 삶을 살아야 하는지에 대한 교훈을 교회와 공유하지만, 교회는 민족으로서 이스라엘과는 달리 기존의 국가나 혹은 다양한 사회적 관계망 속에서 공존을 꾀하는 존재이다. 이런 맥락에서, 특별히 "너희를 어두운 데서 불러내어 그의 기이한 빛에 들어가게 하신 이의 아름다운 덕을 선전하게 하려 하심이라"는 베드로의 권면이 새롭게 읽히지 않을 수 없다. "어두운 데서 불러내어"도 여전히 기존의 국가나 기존의 사회 관계망 속에 실존할 수밖에 없는 것이 교회의 현실이다. 다만 "그의 기이한 빛에 들어가게 하신 이"와의 새로운 관계가 형성되었다는 점에서, 새로운 삶을 노정해야 하는 달라진 현실을 마주하지 않을 수 없게 되었다. 여기에 어두움과 빛의 대조가 확연하게 대비되고, 따라서 확연한 삶의 대비가 일어날 수밖에 없다.

교회는 클라스 스킬더(Klaas Schilder, 1890-1952), 스탠리 하우워스(Stanley Martin Hauerwas, 1940-), 존 하워드 요더(John Howard

Yoder, 1927 – 1997)가 강조하듯이 어두움과 빛 사이에서 오로지 빛에 속하는 자신의 정체성을 명확히 해야 한다. 한 걸음 더 나아가서 아브라함 카이퍼(Abraham Kuyper, 1837-1920), 헤르만 바빙크(Herman Bavinck, 1854 – 1921), 리차드 마우(Richard J. Mouw, 1940-), 제임스 스미스(James K. A. Smith, 1970-)가 잘 반영하였듯이, "너희를 어두운 데서 불러내어 그의 기이한 빛에 들어가게 하신 이의 아름다운 덕을 선전하게 하려 하심이라"는 말씀에서 드러나는 하나님의 의중을 구현하는 일에 마음을 쏟아야 하는 것도 외면할 수 없다. 구원의 하나님의 아름다운 덕을 창조 세계와 그 세계에 실존하는 다양한 공동체에 어떤 방식으로 드러낼 수 있는가 하는 것은 교회의 또 다른 고민이 되지 않을 수 없다. 베드로는 교회가 어둠과 빛의 대조 가운데서 새로운 정체성을 담지한 공동체이며, 기존의 국가나 사회 관계망 안에서 어떤 삶을 꾀하는 것이 구원의 하나님의 "아름다운 덕"(ἀρετη)을 드러내는 길인가를 찾아갈 것을 권면하고 있다. 이것은 이스라엘 백성의 길이었고, 교회의 길이기도 하다. 창조와 구원, 구원과 창조는 서로를 포옹할 수밖에 없기 때문이다.

여기서 "아름다운 덕", 혹은 "탁월한 덕", 혹은 "월등한 덕"이 과연 어떤 의미로 번역되었는지는 문맥에서 확인할 수 있다. 그리스도인이 구원하시는 하나님의 아름다운 덕을 짊어질 수 있기 위해서 개인적으로 힘써야 하는 것은, 육체의 소욕과의 전투에서 실패하지 않는 것이다. 이것은 아주 기본적인 것이되, 본질적인 것이기도 하다. 왜냐하면 전에는 긍휼을 얻지 못하였으나 이제는 긍휼을 얻어 누리는 자가 되었기 때문이다. 그리스도 예수께서 죄인을 위하여 자신을 향기로운 제물로 바치심으로써 명확하게 드러난 긍휼한 은혜를 기억하며 그 은혜로 자신을 단장하는 삶을 실현해야 한다(벧전 2:10-11). 자신을 긍휼을 입은 자로 여길 때 그리스도 예수의 삶을 묵상하고 그 삶의 덕이 배어나는 향기로운 삶을 꾀하는 일에 열심을 낼 수 있다.

그리스도인은 자신을 살필 뿐만 아니라, 이방인 가운데서 행실을 선하게 가짐으로써 기존의 국가나 사회 관계망에서 제기될 수 있는 비난을 가능한 벗어나는 일이 필요하다. 인간관계를 조심스럽게 가져가되, 사랑과 희락과 화평과 오래 참음과 자비와 양선과 충성과 온유와 절제와 같은 덕목을 자연스럽게 드러내는 것이다(갈 5:22-23). 하나님의 택하신 족속이요, 왕 같은 제사장이요, 거룩한 나라요, 소유된 백성으로 살아가는 삶의 모습은 교회 안에서만 구현되어서는 안 되고, 교회 밖 사회에서도 발현되어야 하는 삶의 덕목이다(벧전 2:9, 12). 육체의 소욕을 이루지 않고 성령의 소욕을 이루는 삶은 예배에서나 성도 간의 교제에서만이 아니라 시장에서 거래할 때도 자연스럽게 드러나야 할 덕목이다. 이것이 바로 구속의 하나님이자 창조의 하나님의 "아름다운 덕"을 실현하는 길이다. 이런 관계들이 집적되어 어느 순간에 누군가 삶의 소망에 대하여 물을 때, 자신의 정체성을 개인적으로 드러내고 제사장으로서의 역할을 수행하는 지점을 확보할 수 있게 되는 것이다.

범주를 넓혀서 교회는 기존의 국가와 사회제도를 존중하는 지혜를 발휘할 필요가 있다. 아마도 이 권면은 교회가 자신의 삶을 꾀하는 기존의 사회 내에서 왕과 그 왕의 신하들이 비록 어두운 그림자가 드리운 사회이지만, 가능한 선을 도모하는 그런 범주를 상정하고 있을 것이다. 이것은 일반적인 사회에서 왕이나 신하들이 보이는 덕목이고, 그들이 이런 덕목을 발현하는 것은 우주를 통치하시는 하나님의 덕을 반영하고 있기 때문이다. 이런 점에서 하나님의 덕을 반영하여, 혹은 반사하여 통치행위를 하는 왕이나 그의 신하들에게 순복하는 일(ὑποτάσσω, 벧전 2:13-15)은 "네 부모를 공경하라"는 계명의 범주에 속하는 행위라고 볼 수 있고, 그리스도인이 기존의 사회에서 적극적으로 구현하기 위하여 힘써야 할 일이라고 말할 수 있다.

그러나 베드로의 권면은 여기서 중단되지 않는다. "너희를 어두운 데서 불러내어 그의 기이한 빛에 들어가게 하신 이의 아름다운 덕을 선전하게 하려 하심이라"는 말씀에서 확인하듯이, 그리스도인은 거류민과 나그네 같은 삶을 꾀하는 자로서(벧전 2:11) 이 세대에서 일어나는 일에 대하여 수수방관하는 그런 형태의 자유한 삶을 말하고 있지 않다는 사실에 주목해야 한다(벧전 2:16). 교회가 기존의 국가나 사회제도 내에서 부모를 공경하듯 왕이나 그의 신하들을 공경하는 것은 그들을 통하여 사회의 무질서를 바로잡고 선을 도모하려는 하나님의 덕목에 주목하고 있기 때문이다. 만일 그렇지 않은 일이 일어나는 상황이 된다면, 교회는 그런 악이 관행처럼 여겨지도록 방치하는 것이 아니라 적극적으로 개입하여 악을 억제하고 선을 장려하는 그런 삶을 양성화하기 위한 일에 나서야 한다(벧전 2:16). 범사에 하나님의 종처럼 살고, 그리하여 하나님의 아름다운 덕을 도모하라는 말이다.

베드로는 베드로전서 2장 18-25절에 걸쳐서 이런 삶을 살아가되, 그렇게 존경받지 못하는 관리들이나 그 세대의 관행을 따르며 양심에 반하는 삶을 꾀하려는 자들에게도, 하나님을 향한 양심을 상실하지 않는 범주에서 할 수 있는 최선의 존경을 표하라고 권면한다. 그렇다고 이런 관리들과의 관계에서 혹여 악을 공모함으로써 책잡혀 곤경에 빠지는 것은 하나님 앞에서 아름다운 일이 아니라고 말한다. 어찌하든지 하나님을 향한 양심에 반하지 않는 방식으로, 고난을 받는 지경에 이르는 것도 마다하지 않고, 세상을 품을 것을 권면한다. 이런 삶을 살아가는 과정에서 욕을 먹더라도 똑같이 욕하지 말고, 위협을 당하되 맞대응하여 위협하지 않아야 하고, 오히려 온 우주를 통치하시며 공의를 세우시는 하나님께 심판을 맡기는 삶을 권면한다. 이것이 바로 그리스도 예수를 따르는 교회의 삶이라고 주의를 환기하고 있다. 그리스도 예수를 인하여 교회에 주어진 삶의 비밀을 깊이 인식하고 세상을 만나는 교회의 삶을 권면하고 있는 것이다.

3. 하나님의 통치와 공공의 선

베드로는 베드로전서 2장 전반에 걸쳐서, 구속 받은 하나님의 선택된 족속이요, 왕 같은 제사장이요, 거룩한 나라요, 소유된 백성인 교회는 공공의 덕, 혹은 공공의 선을 도모하는 방식으로 하나님의 종된 삶을 살아가야 한다고 역설한다. 이런 권면은 3장에서도 계속해서 이어지고 있는데, 특별히 주목하게 되는 표현은 "선한 양심을 가지라"(συνείδησιν ἔχοντες ἀγαθήν)는 권면이다(벧전 3:16). 선한 양심은 문맥상으로 보면, 거듭난 양심이다(벧전 3:21). 그리스도 예수를 머리로 한 그리스도인과 그들의 모임으로서 교회는 거듭난 양심을 담지한 존재로서, 교회가 속해 있는 기존 사회의 보통 사람들보다 더 탁월한 양심을 가진 자로 자신의 삶을 증명해야 하는 과제 앞에 서 있다. 거듭난 양심을 소유한 그리스도인은 그리스도 예수의 십자가와 부활에서 드러난 하나님의 아름다운 덕을 통하여 기존 사회 구성원의 양심을 일깨우고 악을 억제하고 선을 부양하는 삶을 견지할 수 있어야 한다.

교회는 기존 사회와 더불어 공동의 선을 도모하고 한 걸음 더 나아가서 고양하는 일에 마음을 열고 반응할 필요가 있다. 이런 측면에서 사도행전 17장 23-31절에 걸쳐 있는 바울의 진술에 관심을 기울일 필요가 있다. 바울이 아테네에 거주하는 사람들을 만나서 복음을 변증하는 과정을 보여주는데, 우리의 논의에 매우 중요한 거점을 만들어 준다고 판단된다. 출애굽기 19장 5절에서 보았듯이, 세계가 다 하나님께 속하였다는 사실을 깊이 인식한 바울은 아테네 사람들에게 우주와 그 가운데 만유를 창조하신 하나님께서 천지의 주재(κύριος)라는 사실을 일깨운다(행 17:24). 하늘과 땅의 주님으로서 창조주 하나님은 "만민에게 생명과 호흡과 만물을 친히 주시는 자"이기에 아테네에 살고 있는 시민들도 그런 혜택에서 예외가 될 수 없다는 사실을 일깨우는 것이다. 하나님은 인간을 출생하게 하시고 호흡을 유지하며 성장하여 사회인으로 기능하도록 구비시키는 분이며, 사회에서 독립을 하고 연애를 하고 결혼하여 자녀를 낳고 삶의 성취를 맛보는 평범한 행복을 누리도록 도우시는 좋으신 분이라는 사실을 일깨우는 것이다.

만유를 창조하신 하나님은, 인간이 하나님을 알되 하나님을 마음에 두기 싫어하고 감사하지도 영화롭게 하지도 않는 것을 넘어서 하나님의 영광을 썩어질 금수와 버러지의 형상으로 바꾸어 자신을 욕되게 하는 삶을 살아가고 있음에도 불구하고, 그런 타락한 인간에게서 멀리 떠나 계시지 않으시고 오히려 곁에 계시면서 생명과 호흡과 만물을 제공하심으로써 견딜만한 인간 사회를 이루며 살아가도록 도우신다. 오히려 바울은 아테네의 시민들이 알지 못하는 채로 창조주 하나님 안에 존재하며 활동하고 있다는 놀라운 고백을 하고 있다(행 17:27-28). 존 머리(John Murray, 1898-1975)는 하나님의 인류를 향한 이런 보살핌을 하나님의 '보편적인 부성'(universal fatherhood of God)이라고 부르기도 하였다.[40] 그리스도인 바울이 아테네에 사는 보통 사람과의 관계에서 공유하고자 하는 가치의 핵심을 드러내는 매우 중요한 관점이다.

물론, 이것이 그리스도인이 기존 사회와의 관계에서 궁극적으로 추구해야 하는 가치는 아니다. 바울이 환기하듯이 "알지 못하던 시대에는 하나님이 간과하셨거니와 이제는 어디든지 사람에게 다 명하사 회개하라"고 하시기 때문이다(행 17:30). 하나님께서는 그리스도 예수의 십자가와 부활에서 아테네 사람들이 살고 있던 이 세대, 대한민국에 사는 국민이 누리는 이 세대를 심판하시고, 어두운 데서 불러내어 그의 사랑스러운 아들의 나라의 빛 가운데로 들어가게 하신다(골 1:13). 그리고 어느 날 그리스도 예수께서 다시 오셔서 최종적인 심판을 실현하실 것이다(행 17:31). 이런 점에서 교회는 그가 속한 기존의 사회와 더불어 마냥 공동의 선을 도모하고 선을 고양하는 삶을 꾀하는 것을 궁극적인 목적으로 삼을 수는 없다. 그렇지만 세상을 심판의 대상으로만 설정하는 것은, 죄에도 불구하고 제공되는 하나님의 은혜를 결과적으로 외면하는 일이다. 오히려 바울이 취하는 이런 태도로 하나님의 통치가 교회의 울타리를 넘어서 기존의 사회로 파고들어 갈 수 있어야 한다. 나아가 한번 선포하고 지나치는 선교사 바울이 그려놓은 현실을 넘어서 10년, 20년, 아니 그 이상의 세월을 두고 공존을 꾀해야 하는 교회의 현실에서 볼 때, 목회자 베드로가 선택한 부분이 전략적으로 매우 신중하게 살펴야 할 대목인 것은 분명하다.

---

40   J. Murray, *Redemption Accomplished and Applied* (Edinburgh: The Banner of Truth Trust, 1961), 134-135.

오늘의 한국적인 상황에서 보면, 교회가 사회의 지배적인 개혁 세력으로서 그 위세를 구가할 때 지향했던 일방적인 개종적 선교 전략을 심각하게 재고해야 하는 지점에 서 있다. 개종적 선교에 대한 문제 제기가 가장 심각하게 공론화된 계기는 2007년 7월 19일 아프가니스탄에서 있었던 분당샘물교회 배형규 목사가 인솔한 선교단 23명의 피랍 사태였다. 국제적으로 보면 아프가니스탄에 파견된 한국인 군부대의 철수가 핵심 문제였고, 선교단은 그 조건을 성사시킬 미끼로, 더 적절하게는 인질로 잡힌 것이다. 그러나 이런 핵심보다 더 집중적으로 언론에서 다뤄진 문제는 타문화와 종교를 무시하는 개신교의 개종적인 선교 전략에 놓여 있었다. 개종적인 전도 전략은 1980년대부터 시작된 단군상 논란과 더불어 그간의 한국 사회에서 교회나 선교 단체의 타종교를 향한 크고 작은 스캔들과 함께 은밀하게 자라온 문제였고 그 폭발성은 대단하였다.

개종적인 입장을 견지하는 것은 복음주의를 지향하는 기독교의 피할 수 없는 숙명일 것이다. 그러나 여기에도 전략적인 유연함이 요구되며, 이런 점에서 사도행전 17장에서 보여준 바울의 신사적인 태도는 매우 중요하다. '대화냐 개종이냐'라는 불필요한 논쟁을 넘어서 대화를 포함하는 개종 전략이 필요하기 때문이다. 교회나 교회가 속한 기존의 사회에나 선하신 하나님께서 인류에게 보편적으로 제공하는 공공의 선이 실재한다. 교회는 공공의 선이라는 공동의 지반에서 그가 속한 기존의 사회나 종교와 더불어 대화하는 일, 공존을 모색하려는 태도를 잃지 않는 것이 중요하다. 아니 오히려 더욱 적극적으로 그런 차원의 길을 찾고 공공의 지반을 더욱 넓히는 일이 필요하다. 공유할 수 있는 가치가 무엇인지, 정치, 경제, 사회, 문화, 교육 전반을 살피며 찾아야 하고 그런 지점을 전략적으로 붙잡아야 한다.

이것은 수동적인 공존이 아니라, 적극적이고 능동적인 공존이다. 교회뿐만 아니라 기존의 사회도 위기에 봉착하고 있다. 기존의 가치관이 거부되고 사회는 새로운 질서로 속도감 있게 재편되고 있으며, 그 과정에서 무질서가 교묘한 방식으로 스며들기 때문에, 이런 지점을 찾아 공감대를 형성할 수도 있을 것이다. 500여 년 가까이 탄소 기반의 기술 산업 중심의 사회가 지속되는 과정에서 위기에 직면한 지구촌의 환경 문제와 관련된 이슈에 대하여 교회는 공동의 관심사를 찾고 이런 문제들을 해결하는 일에 손을 맞잡을 수 있다. 교회는 인구 감소뿐만 아니라 비혼주의 남녀의 증가와 더불어 유입되는 외국인들, 그리고 그들 사이에서 출생하는 다문화가족에 대한 적응과 그들의 문화적 가치가 반영된 생산적인 문화 형성을 놓고 서로 이마를 맞대고 공공의 선을 도모하는 장을 만들어 낼 수 있을 것이다. 나아가 종교 간의 차이를 넘어서 공동의 선을 반영하는 다양한 구조물을 만드는 과정에 참여함으로써 문화적 흐름을 만들어가는 일을 통해서도 공유지점이 확보될 수 있을 것이다.

나가며

창조주 하나님께서는 인간의 타락에도 불구하고 자신이 창조하신 세계에 대한 지속적인 주재권을 내려놓지 않으셨고, 여전히 주재권자로서 자신을 드러내시며 활동하고 계신다는 사실은 신·구약성경 전반을 가로지르는 핵심적인 논점이다. 문제는 타락한 인간이 창조주 하나님의 여상한 활동을 올바르게 파악하여 인격적으로 수용하며 예배하는 자리에 미치지 못하는 존재가 되었다는 데 있다. 이런 상황에서 하나님께서는 타락한 인간이 하나님의 형상이 반영된 그 인간성을 완전히 상실하여 도덕적 기반을 전적으로 상실하는 자리에 서지 않도록 교육과 법의 제정과 집행에 관여하신다. 그리고 천재지변을 통하여 그 선한 양심을 유지하도록 일하심으로써 자연법에 기반한 도덕적으로 견딜만한 시민사회가 유지되도록 일하고 계신다.

교회는 바로 이 지점을 중요한 대화의 거점으로 삼아야 한다. 교회가 하나님 나라의 구현으로서 자신의 실존을 명확히 견지하면서도, 교회의 울타리에 갇히지 않고, 기존 사회의 공공 선의 기반을 일깨우고 강화하며, 그것을 기반으로 하여 사회와 더불어 조화와 대화를 꾀하는 일에 지혜롭게 참여해야 한다. 이러한 공론의 장에서 교회는 수용적인 태도를 견지하면서 사회의 대화 파트너로 수용될 수 있을 정도로 상식적이어야 한다. 특별히 일반계시에서 비롯되는 진리를 소중하게 여기고, 이런 진리들을 근간으로 형성되는 활동들에 대하여 열린 태도를 갖고 참여하는 교회의 삶을 모색해야 한다.

하나님 나라의 백성으로서 교회가 자신의 고유한 정체성을 교회 밖의 사람들과 일방적으로 공유하려는 의지를 드러내서는 안 된다. 하나님께서 교회 밖에서 행하시는 일에 눈을 뜰 필요가 있고, 그런 범주 안에서 적극적인 삶을 꾀하되 정의롭고 공평하며 공정한 섬김의 자세를 유지함으로써 하나님의 보편적인 부성을 담지한 삶을 꾀할 필요가 있다. 사회의 모든 영역에서 이런 지혜를 발휘할 때, 시민사회 내에서 기독교의 존재와 삶이 자연스럽게 해명될 기회를 갖게 될 것이다. 교회는 기존 사회에서 공공의 선에 부합되는 방식으로 자신의 실존을 꾀하려는 노력을 기울여야 한다.

여기에 간단한 제안을 한다면, 교회 공간을 시민사회의 공공의 목적에 부합하도록 개방한다든지, 교회 건물을 시민사회의 공공 도서관으로 공유한다든지, 교회 주차장을 주일 이외의 날에 시민들에게 개방한다든지, 교회의 교육관을 지역사회의 다양한 문화적 활동 공간으로 활용할 수 있도록 배려할 수 있을 것이다. 또한 지역사회의 구조적인 특성을 살려서 청년을 위한 공간을 마련하고 신앙을 떠나 서로 만남을 이룰 수 있는 플랫폼을 만들어 주는 일도 전략적으로 고려해 볼 수 있을 것이다. 타락에도 불구하고 하나님의 형상인 타인을 수용하는 삶을 꾀하는 일은 구주이며 창조주이신 하나님의 성품에 조화되는 일이며, 이런 일을 통하여 삼위 하나님이 주재권자이심을 인정하고 실현하는 길이 만들어지기 때문이다.

제2부

조직신학적인 통합의 전망에서

6장

일반계시와 특별계시 사이에서
드러나는 하나님 나라

하나님 나라의 백성으로서 교회공동체가 그 자신의 정체성을 공고히 하면서도, 소위 말하는 세속화된 시민사회에서 어떤 삶을 노정해야 하는지와 관련하여 더 깊은 토론이 요구되고 있다. 구원에 참여한 종말론적인 공동체임에도 불구하고, 이 세대에 현존하며 시민사회의 일원으로서, 기존의 사회와 어떤 관계를 설정하면서 살아가야 하는지와 관련한 집중적인 신학적 논의가 있어야 한다. 소극적인 관계를 맺어야 하는지, 중도적인 관계를 노정해야 하는지, 아니면 적극적인 조화를 이루는 삶을 살아가야 하는지와 관련하여 조금 더 구체적인 토론과 논의가 뒷받침되어야 할 필요가 있다.

교회가 기존 사회에서 게토화되거나 혹은 고압적인 자세로 개종을 요구하거나 하지 않으면서도, 하나님 나라의 백성으로서 자

하나님 나라와 광장신학

신의 정체성을 내려놓지 않는 삶을 노정하는 길을 찾아 나서야 한다. 포스트모던 사회에서 교회가 기존 사회의 다양한 갈등 영역에서 자신의 정체성을 포기하지 않으면서 자신의 실존을 꾀하는 일은 더욱 긴요한 일이 아닐 수 없다. 이런 노력의 과정에서 사회의 다양한 영역의 한 구성원으로서 교회는 그가 직면한 관계망 안에서 상호 간의 공동의 선을 찾아 서로의 만남을 이루고 대화를 모색하는데 필요한 구체적인 플랫폼을 만드는 일이 꼭 필요하다.

이런 논의를 찾아가는 작업은 성경 전반에 반영된 하나님의 사유(God's Thought)를 찾아, 그 기반 위에서 이루어져야 한다. 신학은 성경의 어느 한 요소로 환원되어 다른 요소가 배제되거나 왜곡되어서는 안 되고, 통합적인 지성의 소유자이신 하나님의 사유를 따라 조화롭게 각각의 특징이 잘 반영되는 방식으로 제안되어야 한다. 따라서 하나님 나라를 논의하는 문제와 관련하여 성경에서 명확하게 발견되듯이, 만유의 토대이시며 계시하시는 하나님의 계시 내용을 반영하는 개념을 형성하는 일이 중요한데, 특별히 일반계시(general revelation)와 특별계시(special revelation)의 특징적인 내용을 살피며 둘 사이의 관계에 관련한 신학적인 논의가 필요한 대답을 제공할 수 있을 것이다. 우선 시대적인 변화에 따라서 어떤 강조점의 변화가 수반되었는지 살피면서 이 논의의 핵심을 파고 들어가면 필요한 빛을 만날 것으로 생각된다.

이와 관련하여 다양한 신학자를 끌어들일 수 있으나, 논의와 관련된 논점을 명확하게 노정하기 위하여 큰 흐름을 보여줄 수 있는 인물로 제한하는 것이 도움이 될 것이다. 먼저 세기적인 논쟁을 이끌었던 카를 바르트(Karl Barth, 1886-1968), 에밀 브루너(Emil Brunner, 1889-1966)를 필두로 본 주제의 논점을 명확하게 끌어내고, 지금까지도 보수적인 한국장로교회의 신학 형성에 지대한 영향을 끼치고 있는 필라델피아 웨스트민스터신학교의 코넬리우스 반틸(Cornelius Van Til, 1895-1987)의 입장을 살펴면서 보수적인 한국 장로교회의 현실을 진단하는 작업을 수행할 것이다. 마지막으로 이러한 논쟁적 상황을 포괄하면서 그 구체적인 실현을 꾀하였던 네덜란드 자유대학교의 설립자인 아브라함 카이퍼(Abraham Kuyper, 1837-1920)의 주장을 살펴보는 일이 제안된 논의를 발전시키는 데 도움이 될 것이다.

1. 카를 바르트(Karl Barth)

카를 바르트는 계몽주의의 영향력 아래서 성장했고, 그런 사유의 패러다임 안에서 신학을 공부했다. 목사 안수를 받기 전에 제네바에서 견습 목회를 하게 되었는데, 설교할 기회가 있을 때 야고보서를 본문으로 하는 설교를 하곤 했다. 그의 설교는 대학의 교단에서 흘러나왔던 강의 성격을 띠고 있었다. 이성적 존재인 인간의 윤리적 가능성에서 신성의 흔적을 찾으려는 몸부림이 그의 설교에 묻어나왔다. 윤리적 삶을 결단함으로써 신의 소명에 응하고, 윤리적 삶을 구현함으로써 가장 본래적인 인간 이해에 도달할 수 있다는 신념의 발현이었다. 바르트는 야고보도 칼빈이나 칸트나 슐라이어마허를 알았더라면 자신처럼 설교했을 것이라고 생각했을 정도였다.[41] 그야말로 칸트의 영향을 받아 자신의 신학을 구축한 신학도가 그 시대정신에 맞추어 행할 수 있는 설교의 전형이었을 것이다. 이런 점에서 보면, 흥미롭게도 초기 카를 바르트는 일반계시에 자연스럽게 조율된 충실한 설교자였다. 자연과 역사와 양심을 근간으로 그 안에서 인간이 추구하는 윤리적 삶, 그리고 당시에 유행하던 슐라이어마허의 경험주의적인 종교체험의 조화를 꾀하는 것[42]이야말로, 신의 은혜를 맛보아 알 수 있는 전형적인 과정으로 받아들였기 때문이다.

그는 목사 안수를 받은 후, 스위스의 한 시골 마을인 자펜빌(Safenwil)에서 목회를 하였다. 주일이면 교회의 강단에 서야만 했던 그는 어떤 외로움과 소외를 느끼고 있었다. 회중들이 주일에 교회에 나오기보다는 자연을 즐기고, 그 안에서 인간적인 사귐을 갖는 일에 더 몰두하곤 했기 때문이다. 그들은 교회당의 딱딱한 의자에 앉아 젊은 목회자의 숙성되지 않은 설교를 듣는 일보다는 실제 현실에서 다양하게 포착되는 하나님의 흔적을 경험하는 편이 더 낫다고 생각했다. 카를 바르트는 주말이면 여행을 떠나

---

41 에버하르트 부쉬, 『카를 바르트』 (복 있는 사람, 2014), 109.
42 앞의 책, 131.

곤 하는 회중을 창문 너머로 지켜보면서 설교자로서 근원적인 질문 앞에 서지 않을 수 없었다. 그가 다녔던 대학에서 교회사학자인 아돌프 폰 하르낙(Adolf von Harnack, 1851-1930), 조직신학자인 마르틴 라데(Paul Martin Rade, 1857 - 1940), 칸트(Immanuel Kant, 1724-1804)와 슐라이어마허의 신학을 연결하는 일에 몰두했던 빌헬름 헤르만(Johann G. W. Herrmann, 1846-1922), 그리고 당대의 신학자 프리드리히 슐라이어마허(Friedrich D. E. Schleiermacher, 1768-1834)의 신학에 깊은 영감을 얻었고, 그런 영향을 받으면서 자리 잡은 일반계시에 근거한 설교와 교육이라는 것이 더는 유의미하지 않다고 판단하는 자리에 이르게 된 것이다.

자펜빌에서 이루어진 바르트의 목회는 그 도시가 배태하고 있는 문제와도 깊숙하게 연결되었다. 당시 자펜빌에는 780명의 노동자가 있었는데, 그 가운데 587명이 산업체 노동자들이었다. 주로 직물과 염색 관련 산업에 종사하고 있었고, 그들은 공장주 발터 휘시(Walter Hüssy)의 책임 불이행으로 정당한 임금을 받지 못하고 있었다. 노동자들이 직면한 이런 불공정한 상황을 보면서 바르트는 공개적으로 비판적인 입장을 표하였고, 당시에 유행하던 하나님 나라 이해와 충돌하는 삶의 모습이라고 비판하였다. 예수께서 선포하신 하나님 나라는 가난한 자들에게 미치는 특정한 국면이 있는데, 그런 모습이 자펜빌에서 구현되지 않는다고 비판한 것이다.[43] 이런 종교사회학적인 접근도 이후 그가 추구했던 입장과 나란히 설 수 있는 면모를 반영한다.

바르트가 추구하던 삶의 흐름은 목회적으로나, 그가 사역하던 교회의 구성원이 직면했던 사회적 상황에서나, 무엇보다도 특히 제1차 세계대전의 발발과 함께 결정적이고 급격한 도전에 직면하게 된다. 전쟁으로 인한 급격한 삶의 변화는 자신이 추구해온 삶의 가치를 넘어서는 어떤 지점을 바라보지 않을 수 없게 만들었다. 인간과 그 인간의 인간성에 대한 근원적인 의문을 품지 않을 수 없었다. 이런 와중에 바르트는 에두아르드 투루나이젠(Eduard Thurneysen, 1888-1974)을 만나서 지속적인 교제를 나누는 계기를 갖게 되었으며, 주로 교회, 세상, 하나님 나라에 관한 대화에 집중하였다. 이후부터 바르트는 교회 강단에서 "하나님"이 주어로 등장하는 설교를 하는 변화를 꾀할 수 있었다.[44] 이들의 대화는 합리와 경험을 근간으로 사고하고 사역을 꾀하였던 바르트에게 "하나님"이 매우 독특한 사고와 사역의 전망을 열어주는 핵심 가치로 자리 잡게 되었다는 점에서, 매우 중요한 변곡점이 아닐 수 없었다. 인간 중심에서 신 중심으로, 일반계시에서 특별계시로 돌아서는 계기를 만들었기 때문이다.

1914년 8월 1일 제1차 세계대전의 포성이 울렸고, 바르트의 내면도 근본부터 흔들렸다. 익히 잘 알려진 내용이지만 당시 독일의 93인의 기독교 지도자들이 히틀러가 촉발하는 전쟁에 동의를 표

---

43 앞의 책, 141.

44 앞의 책, 146.

하는 일을 보면서, 특별히 신학의 길에서 자신을 가르쳤던 스승들의 그런 행동을 직면하면서 지금까지 배워온 신학 그 자체가 잘못된 것일지도 모른다는 생각을 하기에 이르렀다. 바르트 당대의 신학 전반을 기획하고 구성했던 슐라이어마허의 인간을 근간으로 하는 경험적 자산, 환언하여 일반계시에서 비롯되는 경험을 분석한 신학에서 신을 중심에 둔 특별계시에 근거한 신학으로 돌아서는 찰나에 서게 되었다. 바르트는 당대의 신학자나 신학 사조를 넘어서 특별계시로서 성경이라는 원천으로(ad fontes) 돌아서려는 근원적인 결단에 이르게 된다.

이런 언급을 하면서 조심스러운 것은 바르트에게 있어서 원천으로 돌아감이 신학의 온전함을 유지하는 것으로 귀결되었는가 하는 점이다. 원천으로 돌아가는 길만이 바르트가 직면했던 그 시대의 교회를 도전하는 지름길이었던 것은 사실이나, 한편으로는 원천으로 돌아감이 특별계시인 성경 그 자체가 아니라 그리스도 계시로 축소될 때 상당한 긴장을 유발할 수 있기 때문이다. 바르트가 교회를 그 당대의 지배적인 패러다임인 계몽주의적 이성의 맹위에서 벗어나도록 끌어내는 일에는 성공한 측면이 없지 않았으나, 그가 이런 접근을 하는 과정에서 더욱 폭넓은 하나님의 사역을 보지 못했다는 점에서 비판적인 물음이 제기되고 있는 것도 사실이다. 바르트의 신학적 진자 운동이 계몽주의에서 그리스도 일원론이라는 극단으로 치닫는 형국을 보이기 때문이다.

문제를 조금 더 세부적으로 짚어 보면, 바르트는 삼위 하나님 (the Truine God)의 계시 활동에 있어서, 일반계시의 영역을 배제하고 그리스도 계시에 일방적으로 집중함으로써 삼위 하나님의 사역을 창조 세계와 역사와 양심과 관련하여 설명하지 못하는 결과를 남겼다. 자연과 은혜, 이성과 계시 사이의 관계를 말함에 있어서, 바르트가 자연 안에서의 하나님의 활동 가능성이나, 이성 안에서의 하나님의 계시 가능성을 부인하면서, 은혜와 계시만을 견지함으로써 둘 사이의 가능한 어떤 관계를 읽어내기보다는 매우 적극적으로 불연속성만을 강조했기 때문이다. 말을 바꾸어서, 시간과 영원은 서로 상응하는 면이 없다고 보았고, 유한과 무한, 죄와 은혜 사이에 그 어떤 접촉점도 없다고 주장하였으며, 둘 사이를 연결하려는 어떤 시도도 바알과 야훼를 동일선상에 놓는 배교적인 행위라고 보았다.[45] 물론 그 이유는 바로 그가 경험했던 기존의 신학이 정확히 그런 둘 사이의 어느 지점에 서 있었으나 세계대전을 기화로 그 거짓됨을 드러냈다고 판단했기 때문이다.

조금 더 신학적으로 진술하자면, 바르트는 하나님의 형상이 죄로 인하여 완전히 파괴되었기 때문에, 인간의 이성은 신학이나 일반학문이나 그 어느 영역에서도 건전하게 작동하여 진리의 일면을 드러냄으로써 성경의 하나님에게로 접속할 수 있는 어떤 가능성도 전혀 없다고 보았다는 점에서는 개혁신학의 일반적인 입장

---

45 Karl Barth, *Church Dogmatics* II/1 (Edinburgh: T&T Clark, 1957), 84.

에서 떠나 루터 신학적인 편향을 드러냈다. 이런 점에서 신지식의 형식적 국면을 옹호하고 신과 인간 사이에나 신앙과 이성 사이에 어떤 형태의 존재의 유비를 끌어들여서 어떤 생산적인 의미를 산출하는 행위는 적그리스도를 끌어들이는 행위에 버금간다고 비판하기에 이르렀다. 바르트는 어떤 신적인 계시도, 이성이나 양심이나 감정이나 역사나 자연이나 문화를 통하여 매개되지 않는다고 말함으로써 일반계시를 전면 부정하는 지경에 이르게 되었다.[46] 특별히 1933년 히틀러의 정치적 부상이 마치 역사의 과정에서 하나님의 의지가 발현되는 것처럼 인식되는 것에 대하여 바르트는 상당한 우려와 두려움을 나타냈으며, 일반계시에 근거한 자연신학을 배제하고 하나님의 명시적인 말씀을 통한 계시에만 집중하게 되었다.[47] 특별히 그리스도 계시에서만 하나님의 말씀이 배타적으로 참되게 발견된다고 배수의 진을 치게 되었다.

　이런 바르트의 태도는 다윗이 시편에서 언급하는 두 권의 책, 즉 자연의 책(시 19:1-6)과 성경의 책(시 19:7-11) 가운데서 자연의 책을 제거하는 결과에 이르고 만 것이다. 그러나 성경은 이런 바르트의 입장과는 달리, 하나님께서 자연이나 가정이나 교육이나 사회구조나 심지어 종교적인 차원에서도 은연중에 혹은 명시적으로 자신을 드러내어 활동하고 있다고 증언한다(시편 104:2-35, 마

46　앞의 책, 173.
47　앞의 책, 173.

5:45, 행 14:17, 17:24-27). 이런 차원의 하나님의 활동은 일종의 자기 계시의 활동이며,[48] 이런 차원을 포괄하여 일반계시라고 부르는데, 바르트는 이런 차원의 하나님의 활동을 부인함으로써 결과적으로 일반계시를 부정하는 자리에 이르고 만다. 히틀러를 구심점으로 일어나는 일을 비판하는 일에는 일면 전략적으로 도움이 되었을지 모르지만, 히틀러의 패망을 보면서 정의로우신 하나님께서 역사에 개입하여 심판하시는 모습을 말할 수 있는 근거를 상실한 일이기도 하기에, 바르트의 이런 입장은 지나친 신학적 기획이었다.

2. 에밀 브루너(Emil Brunner)

바르트의 진지한 노력은 그가 직면한 상황에서 제기된 물음에 대한 답을 찾아가는 유의미한 일이지만, 이런 과정에서 바르트가 드러낸 논점에 대하여 불만족스러운 입장을 견지했던 한 인물이 있었는데, 그가 바로 친구인 에밀 브루너이다. 브루너도 특별계시 없이 형성된 자연신학에 대하여는 일절 반대했다는 점에서 친구인 바르트와 같은 입장이다. 그러나 브루너는 일반계시에 대하여 바르트가 지나치게 부정적이고 극단적인 입장을 취했다고 보았다. 브루너는 자연신학의 구원론적인 가능성을 모색하는 일에

---

48 헤르만 바빙크,『계시철학』(도서출판 다함, 2019), 61-530.

대하여는 부정적이지만, 일반계시의 실재는 인정하는 칼빈의 종교개혁신학을 중요하게 평가함으로써 바르트의 입장을 비판하였다.[49]

그렇다고 해서 브루너가 특별계시를 성경 그 자체와 일치시키는 칼빈과 동일한 신학을 추구한 것은 아니다. 특별계시를 말함에 있어서 계시자인 하나님과 계시의 수납자인 인간 사이에 인격적인 대면이라는 독특한 관계를 설정하고, 이로써 계시의 주체와 계시의 객체 사이에 자리하는 주객의 분리가 극복된다는 주장을 제기하였기 때문이다.[50] 하나님은 자신을 사랑의 행위 안에서 계시하는데 그 행위가 바로 그리스도 예수 안에서 자신을 전달하는 것으로 구현되었다고 한다면, 인간은 신앙과 순종의 행위 안에서 하나님의 제안을 받아들임으로써, 즉 그리스도 예수를 인격적으로 받아들임으로써 인격적인 만남으로서 계시가 일어나는데 이것이 바로 진정한 계시, 즉 특별계시라고 말한다.[51] 브루너는 기록된 말씀인 성경보다 그리스도 예수와의 인격적이고 실존적인 만남을 더 강조한다는 점에서 마르틴 부버(Martin Buber, 1878-1965)의 "나와 너의 관계"에 근거한 인격주의(personalism)와 죄렌 키에르케고르(Soeren Kierkegaard, 1813-1855)의 실존주의(existentialism)로 기울

---

49 Karl Barth and Emil Brunner, *Natural Theology* (London: Geoffrey Bless, 1946), 59-60.

50 Emil Brunner, *Truth as Encountering* (Philadelphia: Westminster Press, 1964), 117-118.

51 앞의 책, 132.

어진 모습을 보여주었다.

그럼에도 불구하고 브루너는 동시대를 향유했던 바르트에 비하여, 그리스도 예수 안에서 자신을 계시하시는 하나님과 이 세상을 창조하신 하나님이 동일한 분임을 강조함으로써, 일반계시의 실재를 인정하는 일에 있어서 진솔했다. 창조 세계나 그리스도 예수 이전의 역사에서 계시되어 온 하나님의 행위를 인정했기 때문이다. 더욱이 인간은 하나님의 형상으로 창조되었기 때문에 타락에도 불구하고 잔존하는 하나님의 형상에 수반되는 이성의 힘으로 자연과 역사와 인간의 양심에서 활동하시는 하나님의 계시인 일반계시를 읽어낼 수 있다고 보았다. 일반계시의 가능성에 대하여 일절 반대하였던 바르트에 반하여, 브루너는 자연과 역사와 인간의 양심에 드러내신 하나님의 자기 고지(self-disclosures), 즉 일반계시를 객관적으로 인정함으로써 일반계시에 대한 바르트의 회의적인 입장에 대하여 반론을 제기하였다. 특별히 로마서 1:18-21, 2:15, 요한복음 1:4-9, 사도행전 14:17, 17:26-27의 말씀에 근거하여 그리스도 예수에게서 드러난 특별계시와 별개로 하나님의 계시가 자연과 역사와 인간의 양심에 주어졌다는 사실을 강조하였다.[52]

브루너는 로마서 1:18-21의 본문을 설명하는 과정에서 하나님

---

52 Emil Brunner, *Revelation and Reason* (London: SCM Press, 1947), 60.

께서 창조주로서 자신이 창조한 세계에 자신을 알만한 것을 실제로 계시하였고, 하나님의 형상으로 창조된 인간이 창조 세계를 경험하는 과정에서 그 안에 계시된 하나님과 관련한 실제적이고 객관적인 지식을 획득할 수 있다고 보았다.[53] 또한 주관적으로도 창조 때에 하나님께서 드러내신 율법이 타락에도 불구하고 인간의 양심에 잔존하는 책임 의식을 자극하기 때문에 구체적인 경험에 앞서는 신 의식을 피할 수 없으며, 바로 이런 점에서 양심은 일반계시의 중요한 양상으로 받아들여야 한다고 보았다.[54] 브루너는 이성 그 자체의 온전한 능력을 우선시하는 중세의 자연신학으로부터 자신의 일반계시를 구별하는 지점을 명확히 하면서, 이성에 앞선 하나님의 계시의 우선성뿐 아니라, 죄로 인하여 그 이성이 온전하지 않게 되었음도 인정하는 방향을 노정하였다.[55]

브루너가 이런 입장을 견지했다는 사실은 로마서 1장 18절을 읽는 방식에서 명확하게 확인된다.[56] 인간이 창조 세계에 계시된 하나님의 자기 고지를 통하여 하나님을 알게 되지만, 인간이 깨달은 바, 하나님에 대한 지식을 악의로 억눌러 하나님을 창조주로 인정하거나 그에게 감사하기보다는 썩어질 금수와 버러지의 형상으로 바꾸려는 의지를 드러낸다고 보았다.[57] 이뿐만 아니라, 브

---

53 앞의 책, 60-70.

54 Karl Barth and Emil Brunner, *Natural Theology*, 25.

55 Emil Brunner, *Revelation and Reason*, 60-61.

56 Emil Brunner, *The Letter to the Romans* (London: Lutterworth, 1959), 19.

루너는 일반계시가 객관적인 사실관계에 기초한 계시이기 때문에, 이러한 과정을 거치면서 결과적으로 인간은 하나님을 알되 거역한 자신의 행동을 인정하지 않을 수 없는 한계에 직면할 수밖에 없고, 이로써 정죄에 이르지 않을 수 없다는 사실을 강조하였다.[58] 브루너가 일반계시 그 자체는 구원론적인 기능을 수행하지 못한다는 입장을 견지한 것이다.

그러나 브루너는 인간이 일반계시에 근거하여 수학이나, 물리학이나, 천문학과 같은 영역에서 공유할 수 있는 상당한 진리를 찾아낼 수 있다고 보았다. 그리스도인이나 비그리스도인이나 이런 영역에서는 더불어 공유하며 구체적인 연구를 위한 토대로 삼을 수 있는 진리의 실체를 확보할 수 있다고 본 것이다. 그러나 브루너는 심리학이나 철학이나 신학의 영역에서는 그리스도인과 비그리스도인 사이에 반립의 정도가 조금 더 현저하게 나타날 수밖에 없다는 점도 인정하였다.[59] 브루너가 견지하는 일반계시에 대한 이러한 입장은 칼빈이 전개한 이해와 매우 밀접하게 연관되어 있으며, 일반적으로 칼빈주의자에게서 공유되는 내용이라는 점에서, 바르트의 입장이 칼빈과 칼빈주의의 입장에서 어느 정도의 거리가 존재함을 보여준다고 말할 수 있을 것이다.

---

57 Emil Brunner, *Revelation and Reason*, 65.

58 Emil Brunner, *The Letter to the Romans*, 17.

59 Emil Brunner, *Revelation and Reason*, 383.

이러한 견지에서, 포스트모던 시대를 직면한 현세대에서 그리스도인과 비그리스도인이 비록 구원이라는 공유지점은 확보하지 못하지만, 그럼에도 불구하고 하나님의 계시 활동, 즉 하나님의 보존과 통치에 참여하는 지점을 공유한다고 말할 수 있는 매우 중요한 전망에 이를 수 있다. 시행착오를 겪을 수밖에 없으나 진리를 찾아가는 과정에서 이성과 신앙, 자연과 계시 사이에 제한적으로나마 접촉점이 있을 수 있다는 부분을 보게 된다. 이런 점에서 하나님의 활동, 하나님의 계시가 일반적이고 보편적인 차원을 가질 수 있다는 사실을 확인하면서, 하나님이 왕이 되어 통치하는 나라의 면모와 그 외연을 확장할 수 있는 길이 있다는 사실을 엿볼 수 있다. 그리스도인의 삶이 교회로만 축소되어 성경만 읽고 기도에만 전념하는 것을 넘어서는 삶의 면모를 추구하고 계몽주의와 차별화를 유지하면서도 자연과 역사와 양심에서 하나님을 찾을 수 있게 된다는 점에서 매우 중요한 관점을 열어주고 있다.

3. 코르넬리우스 반틸(Cornelius Van Til)

반틸은 브루너와 바르트와 동시대를 살았던 인물로 미국을 중심으로 활동하였다. 반틸은 세상을 읽고 삶을 꾀할 수 있는 세계관이 딱 둘이라고 생각했다. 하나는 그리스도인들이 가진 유신론적인 관점이고, 다른 하나는 비그리스도인들이 가진 무신론적인 관점이다. 반틸은 이런 두 관점을 전제하지 않고서는 삶의 실재를 파악할 수 없다고 하였으며, 그를 전제주의(presuppositionalism) 주창자라고 부른다. 유신론적인 관점은 성경의 하나님을 중심에 두고 삶을 파악하는데 반하여, 무신론적인 관점은 자율적인 인간을 중심으로 삶을 파악하는데 집중하는 경향을 드러내기에 서로 반립하는 두 명제가 만들어진다. 반틸은 인간이 이 둘 중 하나의 관점을 전제하고 삶을 꾀한다고 파악했다.

특별히 반틸은 헬라철학으로부터 시작하여 계몽주의를 통하여 계승된 무신론적인 관점은 자연인의 자율적 이성을 신뢰하고 그 이성이 삶의 실재를 파악하여 인간의 고유한 삶을 꾀하는 일에 상응하는 능력을 갖고 있는 것으로 말한다. 실제로 플라톤이나 아리스토텔레스나 인간의 이성의 능력을 고양하여, 이성이 신성의 흔적을 갖거나 혹은 파악하는 능력을 갖게 된다면, 가시적인 세계를 파악하고 거기에 신적인 질서를 부여함으로써 현실 세계에서 과하지도 모자라지도 않은 행복한 삶 혹은 중용의 삶을 기획하고 실행할 수 있다는 정치철학적인 입장을 견지했다. 이후로 근대철학의 시기가 열리면서, 르네 데카르트(René Descartes, 1596-1650)는 인간이 이성을 통하여 신을 파악하고 예배하기 위함이라기보다는 이성 그 자체가 신적인 국면을 지닌다는 입장을 견지하였는데, 이는 실제로 신이 삶의 실재로 유입되지는 않는다는 점에서 무신론적인 관점을 견지한다.

더 구체적으로 말하면, 인문주의를 배경에 두고 형성되는 계몽주의의 길을 모색하는 일에 크게 공헌한 르네 데카르트를 근간으로 근대주의의 시대가 열리게 되는데, 이와 함께 관념론과 경험론이라는 양대 흐름이 형성되기에 이른다. 데카르트를 통하여 구성되는 절대적 관념론에서는 인간의 이성이 신의 이성을 대체하는 자리에 섬으로써 신을 사실상 무용화시킨다. 다른 한편으로 존 로크의 경험론에서는 시·공간에서의 경험의 범주를 떠난 것은 실재하지 않는다는 입장을 취함으로써 신을 언급할 장 그 자체를 제거하기에 이르게 되어 사실상 무신론적인 전제에 기반한 자율적인 이성의 시대로 전환되기에 이른다. 이것이 근대 시대에 보편적으로 발견되는 세계관이다.

이와 함께 인간이 신적 이성 혹은 신적 관념의 구현자로서 주체가 되고, 자연이 경험과 관찰의 대상으로 전락하게 되는 질서의 재편이 일어나게 되었다. 주체인 인간이 좌지우지할 수 있는 대상으로 자연이 자리매김하면서, 자연주의적이고 유물론적인 세계상이 다시 전면에 부상하게 되었다. 근대 이후로 하나님과의 관계에서 소외된 자연이 이제는 우주의 주체로 등장한 이기적인 존재인 인간의 착취 대상으로 전락하여 무분별한 난개발이 실행되어 훼손되는 길을 걷기 시작하였다. 이와 함께 인간의 사회구조도 변화를 겪게 되었는데, 생성과 소멸의 길을 반복하면서 적응력을 가진 피조물만이 살아남는다는 진화론적인 세계관이 전면에 부상하면서, 무한경쟁의 삶의 구조로 재편되는 진화론적 사회의 길에 편승하지 않을 수 없었다.

이런 세계관에 대항하여, 반틸은 성경에 계시된 삼위일체 하나님께서 우주와 그 가운데 만물을 창조하시고, 보존하시고, 섭리적으로 통치하신다는 사실이 우주를 설명하는 궁극적인 전제가 되어야 한다고 주장하였다. 이렇게 활동하시는 하나님의 존재로부터 우주와 그 가운데서 일어나는 만사가 설명되어야 한다고 보았고, 이런 점에서 하나님으로부터의 유비를 접촉점으로 삼아야 한다고 주장하였다. 헬라철학이나 계몽주의적인 세계관을 가진 인간은 하나님의 생각을 따라서 생각하는 일을 거절하기 때문에, 왜곡된 삶의 철학을 세울 수밖에 없다는 것이다. 하나님을 전제하지 않음으로써 신을 자연과 동일시하여 유폐하거나, 더욱 적극적으로는 인간이 자신을 전제하고 자신을 중심에 두는 삶을 세우는 일에 빠져들 수밖에 없다. 이런 정황에서 삼위일체 하나님을 우주와 그 가운데 만사를 다스리는 분으로 여기고 그 하나님을 전제할 때만 진정한 세계관을 가질 수 있다고 본 것이다.

반틸은 이런 방식으로 하나님을 전제하거나 혹은 자신을 전제하거나 하는 두 다른 세계관만이 존재할 수밖에 없다고 본다. 이런 입장을 따라가게 되면, 삼위일체 하나님의 보편적인 임재를 전제하는 그리스도인의 경우에는 별다른 문제가 일어나지 않는다. 이와는 달리 그렇지 않은 인간의 경우, 자연적인 일에 있어서나 영적인 일에 있어서 어떤 진리 지식에도 이를 수 없다는 입장을 취하지 않을 수 없다. 계몽주의적인 전제에 집착하는 집요한 자연인은 결과적으로 어떤 형태의 진정한 지식도 가질 수 없는 지경에 빠지게 된다는 것이 반틸의 핵심적인 주장인 셈이다. 하나님 이외의 어떤 자료도 참된 자료로 인정하지 않기 때문에, 다만 유신론적인 전제를 가진 인간만이 진정한 진리에 이를 수 있을 뿐인 것이다.

지나친 반립이 비그리스도인의 삶 그 자체를 무화시킬 수도 있는 한계에 내몰릴 수 있는 지점에서, 반틸은 인식적 차원과 심리적 차원을 구별하여 신 인식의 가능성을 모색함으로써 곤경에서 빠져나오려고 노력한다. 자율적인 이성을 신뢰하는 인간은 인식론적인 차원에서는 무신론자이지만, 심리적인 차원에서는 어떤 인간도 무신론자가 될 수 없다는 사실을 강조하기 때문이다. 모든 지식의 근거이신 하나님을 전제하지 않지만, 편의상의 이유로 유신론적인 사고 안으로 미끄러져 들어온다는 것이다. 인간 안에 하나님의 형상의 파편들에 수반되는 신 지식이 잔존하기 때문에, 인간은 누구나 신 지식을 심리적으로 소유한다고 본다. 그러나 인식론적으로는 그리스도인과 비그리스도인 사이에 어떤 공동의 근거도 존재하지 않는다고 강조한다.[60] 비그리스도인은 심리적인 면에서 신을 경험함에도 불구하고 인식론적인 면에서는 신을 인식하는 일에 사실상 실패하기 때문에 무신론자로 파악하는 것이 옳다고 본 것이다.

---

60 C. Van Til, "My Credo," in E. P. Geehan(ed.), *Jerusalem and Athens* (New Jersey: Presbyterian and Reformed Publishing, 1971), 17.

이러한 반틸의 엄정한 판단은 자존하시는 하나님, 우주와 그 가운데 만물을 창조하신 하나님, 성경에서 증언되는 구원의 하나님을 전제하는 일이 신 인식의 진정한 출발점이 되어야 한다는 확신을 낳았고, 이런 차원에서 자율적 이성을 신뢰하는 비그리스도인을 위한 변증을 시도해야 한다는 방향을 노정하는 데 이르렀다. 소위 말하는 신앙에 기반한 변증적 접근(a fideistic apologetic approaches)을 기획한 것이다. 이런 신앙을 전제하지 않은 일체의 시도는 아무런 생산적인 열매도 산출할 수 없는 실패가 확실한 모험에 불과하다고 여긴 것이다.[61] 성경에 근거한 신앙을 인식의 전제로 취하지 않는 한 인간은 자연과 역사에서 발현되는 신 인식을 오히려 왜곡시키는 일을 의도적으로 감행한다고 생각했기 때문이다. 이런 점에서 보면 반틸은 일반계시로부터 어떤 생산적이고 긍정적인 효과를 거의 기대하지 않은 것으로 보인다.

반틸이 이런 주장을 할 때, 하나님께서 자연이나 역사에 자신을 알릴만한 정당한 계시를 제공하지 않았다는 사실을 말한 것은 아니다. 반틸도 우주와 그 가운데 만물을 창조하신 하나님께서 자신이 주권적인 창조주요, 보존자요, 심판주이심을 넉넉히 알리셨기에, 인간은 성경을 통하지 않더라도 그런 하나님을 인정하지 않을 수 없다는 사실을 바울이 로마서에 드러낸 이해를 따라서 받아들인다. 이런 면에서 원칙상 존재론적이고 우주론적이며 목적론적

---

61 앞의 책, 21.

인 신 존재 증명의 가능성을 열어놓는 것이 옳을 것이라는 객관적인 사실을 인정한다. 그러나 반틸은 죄인은 자연으로부터 하나님을 유비할 수 있는 길을 찾지 못한다고 말한다. 죄인은 우주와 그 가운데 만물의 삶을 자신을 중심으로 새롭게 노정하기 때문에, 자연과 역사에서 발현되는 신 인식을 억누르고 무화시키는 적대적인 입장으로 나간다는 것이다.[62] 일반계시를 고려하지만, 그 계시로부터 하나님을 더듬어 찾아가는 어떤 긍정적인 역할을 기대하지 않고, 오히려 신에 대한 인간의 적대감을 구체화하는 부정적인 역할에 더 깊은 관심을 기울이는 셈이다.

반틸에게 있어서, 자연과 역사를 근거로 이해된 일반계시는 인간에게 하나님의 존재에 대하여 어떤 생산적인 빛도 비추지 않는다. 비록 심리적인 신 경험의 가능성을 열어놓았으나, 오히려 그것이 신에 대한 강고한 적대감을 불러일으키고 결과적으로 신에 대한 전방위적인 반대의 자세를 견지하는 것으로 귀결될 수밖에 없다고 주장하기 때문이다.[63] 일반계시는 죄인이 하나님을 찾아가도록 방향을 제시하기보다는 오히려 심리적인 신 경험에도 불구하고 윤리적으로 신을 반대하는 입장에 서게 함으로써 죄인을 철저하게 정죄하는 기능을 수행할 뿐이다. 자연과 역사에 계시된 하

---

62 C. Van Til, *Common Grace* (New Jersey: Presbyterian and Reformed Publishing, 1947), 57.

63 C. Van Til, *The Defense of Faith* (New Jersey: Presbyterian and Reformed Publishing, 1967), 152-153.

나님의 넉넉한 자기 계시의 광휘에 의하여 심리적으로 신을 부인하지는 못하나, 반감에 사로잡혀 신에게 감사하지도 예배하지도 않을 뿐만 아니라 오히려 신의 영광을 썩어질 금수와 버러지의 형상으로 뒤바꿈으로써 자신의 불신앙을 깊이 드러낼 수밖에 없고, 따라서 자기 정죄에 떨어질 수밖에 없다는 사실을 이끌어내는 기반으로 일반계시가 작동하고 있다는 것이다. 죄인이 심리적으로 인식되는 신적인 것에 대하여 자연주의적이고 유물론적인 인식과 합리적인 지성의 작용을 통하여 논리적으로 부정하는 방법을 찾아내려는 노력을 거듭하는 과정에서, 불신앙에서 비롯되는 적대감은 그 깊이를 더 할 수밖에 없기 때문이다.

이런 전제 하에, 유신론을 삶의 근거로 택한 그리스도인이 무신론을 삶의 세계관으로 받아들인 비그리스도인에게 특별계시인 성경을 알리고 받아들이게 하므로, 반유신론적인 태도를 포기하고 유신론적인 기반에서 삶을 성찰하고 새롭게 형성할 것을 요구해야 한다. 아마도 다양한 사회적 병리 현상을 끄집어내어 자율적 인간의 삶의 모순들과 그로 인하여 풀어가야 할 난제를 설득력 있게 드러내면서, 다른 한편으로 심리적인 신 경험을 접촉점으로 삼아서 복음에 계시된 그리스도 예수를 소개하려는 전략을 짤 수도 있을 것이다. 이런 접근이 반틸의 사고 구조 내에서 찾아볼 수 있는 신앙적이고 변증적인 모색이 아닐까 생각된다. 일반계시는 특별계시와의 관계에서 반립적인 관계를 맺을 수밖에 없다. 따라서 일반계시에서는 부정적인 국면을, 특별계시에서는 긍정적인 국면을 찾아가는 형태를 지닐 수밖에 없다.

그러나 사도 바울의 로마서를 묵상하면서 끌어낸 반틸의 이런 시도는 세속화된 도시인 아테네에서 사도 바울이 비그리스도인들에게 취한 태도를 충분히 설명하지 못하는 난제를 가지고 있다. 바울은 아테네에 거주하던 비그리스도인들, 특별히 내세라든가 신의 존재를 부정하며 지금 생에서 진정한 쾌락을 추구하며 살아가는 것이 최상의 삶이라고 생각하는 에피쿠로스적인 삶을 꾀하는 자들에게 하나님의 존재를 환기시키면서(행 17:23), 그들 모두가 하나님에게서 멀리 떨어져 살고 있지 않고 오히려 그분을 힘입어 존재하며 삶을 꾀하고 있다고 말하기 때문이다(행 17:27-28). 그런가 하면, 당대의 세속화된 운명론적인 경향을 가진 스토아학파적인 맥락을 따라서 살아가는 비그리스도인들에게는 창조주일 뿐만 아니라 또한 섭리하시는 하나님께서 여전히 호흡과 생명과 만물을 베풀고 계신다는 사실을 환기시키면서 청중을 만나고 있는데, 그 어조가 다분히 대화적이며 일반계시에 대한 반틸의 부정적인 해석의 차원을 넘어서는 국면을 명확하게 보여주고 있다.

바울은 청중에게 하나님에 대해 호흡을 허락하시는 창조주요, 생명이 연장되도록 통치하시는 보존자요, 살아가면서 필요한 일체를 제공하시는 섭리자로서 언설할 뿐 아니라(행 17:24-26), 역사와 그 역사를 구성하는 인간을 심판하시는 분으로서 소개한다(행 17:30-31). 그에게 자연과 역사와 양심에 반영된 하나님의 자기 계시로서 일반계시가 매우 적극적인 용도로 활용되는 모습을 보여준다. 과연 아테네에 거주하던 에피쿠로스주의자들이나 스토아 사상을 따르는 자들이 신에 대하여 심리적인 인정에만 머물렀던 것인지, 아니면 인식론적으로 하나님의 그런 행동을 이해하고 있었는지에 대하여 질문하지 않을 수 없다. 인간이 우주와 그 가운데 만물이 반사하고 있는 창조주 하나님의 엄위와 지혜와 능력을 인식하지 않고서야(롬 1:20), 거기에 대응하는 논리를 찾고 의도적으로, 그리고 합리적으로 신을 대항하거나 대체하려는 시도를 감행할 수 있을까 하는 물음에 직면하기 때문이다. 조금 더 명확하게 비판을 제기하자면 인간은 심리적인 면에서뿐만 아니라 인식론적인 면에서 신을 인식하지만, 심리적인 반감에 더하여 합리적으로 신을 논박하려는 시도를 감행하는 것이 아닐까 하는 것이다(롬 1:21-23). 아테네의 시민들이 심리적일 뿐 아니라 인식론적으로 신을 인지한다는 바로 그 전제로부터 바울의 청중 설득이 시작되고 있다는 말이다.

그뿐만 아니라, 비그리스도인과 그리스도인 사이에는 일반계시에 기반하는 진리 인식에 있어서 공유하는 지점이 없지 않기에, 존재론적인 삼위일체 하나님을 신앙함을 전제하지 않고서는 어떤 진리도 발견할 수 없다는 반틸의 주장이 과도한 측면이 있다는 사실을 지적하게 된다. 그리스도인이나 비그리스도인이나 "중력의 법칙"(law of universal gravity)을 비롯한 연관된 과학적인 진리에 대하여 공유지점을 확보하고서 인공위성을 띄우는 등의 학문 활동과 그에 수반되는 생산 활동을 하고 있다는 사실을 언급할 필요가 있다. 이러한 진리는 삼위일체 하나님을 존재론적으로 전제하지 않더라도 발견할 수 있는 진리이며, 삼위일체 하나님을 신앙하고 전제하는 그리스도인이나 그렇지 않은 비그리스도인이나 이런 진리를 공유하며 머리를 맞대고 생산적인 활동을 꾀하는 연구에 동역할 수 있다.

아마도 일반인의 인식에는 주관적인 개념뿐 아니라 객관적인 실재가 반영되어 있다는 "상식실재론"(common-sense philosophy)을 공유하면서 신학을 꾀하던 프린스턴신학교가 좌경화되는 과정에서 갖게 된 트라우마가 반틸의 신학 전개에 과도하게 스며든 결과가 아닐까 생각해본다. 사실 반틸이 제안한 존재론적인 삼위일체 하나님을 전제하지 않더라도, 수학이나, 물리학이나, 지질학이나, 생물학이나, 천문학과 같은 영역에서는 그리스도인과 비그리스도인이 함께 작업할 수 있는 공유지점을 확보할 수 있지 않을까 싶고, 그럴 수 있는 것은 창조 세계에 반영된 질서, 즉 일반계시가 작동하고 있기 때문이다. 타락에 따른 하나님 형상의 변화에 따라서 일반계시가 구원론적인 면에서는 무능하지만, 일반계시 그 자체는 여전히 작동하고 있으며, 타락에도 불구하고 인간은 일반계시를 읽어낼 수 있는 지성적인 피조물이기에 창조의 영역에서 발현되고 있는 하나님의 지적인 활동 또한 발견할 수 있다.

비그리스도인의 삶의 자리를 어둠 그 자체로 파악하고, 어떤 빛도 스며들 수 없는 곳으로 상정하는 것은 바울의 이해를 넘어서는 논증 방식이다. 그리스도인의 삶의 자리는 빛 그 자체이며, 어떤 어둠도 스며들 수 없는 영역으로 확정하는 것도 지나친 접근 방식이다. 비그리스도인의 삶의 자리에서도 신적인 활동을 찾을 수 있으며, 그리스도인의 삶의 정황에서도 마귀의 활동이 발견될 수 있다. 우주는 창조의 하나님의 산물이고, 신앙과 불신앙을 넘어 온 우주는 지금도 창조주 하나님의 섭리적 활동의 범주 내에 견고하게 서 있다. 온 우주는 하나님의 진리로 가득하고, 하나님의 형상의 담지자요 잔존자인 인간은 그 우주에서 하나님의 창조질서에 기반하는 다양한 진리를 발견할 수 있으며, 그런 지적인 활동을 통하여 신적인 존재와 활동을 파악하는 자리에 이를 수 있다. 물론 그것이 삼위 하나님을 향한 인격적인 신앙에 이르게 하지는 못할지라도, 적어도 그리스도인과 비그리스도인이 함께 공유하고 공존하며 공공의 발전을 꾀할 수 있는 기반으로 기능할 수 있다. 이런 점에서 반틸은 과도하게 엄정한 경계를 그리스도인과 비그리스도인 사이에 설정하고 있는 것이 아닌가 질문하게 되는 것이다.

이러한 지나친 반립은 교회와 사회를 빛과 어둠으로 분리시키는 결과로 왜곡될 수 있으며, 사회를 지나치게 변혁의 대상으로만 파악하는 자리에 이르게 할 수 있다. 물론 중생한 그리스도인의 관점이 우주를 가장 명료하게 신 중심적인 구조에서 파악할 수 있는 지점을 확보해주지만, 중생하지 않은 인간 사이에서도 하나님은 여전히 섭리하실 뿐만 아니라 그들의 수고를 통하여 창조 세계에 반영된 하나님의 진리를 찾아냄으로써 그리스도인과 비그리스도인이 공존하는 시민사회에서 더불어 공공의 선을 도모할 수 있는 공동의 기반을 확보할 수 있다는 사실에 대하여도 열린 태도를 갖추어야 한다. 변혁의 대상으로 삼기에 앞서서 공존과 대화의 대상일 수 있는 가능성이 일반계시를 통하여 마련될 수 있기 때문이다. 하나님의 통치(ruling), 즉 하나님의 나라는 교회라는 울타리(realm)를 넘어서도 그 흔적을 폭넓게 드러내는 실재이다. 물론 아테네 시민들을 만나고 대화를 모색하는 바울의 궁극적인 역사 이해와 관심사를 포기해서는 안 되며, 진정한 하나님 나라에 대한 소망을 일깨워야 할 것이다.

4. 아브라함 카이퍼(Abraham Kuyper)

네덜란드에 기반을 두고 활동한 신학자 아브라함 카이퍼는 사실 카를 바르트, 에밀 브루너, 코넬리우스 반틸에 비하여 한 세대 앞선 인물이다. 그런데도 그를 이 논의에 불러들인 이유는 일반계시와 특별계시의 실체, 그리고 그 상호 관계와 관련한 내용 전개에 있어서 바르트와 부르너, 그리고 반틸의 이해를 더욱 명확하게 요약하면서, 발전적인 논의를 노정하는 일에 상당히 공헌할 수 있는 중요한 인물이기 때문이다. 특별히 그가 교회의 사람이면서도 공공사회의 정치인으로서 살아오면서 남긴 『일반은총』과 『정치강령』과 같은 저술은 하나님 나라의 다양한 면모를 이해하는 데 매우 중요한 공헌으로 평가할 수 있다. 현재의 "공공신학"(public theology)이라는 화두와 용어를 중심으로 신학 구현을 모색하려는 움직임보다 한 세기나 앞서서 제기했던 인물이라는 점에서, 아브라함 카이퍼에게 일정한 관심을 기울이는 것은 자연스러운 일이다.

카이퍼는 일반계시를 이해하는 과정에서, 자연적 이성의 내재적 능력에서 비롯되어 신을 발견할 근거를 찾는 존재의 유비(analogia entis)를 조심스럽게 피했다. 인간은 인간이고 하나님은 하나님이어서, 인간의 존재로부터 하나님의 존재에 이르는 존재론적인 상응이 없다고 보았다.[64] 하나님과 인간 사이에는 건널 수 없는 존재론적인 간격이 있기 때문이다. 이런 이유로 카이퍼는 계시의 유비(analogia revelationis)나 신앙의 유비(analogia fidei)는 필연적이라고 생각하였다. 창조 질서나 역사나 문화나 인간의 양심에 하나님의 자기 내보임(God's self-disclosure)이 선행되지 않는다면, 인간은 어떤 경우에도 하나님을 알 수 없다는 태도를 보인다. 하지만 계시를 전제한다고 해도, 죄로 인한 인간의 부패성 때문에 신 의식이 정상적으로 작동하지 않을 뿐만 아니라, 객관적인 세계에 반영된

---

64 Jack Kilcrease, "Johann Gerhard's Reception of Thomas Aquinas's Analogia Entis," in M. Svensson & D. Van Drunen(eds.,), *Aquinas Among the Protestants* (India: Wiley Blackwell, 2018), 109-128. 잭 킬크리스는 이 논문에서 개신교루터파정통주의 신학자인 요한 게르하르트와 아퀴나스의 유비 논의의 유사성을 검토하였는데, "존재의"에 해당하는 논의는 배제하고 "유비"에만 집중하는 논의의 한계를 보여주었다. 유비를 배제하고는 신학을 언급할 수 없기에 어떤 형태로든 유비는 도입될 수밖에 없는 것이다.

하나님을 하나님으로 똑바로 이해할 수 없는 상태에 빠졌다고 확신하였다.[65] 이런 점에서 카이퍼는 중세의 낙관주의적 자연신학(natural theology)[66]과는 명확히 자신을 구별하였다.

그러나 하나님께서 자신의 형상으로 창조된 인간의 마음에 수반되는 신 의식(sensus divinitatis)이 타락으로 인한 부패한 본성에도 불구하고 작동하고 있기 때문에, 그리고 특별히 일반은총을 통하여 신 의식이 완전히 멸절되지 않도록 생산적으로 조율되는 지점이 존재하기 때문에 인간은 본질상 종교적인 삶을 꾀할 수밖에 없다고 보았다.[67] 종교적인 삶을 꾀하되 진정한 신 인식에는 미치지 못하여 사도행전 14장 15-17절이나 17장 25-2절에서 보는 것 같은 그런 수준에 머물 수밖에 없다고 보았다. 카이퍼는 이것이 자연인이 보편적으로 직면하는 종교적인 상황임을 명확히 하였다.[68] 이런 차원에서 일반계시와 이에 연동하는 일반은총은 구원론적인 함의를 내포하지 않는다는 것이 카이퍼의 일관된 입장이다. 구원론적인 면에서 일반계시는 무능하다는 것이 카이퍼의 입장인데, 이런 점에서 그는 인간의 전적인 부패를 명확하게 받아들

---

65 Abraham Kuyper, *Sacred Theology* (Wilmington: Associated Publishers, D. U.), 83-84, 97.

66 Paul Helm, "Nature and Grace," in M. Svensson & D. Van Drunen(eds..), *Aquinas Among the Protestants* (India: Wiley Blackwell, 2018), 231.

67 A. Kuyper, *De Gemeene Gratie II*, (Amsterdam/Pretoria: Hoveker & Wormser, 1903), 621-623.

68 Abraham Kuyper, *Sacred Theology*, 113, 116.

이고 있다.

그러나 카이퍼는 카를 바르트에 비하여 일반계시를 인정한다는 점에서 에밀 브루너와 나란히 갈 수 있는 지점이 있을 뿐만 아니라, 코넬리우스 반틸과는 다르게 일반학문을 논함에 있어서 중생을 필연적으로 전제하지 않는다는 점에서 독특한 길을 모색했다. 그는 비그리스도인이 지질학을 공부한다고 해서 해당 학문 분과에서 진리에 도달할 수 없다거나, 그리스도인이라고 해서 지질학을 연구함에서 필연적으로 진리에 도달할 수 있다는 식의 논의를 전개하지 않았다. 이런 점에서 존 볼트(John Bolt, 1947-)가 "두 종류의 사람", "두 종류의 학문"이라는 논제에서 아브라함 카이퍼를 그런 범주로 묶어서 비판하는 것은 지나치게 도이여베르트(Herman Dooyeweerd, 1894-1977)의 관점에 경도된 판단이다.[69] 예를 들어서 카이퍼는 의학이나 기술 분야는 신앙 혹은 중생의 여부와 상관없이 전개될 수 있는 영역이라고 보았다.[70] 문화와 관련해서도 유사한 범주의 논의를 전개한다는 사실도 기억하는 것이 올바를 것이다.[71]

---

69 John Bolt, "Doubting Reformational Anti-Thomism," in M. Svensson & D. Van Drunen(eds..), *Aquinas Among the Protestants* (India: Wiley Blackwell, 2018), 130-147, 특히, 132-135.

70 A. Kuyper, *De Gemeene Gratie III,* (Amsterdam/Pretoria: Hoveker & Wormser, 1904), 139-140.

71 A. Kuyper, *De Gemeene Gratie I,* (Leiden: D. Donner, 1902), 450-462.

카이퍼는 일반계시에 기초한 비그리스도인의 학문 활동과 관련하여 종말론적인 완성의 지점까지 판단을 유예한다. 토마스 아퀴나스는 현재의 삶의 이해 지평에서 자연적 은사에 수반되는 학문 활동을 통하여 획득한 진리와 초자연적인 은사에 기반하여 형성된 진리 사이의 실제적인 종합(synthesis)의 가능성을 진지하게 고려했다.[72] 이와 다르게 카이퍼는 경우에 따라서는 종합 가능성도 있고, 경우에 따라서는 반립의 가능성에도 열린 태도를 취하였다. 그는 종말론적인 완성의 때, 즉 그리스도 예수의 다시 오시는 날에 비그리스도인의 학문 활동에 기반한 결과물이 미래 하나님 나라에로 승계되는지 여부를 최종적으로 판단할 수 있다고 보았다.[73] 카이퍼는 이런 기저 의식에서부터 그리스도인이 비그리스도인과의 관계에서 공적인 영역의 진리를 공유하며 협력하는 일이 필요하다는 입장을 적극적으로 피력하게 된 것이다.

카이퍼가 제기하는 이러한 관점은 한편으로는 일반계시 이해와 깊은 관계가 있다. 카이퍼는 일반계시를 논할 때, 창조 질서(scheppingsordinantie)라는 측면을 함께 거론한다.[74] 창조 질서는 창조주 하나님께서 우주와 그 가운데 만물을 창조하실 때, 우주와 그 가운데 반영하신 질서를 의미한다. 이를테면 우주에 반영된 중력의 법칙이나 열역학 1, 2의 법칙과 같은 과학적 지식이라든가

---

72 Paul Helm, "Nature and Grace," 230-247, 특히 231.

73 A. Kuyper, *De Gemeene Gratie I*, 462.

74 앞의 책, 462.

동물의 본능이나 식물의 속성이라든가, 인간에게 요구되는 규범과 같은 것이 여기에 포함된다. 이런 질서는 인간의 타락에도 불구하고 존치된다고 보는 것이다. 다만 이런 질서를 반영하신 하나님을 참되게 인식하지 못하여, 감사하지도 영화롭게 하지도 않는 것이 문제일 뿐이다.

일반계시와 깊은 관계가 있는 창조 질서는 다른 한편으로 성령의 보존하는 역사인 일반은총과도 깊은 관계가 있다. 우주는 창조 질서를 따라서 운행되지만, 또한 성령의 보존하는 역사와 함께 연동한다는 점에서 지속적인 하나님의 사역의 결과이기도 하다. 특별히 카이퍼는 특별계시를 통하여, 그리고 이에 연동하는 성령의 특별한 은총을 통하여 구원에 참여하지 않는 사람들도 창조 질서를 파악할 수 있고, 또한 성령이 시혜하는 일반은총에 의하여 그 유용성이나 진선미를 집대성하여 인류의 공공적 유익을 위하여 이바지할 수 있다는 사실에 대하여 수용적인 입장을 취하였다. 바꾸어 말하면 구원론적인 면에서 일반계시나 일반은총과 특별계시와 특별은총 사이에 어떤 연속성도 없지만, 그러나 공공의 선이라는 측면에서는 둘 사이에 어떤 연속성이나 혹은 조화를 꾀할 수 있는 지점이 있다는 입장이다.

카이퍼가 볼 때 우주의 통치자는 여전히 창조주 하나님이신데, 다만 구원에 참여한 그리스도인들은 자신들을 구원하신 하나님이 구원의 하나님이실 뿐만 아니라 창조의 하나님이심을 받아들이고 고백하는 자리에 있는 반면에, 비그리스도인들은 이 사실을 인지하거나 고백하지 않는 상태에 있다는 것이다. 이런 점에서 한편으로 그리스도인들과 비그리스도인들 사이에 반립이 형성되지만, 다른 한편으로 바르트의 주장에 반하여 여전히 창조주 하나님께서 둘 사이에 계셔서 활동하시고, 간섭하고 있다는 것이다. 비그리스도인들에게도 호흡과 생명과 만물을 제공하시는 사랑의 하나님이시기에, 반틸의 주장에 반하여 이 사실을 알고 있는 그리스도인들의 관점도 하나님의 관점만큼이나 넓어질 필요가 있다는 말이다. 그리스도인들은 비그리스도인들에 대하여 더 너른 마음을 가지고 협업할 것을 찾되, 특별히 공공의 선을 공유하는 일에 소극적이어서는 안 된다는 말이다.

교회론적인 언어로 번역하자면, 교회는 세상에 대하여 구원론적인 열심, 개종적인 열심으로만 다가설 것이 아니라, 사회학적으로나 문화적으로나 교육적으로나 경제적으로나 의료적인 차원에서도 공유지점을 만들어가야 한다. 창조 질서의 범주를 인식하면서 사회의 각 영역에서 공유 가능한 영역을 찾고 그 안에서 하나님의 백성으로서 하나님의 덕을 드러내는 일에 관심을 집중할 필요가 있다. 이것이 21세기 포스트모던적인 시민사회를 살아가는 그리스도인들이나 그리스도인들의 모임인 교회가 지향해야 하는 삶의 구체적인 면모인 것이다. 교회 안으로의 움직임만이 아니라 교회가 교회 밖으로 움직이는 모습을 보여주어야 하되, 구원론적인 전망을 넘어서 창조 세계의 영역을 포괄하는 지점까지 교회의 지평을 확장할 필요가 있다.

이런 교회의 속성과 관련하여 카이퍼는 "유기체로서의 교회"라는 독특한 개념을 만들어냈다. 통상적으로 유기체로서의 교회라는 말은 조직체로서의 교회라는 말과 짝을 이루며 사용된다. 직분을 근간에 두고 교회를 말하는 것은 조직체로서의 교회이고, 직분자의 안내를 따라서 각자의 은사를 잘 계발하여 활동하는 차원을 유기체로서의 교회라고 부르기 때문이다. 건강한 교회는 조직체의 양상과 유기체의 양상을 함께 지니고 있어야 한다. 하지만 카이퍼는 유기체로서의 교회를 세상 속으로 흩어져 들어간 지체들의 구체적인 활동이라는 측면으로 이해했다는 점에서 기존의 개념과는 구별되는 매우 독특한 관점이고, 이 관점에서 "교회의 공공적 소명"을 생각하게 된 것이다.

주일에 모여서 예배를 함께 드리고, 월요일부터 금요일까지는 시민사회의 구체적인 직업 영역에서 활동하게 되는데, 이때 교회의 구성원으로서 그리스도인은 흩어진 교회처럼 자신의 직업 영역에서 하나님 나라 백성의 삶을 모색할 필요가 있다. 직업의 영역에서 구원의 하나님뿐만 아니라 창조의 하나님을 인식하면서 자신의 삶을 꾀하고 또한 이웃과의 삶을 모색해야 한다. 구원론적이고 개종적인 관심사만 아니라, 시민사회의 구성원으로서 서로 조화를 꾀하여 공동의 선을 추구하는 면모를 집요하게 가져가야 한다는 것이다. 이것은 반립을 포함하여 종합을 모색하는 성숙한 삶의 모습을 구현하는 것인데, 이것이 하나님의 성품에 내포된 삶의 길이라고 믿었다.

특별히 카이퍼는 유기적인 교회의 지체로서 그리스도인은 일상의 영역에서 비그리스도인을 만날 때, 그들과 대화를 나눌 때, 그들과 공동의 삶의 기반에 대한 입장을 노정할 때, 일반계시에 기반하여 접근할 필요가 있다는 사실을 견지하였다. 카이퍼는 자신이 살던 그 시대가 다종교적이고 다인종적인 사회임을 인식하였고, 무엇보다도 세속화가 깊숙하게 진행된 사회인 것을 인정하였다. 바로 그런 사실을 깊이 인식하면서 『정치강령』을 기획하였다. 하나님의 백성으로서 세속사회에서 자신의 삶을 구현하는 방식에 있어서, 일반계시에 상응하는 방식으로 드러나는 하나님의 통치를 지혜롭게 반영할 필요가 있다고 본 것이다. 카이퍼는 이런 목적과 관련하여 반틸과 다른 입장을 취한 것이다.

카이퍼는 일방적인 반립이 아니라, 공유지점을 확보하여 대화를 나누는 과정을 매우 중요하게 생각하였다. 그는 공공의 영역에서 창조와 구원의 일을 수행하시는 동일하신 삼위 하나님의 손길을 주의력을 가지고 파악했고, 그것을 기반으로 하나님 나라 백성의 삶을 모색하려는 매우 신중한 접근을 시도하였다.[75] 그가 암스테르담에 자유대학교(De Vrije Universiteit)를 세우면서 기독교적인

---

75 아브라함 카이퍼, 『정치강령』 (새물결플러스, 2018), 29-166.

정체성을 명확히 하는, 그러면서도 기독교 가운데서도 특별히 개혁교회의 신학에 적극적으로 호소한 이유가 여기에 있다. 바르트의 수정 작업이 있기 전 공유되었던 일반계시의 타당성과 구속을 통하여 회복된 질서 사이에 규범으로서의 율법과 시민사회 구성원의 양심 사이의 형태적 연속성이 있다는 사실을 인식하고, 이것이 학문적인 수위성을 통하여 통합되어 공공성을 꾀하는 형식으로 표현될 수 있다는 생각을 가졌기 때문이다. 일반계시에 근거하여 활동하는 학자들의 학문적 수위성과 특별계시의 안경을 쓰고 일반계시에 근거하여 활동하는 학자들의 학문적 수위성 사이에 통합 가능성이 매우 크다는 사실을 인식했다.[76] 두 진영의 학문 활동이 창조 질서에 반영된 하나님의 진리에 접근하는 것으로 귀결될 것이 자명하다고 생각했기 때문이다. 이런 점에서 기독교대학교는 신앙주의적인 차원 뿐 아니라, 학문적인 수위성을 명확히 견지해야 하고, 이런 점에서 시민사회를 선도하는 대학으로 기능할 수 있을 것이라고 생각했던 것이다.

카이퍼는 교회공동체를 통하여 발현되는 하나님 나라에 대하여 명확한 이해를 갖고 있었다. 그러나 교회라는 영역에만 하나님의 통치가 구현된다고 생각하고, 다른 영역은 어둠으로 간주하는 그런 입장에 대하여는 동의하지 않았다. 구원의 하나님은 또한 창조의 하나님이라는 사실에 대하여 매우 적극적인 입장을 표명하였

---

76 A. Kuyper, *De Gemeene Gratie III*, 139-140.

으나, 구원의 하나님이 창조의 하나님을 향하여 더 밝은 빛을 비춤으로써 통합하는 차원에만 머물지 않고, 창조의 하나님이 구원의 하나님과 공존할 수 있다는 차원에까지 다가서는 그런 입장을 적극적으로 드러냈다. 변혁적인 하나님 나라만이 아니라, 공존하면서 드러나는 하나님 나라의 면모가 일반계시적인 차원에서도 발견될 수 있다는 입장을 견지하였다. 이런 차원에서 미래 하나님 나라에서도 비록 비그리스도인의 작업일지라도 창조 질서가 반영된 것이면 포괄될 수 있다는 입장을 견지할 수 있었다.[77]

나가며

미국에서 활동하는 스캇 맥나이트(Scot McKnight, 1953-)는 자신의 책 『하나님 나라의 비밀』에서 하나님 나라는 교회의 담장 너머에서는 발견되지 않는다고 주장하였으나,[78] 지금까지 살폈듯이 그의 입장을 조금 더 조심스럽게 짚어볼 부분이 있다. 성경을 주의 깊게 읽을 때 하나님 나라가 이스라엘 민족을 중심으로, 교회를 중심으로 명확하게 반영되는 것은 사실이지만, 구원을 창조라는 빛에서 읽을 때는 하나님 나라의 면모가 창조의 영역에서 어떻게 발현되는지에 대하여 조금 더 구체적인 탐구가 필요하다. 이런

---

77 A. Kuyper, *De Gemeene Gratie* I, 455.
78 스캇 맥나이트, 『하나님 나라의 비밀』 (새물결플러스, 2016), 153-182, 특히 164.

하나님 나라와 광장신학

점에서 구원의 메시지에서는 일차적인 관심사로 등장하지 않지만, 구원에 참여한 하나님의 백성의 공동체인 교회의 삶을 시민사회와의 관계에서 노정할 때 창조의 영역이 새로운 관심사로 등장할 수밖에 없고, 교회는 그런 점에서 신학적인 반성을 거듭해왔던 것이 사실이다.

창조를 전제할 때, 비록 타락한 질서에 처하긴 하였으나 창조세계는 여전히 하나님께 속한 것이고, 하나님께서는 이신론자들의 오해처럼 자신의 창조물을 합리적인 법칙이나 자율이성의 소유자인 인간에게 맡겨두고 창조 세계에서 완전히 철수하여 유유자적 존재하시는 것이 아니라, 여전히 창조 세계를 섭리하시는, 즉 보존하고 통치하시는 분이심이 성경에 너무나 명확하게 반영되고 있다. 이러한 하나님의 활동을 바탕으로 하여 하나님의 구속적 사역이 일어나기 때문에, 하나님의 구속적 사역이 창조 세계에 대하여 갖는 의미와 창조 세계에서의 활동이 구속적 사역에 미치는 영향에 대하여 관심을 집중하는 것은 신학자의 소명에 해당할 것이다. 신약학자로서 스캇 맥나이트의 작업에 공감을 표하면서도 조직신학자로서 성경의 표면을 넘어서 성경의 기반을 헤아리는 작업을 수행하고, 둘 사이의 상호관련성을 꾀하는 일은 중요한 일이 아닐 수 없다.

창조와 구속 사이의 연속성을 꾀하는 신학적인 반성은 일원론적인 통합을 꾀하려는 일방성을 피하면서, 둘 사이에 게재될 수밖에 없는 긴장을 유지하되 동일하신 삼위 하나님의 통치 안으로 종합해내는 일이 필요하다. 이런 작업은 이미 마르키온의 혼돈스러운 영향이 교회에 유입될 때 이레나에오스의 손을 통하여 선행적으로 수행되었고, 아우구스티누스의 신학 작업에서나 칼빈의 제네바 사역에서나 카이퍼의 네덜란드에서의 사역에서 재현되었다. 모두 다 세속화가 깊숙하게 진행된 사회에서 실행되었던 점에서, 세속화의 밀도가 세계적인 대한민국 사회에서도 깊이 있는 고민과 함께 다시 직면해야 할 이슈다.

7장

광장에 선
교회와 하나님 나라의
공공적 현존

요즘 들어 "공공신학"이라는 표현이 많이 언급되고 있다. 어떤 경우는 "광장신학"이라는 말로 표현되기도 한다. 교회가 광장이라는 개방된 공간에 서 있다는 의미를 포함하지만, 그런 차원을 넘어서는 측면이 내포되어 있다. 교회가 특별계시의 산물이고, 특별한 은총의 산물로서 하나님 나라를 직접적으로 담지하여 드러낸다는 사실에 대하여는 이론의 여지가 없을 것이다. 그러나 하나님 나라, 즉 하나님의 통치와 그 통치가 미치는 영역이라는 측면에서 볼 때, 하나님 나라는 교회의 범주를 넘어서는 차원에서는 일반계시를 근간으로 하는 하나님의 통치라는 차원을 향하여 눈을 돌리지 않을 수 없다. 이런 면에서 "공공" 혹은 "광장"은 교회를 포함하지만, 교회의 담장을 넘어서는 차원을 내포하고 있는 개념이라고 보아야 한다.

따라서 공공신학 혹은 광장신학의 논의를 특별계시와 일반계시의 관계를 기반으로 살펴야 할 필요성을 보게 된다. 원래 계시는 하나였다. 일반이니 특별이니 하는 방식으로 구별되지 않았다는 뜻이다. 만유의 토대가 되시는 삼위 하나님(principium essendi)은 원래 자기 자신에게만 알려진 분(the immanent Triune God)이었는데, 창조 행위와 함께 자기 밖으로 자신을 드러내는 분(the economic Triune God)이 되었다. 숨어계신 분이 자신을 밖으로 드러내는 행위를 계시(revelation)라고 하는데, 이런 면에서 보면 삼위 하나님의 창조 행위는 특별한 계시 행동이다. 말을 조금 바꿔서 표현하면 창조 행위와 함께 형성된 세계는 그 자체로 특별한 계시적 상황에 놓인 것이다. 그냥 계시적인 상황이라고 말할 수도 있으나 "특별한"이라는 형용사를 사용하는 이유는, 삼위 하나님의 적극적인 의지의 발현으로서 창조 세계를 말하기 때문이다. 이런 점에서 보면, 창조주 하나님과 그가 창조한 세계는 하나의 구조적이며 계시적인 짜임을 갖고 있었다.

  이런 계시적 구조 안에서 창조주 삼위 하나님은 지속적으로 말씀하시고, 삼위 하나님의 형상으로 창조된 독특한 피조물인 인간은 모든 피조물을 대표하는 존재로서(시 8:1-9) 삼위 하나님의 말씀을 들음으로 자신의 실존을 꾀할 수밖에 없는 상태에 있었다. 만유의 근본이신 삼위 하나님은 자신이 창조한 세계와 구별되어 존재하며 계시하시는 초월자이시면서 당신의 형상을 따라 창조된 인간과 언약적인 관계를 맺고(창 2:15-17) 인격적인 교제를 꾀할 수 있는 친근한 분이다(창 1:26-31). 이런 일은 하나의 유기적이고 통합적인 계시 상황에서 이루어진 일이었다. 이런 점에서 창조 세계와 인간은 삼위 하나님과의 관계에서 매우 특별한 제안을 받아 그 호의를 누리고 있던 셈이다.

그런데, 이런 계시의 구조적 짜임이 찢어지는 일이 일어나게 되었다(창 3:17-19). 언약을 깨트림으로써 인간은 흙에 속한 허무한 존재, 비참한 존재로 전락해버린 것이다. 인간론적인 언어로 전환하자면 인간의 본질을 구성하는 하나님의 형상이 망가짐으로써 그 본래적인 기능이 정상적으로 작동하지 않는 상태로 전락하였다. 하나님의 존재를 인식하긴 하되, 그분의 이름을 잊어버린 것이다. 인간이 망가진 하나님의 형상의 잔존하는 기능을 통하여 하나님을 더듬어 발견하긴 하되, 이름을 정확하게 특정하지 못하는 상태에 빠졌다. 인간은 그분의 의도를 명확히 인지하지 못함으로써 올바르게 경외하지 못하는 상태에 빠져 왜곡된 종교적인 열심을 드러내게 되었고, 결과적으로 만유의 대표로서 자신의 존재와 삶을 하나님 앞에 똑바로 세우지 못하는 안타까운 일, 지·정·의가 제대로 작동하지 못하는 일이 벌어지고 만 것이다. 이런 삶의 모습이 아테네에 거주하는 사람들의 삶의 모습에서 적나라하게 드러나고 있다. 어떤 의미에서 하나님의 존재와 행위는 창조 때와 비견하여 여전하나, 언약을 깨트림으로써 하나님의 형상이 망가진 채 본성의 부패를 경험하고 있는 인간의 존재와 그에 수반되는 세계관이 비틀어진 상태라고 보는 것이 적절하다. 다른 말로 하나님은 수미일관 계시하고 있으나, 인간이 그 계시를 알아차리지 못하는 곤경에 처한 것이다(행 17:24-29). 이런 상태를 '일반계시적인 상태'라고 말한다.

그러나 일반계시적 상황도 여전히 하나님이 자신의 주권을 드러내는 상황이라는 사실을 놓치면 안 된다. 인간의 타락에도 불구하고 하나님은 여전히 만유의 주재권자이다. 다만 곤경에 빠진 인간에게 특별한 형태로 말을 걸고, 그 곤경을 드러내어 밝혀주며, 해방시켜 다시 본래의 자리로 끌어내야 하는 새로운 과제가 삼위 하나님에게 뒤따르게 되는 것이다. 여기에서 일반계시와 구별되어 작동하는 특별계시가 들어오게 된다. 첫 아담의 실패와 불순종을 대체하는 둘째이자 마지막 아담이신 예수의 십자가와 부활이 계시되기 시작하였다. 성경에 계시에서 일반계시로, 일반계시에서 특별계시로, 특별계시에서 일반계시를 끌어안는 유기적으로 연계되는 하나님의 활동이 명확하게 반영되고 있다는 사실을 깊이 묵상할 필요가 있다. 이것을 조금 다르게 표현한다면, 창조·타락·구속·완성의 구조를 포괄하는 하나님의 행동이라고 말할 수 있다.

중요한 것은 창조 때에도, 타락의 곤경에서도, 구속의 찬란한 빛 속에서도, 완성의 영광을 통해서도 하나님의 나라는 단 한 순간도 포기되지 않는다는 사실을 읽어내는 것이다. 삼위 하나님은 여전히 만유의 토대이시고, 여전히 계시 활동을 통하여 만유를 통치하시며, 회복을 이루어 가고 있다는 사실을 깊이 묵상해야 한다. 단한 시간이나 단 한 조각의 공간조차도 삼위 하나님이 부재한 것처럼 신학을 전개하고, 그것에 기반하여 그리스도인의 삶을 모색하는 것은 옳지 않다. 요한이 드러내듯이 이 세대의 왕인 마귀와 그의 수하들의 간단없는 방해에도 불구하고, 하나님은 만유에 대한 주재권을 내려놓지 않는다는 사실을 깊이 살펴야 한다(요 12:31, 계 20:1-3). 하나님 나라가 드러나는 신적 경륜의 전개 과정에서 변별점과 함께 더욱 분명하게 그 뜻을 밝히는 일이 중요하다. 이런 논의를 통과하면서 하나님 나라의 면면이 더욱 구체적으로 모색되고 그 모습이 분명하게 구현되기 때문이다.

1. 창조에 내포된 하나님 나라

창세기 1장 1절은 그리스도인의 삶의 기초를 놓은 매우 중요한 말씀이다. "태초에 하나님이 천지를 창조하시니라"는 말씀은 창조주와 피조물의 관계를 아주 명확하게 확언하고 있다. 창조 행위를 기점으로 창조주와 피조물로 정확하게 구별되는데, 이로써 창조주는 만유의 주재권자요, 모든 피조물은 그의 통치의 대상임이 밝혀진다. 달리 표현하자면, 창조와 함께 왕이신 하나님과 그의 백성인 피조물이 우주의 시·공간 안에 함께 거하는 구조가 만들어진 것이다. 왕과 백성과 영토라는 세 국면이 유기적인 관련을 맺음으로써 왕의 나라가 이루어지고 있다. 이런 사실을 확인하면서

남아프리카공화국의 요하네스 헤인쯔(Johaness A. Heyns, 1928-1994)
는 하나님이 통치하는 나라의 백성은 인간만이 아니라 먼지까지
포함하는 모든 피조물이라고 강조하였다.[79]

　이런 진술에서 확인하게 되는 것은 "성과 속의 분리"라는 국면
이 창조의 원래 상태에는 존재하지 않았다는 사실이다. 소위 말하
는 성·속 이원론은 창조의 경륜에서 드러나는 하나님 나라에서
의도되지 않은 일이라는 사실이 긴요하게 다루어질 필요가 있다.
그레고리 빌(Gregory K. Beale, 1949-)은 자신의 『성전신학』에서 흥
미로운 주장을 제기했다. 그는 창조 때의 에덴동산과 그 밖의 세
계 사이에 질적인 차이를 상정하였다. 그의 가설은 하늘에 원형
성전이 있고, 그것이 일차적으로 구현된 지상의 공간이 에덴동산
이라는 것이다. 그리고 에덴동산 밖은 아직 하나님의 성전이 구현
되지 않은 공간이고, 따라서 하나님의 통치가 온전히 미치지 못하
는 공간이라고 보는 것이다. 들짐승의 위협과 무질서가 상존하는
곳으로서 정돈되어야 할 공간, 하나님의 통치가 구현됨으로써 하
나님께 봉헌되어야 할 공간으로 파악한 것이다.[80] 일종의 성과 속
의 이원성을 창조에 수반되는 현상으로 파악하려고 했다는 점에
서, 기존의 개혁신학과는 궤를 달리하는 지점을 이룬다.

79　J. A. Heyns, *Die Kerk* (Pretoria: N. G. Kerkboekhandel, 1977), 6. "*Die koninkryk is Gods heerskappy oor en die gehoorsame aanvaarding daarvan deur sy onderdane: stof, plant, dier, mens en angele.* Nog korter: *die koninkryk is die triomf van Gods wil.*" 이탤릭은 그의 것이다.

80　Gregory K. Beale, 『성전신학』 (새물결플러스, 2016), 109-117.

한편으로, 그가 전개하는 성경신학적인 문제는 요한계시록 21-22장의 비전을 역으로 투사한다는 데서 찾을 수 있다. 그가 놓친 지점은 요한계시록 21-22장의 비전이 창세기 3장에서 비롯되는 타락이 전제되고 있다는 점이다. 이 지점을 정확하게 반영하지 않은 채 요한계시록 21-22장을 에덴동산으로 가져와서 적용하다 보니, 에덴동산 안과 밖을 성과 속의 범주로 묶는 실수를 범하게 된 것이다. 다른 한편으로, 그가 전개하는 조직신학적인 문제는 창조를 불완전한 시·공간으로 여기는 20세기의 신정통주의자들의 이해와 유사한 궤를 유지한다는 점이다. 소위 창조된 세계에는 원시적 무질서, 혹은 원시적 악이 존재한다는 주장의 흔적을 보게 되는데, 이런 관점은 여섯째 날로 분화되어 진행되는 창조의 과정에서 매일 보시기에 좋았더라고 말씀하실 뿐만 아니라, "그 지으신 모든 것을 보시니 보시기에 심히 좋았더라"(창 1:31)고 창조를 마감하시고, 안식하시는 행위(창 2:2-3)에서 드러난 면면과 조화되지 않는다는 사실을 지적하지 않을 수 없다.

하나님께서 창조하신 세계는 허약이나 죄나 무질서나 위협이 존재하는 그런 불완전한 시·공간이 아니라, 왕이신 하나님의 통치에서 비롯되는 평화가 가득한 완전한 세계였다. 성적인 피조물로 창조된 인류가 생육하고 번성하여 땅을 충만하게 채우고 만물을 다스리는 그런 인간의 위상과 역할을 견지하여 언약에 머물렀다면, 하나님 나라가 자연스럽게 형성되는 것으로 너끈히 진행되었을 것이다. 창조주의 적극적인 기대에도 불구하고 피조물인 인간이 불순종하여 죄악이 관영한 세상으로 전환되고, 그리스도 예수를 통한 구속의 필요성이 대두됨으로써 비로소 그리스도 예수를 머리로 한 성전의 형성이 노정되었다. 죄악에도 불구하고 하나님이 창조한 세계에 대한 신실함을 포기하지 않고 그리스도 예수를 통한 구속의 경륜을 펼친 결과물이 바로 성전을 중심으로 한 이스라엘 민족, 성전 그 자체로 죄인 가운데 성육신하신 그리스도 예수, 십자가에 달려 죽으시고 부활하신 그리스도 예수를 머리로 한 성전으로서 교회이다. 마침내 그리스도 예수의 재림을 통하여 최종적으로 드러나는 성전으로서 우주, 즉 둘째이자 마지막 아담이신 그리스도 예수를 모퉁잇돌로 삼아 세워진 성전으로서 우주를 직면하게 되는 것이다. 이런 점에서 보면, 요한계시록 21-22장의 최종적인 완성은 창세기 1-2장에서 시작된 노정이 궁극적으로 드러난 것으로 보아야 한다. 하나님 나라는 창조로부터 그 모습을 드러내었으며, 구속을 통하여 완성되는 때에 그 실체가 구현되는 것은 매우 자연스러운 일이다.

2. 온 땅을 두루 감찰하는 여호와의 눈

타락 이후에는 마귀가 이 세상의 왕노릇한다고 생각할 수 있으나, 성경은 타락 이후에도 삼위 하나님의 눈은 온 땅을 두루 감찰하신다는 사실을 명확히 한다(대하 16:9). 마귀는 삼위 하나님께서 창조하신 우주의 소유주나 주재권자가 될 수 없는 존재라는 사실을 깊이 유념해야 한다. 다만 마귀와 그의 수하인 귀신들이 할 수 있는 일은, 인간을 미혹하여 창조 세계의 진정한 주가 되시는 삼위 하나님으로부터 소외되어 허무한 삶에 굴종함으로써 자신들과 동류가 되도록 하는 일에 제한되어 있을 뿐이다. 이는 시종일관 거짓을 일삼는 것은 마귀와 그의 수하에게는 스스로 내놓을 수 있는 진실이 있을 수 없기 때문이다. 마귀가 자신이 미혹한 자들 가운데서 왕노릇하기를 희망하지만, 그의 결국은 멸망일 뿐이다(계 19:19-20, 20:9-10). 니케아 신앙고백서가 고백하듯이 그리스도 예수의 나라는 영원하지만, 가짜로 왕노릇하려는 자의 결국은 멸망일 뿐임을 명심해야 한다.

삼위 하나님께서는 타락 이후에도 노아 홍수 사건에서 보여주듯이 창조 세계에 대한 창조주로서의 애정을 거두지 않으신다(창 7:2-3). 마귀에게 미혹되어 불순종하는 인류를 심판하는 과정에서 언약의 하나님께서는 자신이 창조한 다양한 백성을 보존하는 일에 온 마음을 다 쏟으시는 세심함을 보여주신다. 하나님께서 자신의 백성들 가운데서 물이 창일하는 동안 죽음에 넘겨져 멸절되는 운명에 처할 생명체들을 방주 안으로 모아들이시는 모습에서 그 사실이 드러난다. 하나님 나라의 신실한 백성인 노아와 그의 가족들뿐 아니라, 다양한 피조물에게도 관심을 기울이시는 하나님의 모습에서 언약에 신실하신 하나님의 면모를 보게 된다. 아브라함 카이퍼는 이 사실을 타락과 죄의 관영에 따르는 심판에도 불구하고 창조 질서(scheppingsordinantie)를 기필코 보존하려는 하나님의 강렬한 의중으로 보았다.

하나님께서는 노아, 아브라함과 이삭과 야곱, 사무엘과 다윗, 다니엘과 그의 세 친구, 에스더와 모르드게, 요한과 야고보, 베드로와 바울뿐만 아니라, 바로와 그의 나라, 느브갓네살과 그의 나라, 아하수에로와 그의 나라, 빌라도와 그의 나라, 네로와 그의 나라를 두루 살피시며 통치하시는 분이다. 여호와의 눈은 이스라엘에게 집중되어 있으나, 보편적으로는 모든 민족, 모든 나라에 미치고 있다. 하나님께서 통치하시고 보존하시는 과정에서 온 세상에 대하여 선악을 따라서 격려하기도 하고, 심판하기도 한다. 구원에 참여한 백성은 그에 적합한 방식으로 하시고, 그렇지 않은 백성은 그에 적합한 방식으로 구별되게 일하신다.

이런 전망에서 보면 하나님 나라, 즉 하나님의 통치(ruling)와 그 통치가 미치는 영역(realm)을 교회로만 한정하는 것은 불가능하다. 하나님께서는 세속화된 도시인 아테네에서 멀리 떠나 계시지 않으시며, 아테네의 시민 각 사람에게서도 멀리 떠나 계시지 않으신다. 오히려 각 사람이 하나님을 힘입어 살며 기동하고 존재한다고 말하는 것이 옳다. 하나님을 알지 못하는 백성을 허물하는 분으로만 서 있지 않으시고, 오히려 각 사람에게 생명과 호흡과 온갖 선물을 주시는 분이다. 이것이 아테네를 둘러보고 아레오바고에서 시민들을 만나 대화를 모색하는 바울의 관점이다(행 17:22-30). 아테네의 시민들이 궁극적으로는 심판에로 노정된 것이 사실이지만

(행 17:31), 그럼에도 불구하고 인간이 한 사회의 시민으로 살아가는 일에 소용되는 것은 창조주 하나님에게서 직접 제공되는 것으로 언급되고 있다.

인류의 모든 족속을 한 혈통으로 만드시고, 그들로 온 땅에 거주하게 하시며, 그 주거의 경계를 세우시고, 그 생존의 연수를 주관하시는 분으로서 삼위 하나님은 우주의 총체적인 통치자임이 분명하다(행 17:26). 이런 방식으로 하나님께서 다스리고 계시는 것이다. 하나님 나라가 특별한 대상으로서 교회와는 구별된 방식으로 실행되되, 보편적인 양상으로 모든 사람에게 미치고 있는 것이 현실이다. 교회뿐 아니라, 공공의 영역도 양보 불가한 하나님의 통치 영역이다. 광장에서도 하나님의 다스림이 구현되고 있다. 이런 방식으로 구현되는 하나님 나라와 교회를 통하여 실현되는 하나님 나라는 어떤 방식의 조합을 이룰 수 있을 것인지가 관심사가 되지 않을 수 없다. 적어도 바울이 아테네의 시민들을 만나면서 현상 유지를 보장하지는 않았기 때문이다(행 17:30-31)

3. 기존 사회에서 모색하는 교회의 다양한 양상

하나님 나라는 교회와 광장이 포괄되는 표현이기는 하지만, 두 영역 사이는 단순하게 동일화할 수 없는 차이도 존재한다. 이 차이를 구별하여 수용하지 않는다면, 특별계시와 일반계시의 구별이 사실상 사라지면서 성경의 지평에서 멀어지게 될 것이기에 조심스러운 접근이 필요하다. 하나님 나라 논의를 시작하면서 "아우토 바실레이아"를 논점으로 끌어냈었는데, 그 지점으로 다시 돌아가려고 한다. 이런 고민의 일단을 끌어안고 씨름했던 스텐리 하우워스(Stanley Hauerwas, 1940-)의 제안처럼 교회는 먼저 교회다운 교회가 되어야 하고, 이럼으로써 파생적으로 세상이 죄로 인하여 왜곡된 질서에 빠져 있다는 사실을 깨닫게 하여야 한다. 교회가 교회다워야 하는 일은 일보의 양보도 없이 추구되어야 하지만, 그렇다면 교회가 세상과의 관계에서 어느 지점에 설 것인지, 세상과는 어떤 관계를 맺을 것인지, 그 관계성의 질은 무엇이어야 하는지와 관련해서 더 집중적인 논의가 필요하다.

소극적인 의미

교회가 세상과의 관계 설정에 있어서 아예 세상을 등져야 한다는 주장도 있다. 하나님 나라는 그리스도 예수를 머리로 하는 공동체 안에서만 배타적으로 구현된다고 믿었고, 이에 반하여 세상은 어둠 그 자체요, 전적으로 마귀의 미혹 아래 있는 것으로 간주하였다. 이런 입장을 견지했던 대표적인 공동체가 재세례파였는데, 이들은 세상의 질서와 아무런 관계를 맺지 않았고, 교회 밖 세상의 질서에 대하여 적극적으로 부정하는 입장을 견지하였다. 국가를 받아들이지 않았기 때문에 국가의 통솔력 아래서 시행되는 교육, 병역, 사회제도, 문화와 같은 것을 공유하지 않았으며, 자기들의 공동체 내규를 따라서 고유한 삶을 영위하였다.

역사적으로 이런 전망이 미국을 기반으로 한 아미쉬 공동체 (Amish Country) 안에서 계승되었다. 20세기에 들어서면서 메노나이트 공동체라고도 불리는 이 공동체의 핵심적인 리더인 존 하워드 요더(John Howard Yoder, 1927-1997)를 통하여 다시 시선을 끌게 되었다. 그는 세상을 반역 상태에 있는 구조화된 피조물적인 질서[81]로 파악함으로써 교회가 세상을 등지는 것이 마땅하며, 세상에서는 전혀 발견할 수 없고 교회에서만 구현되어야 할 삶의 실재가 있다고 주장하였다.[82] 요더가 지향하는 이런 방향성은 교회공동체를 하나님 나라의 영역(realm)으로 한정하고 그곳에만 하나님의 통치(ruling)가 미친다고 여기는 재세례파적인 전통을 상속한 것이다. 자연스럽게 교회와 세상은 분리되고, 교회는 은혜의 대상으로 세상은 심판의 대상으로 고착화되고 만다. 이렇게 되면 하나님 나라는 자연스럽게 교회론적인 차원으로 후퇴할 수밖에 없게 된다.

네덜란드에서도 이런 긴장이 유발된 일이 있었다. 독일의 에어랑엔대학교 신학부에서 신학박사 학위를 취득하는 과정에서 카를 바르트의 기독론 중심주의에 영향을 받은 클라스 스킬더(Klaas Schilder, 1890-1952)는 『그리스도와 문화』(*Christus en Cultuur*)라는 책[83]을 저술하면서 일반계시와 일반은총의 가능성을 죄와 그 죄

---

81 John H. Yoder, *The Royal Priesthood: Essays Ecclesiological and Ecumenical* (Scottsdale: Herald Press, 1998), 56, 62.

82 John H. Yoder, *The Politics of Jesus* (Grand Rapids: Eerdmans Publishing Company, 1972)에서 이런 정체성에 대한 심도 있는 논의가 이루어졌다.

83 클라스 스킬더, 『그리스도와 문화』 (지평서원, 2017).

에 대한 심판에서만 찾는 극단적인 입장을 드러냈다. 따라서 세상은 홍등가에서 몸을 팔려는 창기와 같은 이미지를 가진 곳으로 묘사되었다. 그에게 세상은 어둠 그 자체이고, 어둠의 세력이 그 위세를 떨치는 곳으로 상정된 것이다. 반면에 교회는 빛이 머무는 유일한 영역이요, 하나님의 통치가 통전적으로 미치는 곳으로 여겼다.

이런 전제를 가지고, 세상 가운데서 하나님 나라를 이루는 방식은 교회의 구성원으로 학교, 가정, 사업장을 만들고, 이들이 공유할 수 있는 기독교적인 문화를 형성하는 느슨한 형태의 연대와 공동의 삶을 도모하는 것이라고 권면하였다. 아미쉬 공동체가 추구하는 것보다는 조금 순화된 형태이기는 하지만, 교회의 구성원만으로 사회를 이루고, 그 교회의 지체들의 연대를 통하여 기독교사회를 추구한다는 점에서 본질적으로 다르지 않다고 말할 수 있다. 리차드 마우(Richard Mouw)가 지적했듯이,[84] 이 세상과의 관계에서 어떤 형태의 적극적인 연대도 꾀하지 않기 때문에 이 입장은 재세례파적인 위기를 20세기 버전으로 순화한 것에 지나지 않는다고 평가할 수 있다.

이 운동은 네덜란드에서 부르더벡에 위치한 캄펀신학교(Bruderweg Kampen Theological Seminary)와 해방교단(the Vrijgemaakte) 혹은 31

---

[84] R. J. Mouw, "Klaas Schilder as Public Theologian," in *Calvin Theological Journal* 38 (2003): 281-298.

개조교단을 중심으로 확산되었고, 남아공화국에서는 포체프스트롬대학교(Potchefstroom University for Christian Higher Education) 와 교단을 중심으로 그 영향이 미쳤다. 미국에서는 헤르만 혹스마(Herman Hoeksema, 1886-1965)를 중심으로 1925년에 형성된 프로테스탄트개혁신학교(Protestant Reformed Theological Seminary)를 중심으로 한 교단(Protestant Reformed Church in America)에서 그 영향이 드러났다. 이 교단은 역사적으로 화란 이주민을 중심으로 형성되어 칼빈신학교(Calvin Theological Seminary)를 운영하는 기독교개혁교단(Christian Reformed Church)으로부터 일반은총 교리의 세 중심을 받아들이지 않는다는 이유로 1924년에 분리되었다. 한국에서는 스킬더의 영향을 적극적으로 수용하는 신학 교육 기관인 고신대학교와 신학대학원, 교단으로는 고신교단을 중심으로 이런 영향력이 관찰된다. 한국에서 주로 다양한 형태의 기독교학교를 세우고 기독교적인 세계관에 기초한 교육을 실행하는데 스킬더의 신학적 안목과 내용을 반영한다.

중도적인 의미

미국의 필라델피아 웨스트민스터신학교(Westminster Theological Seminary)에서 변증학을 가르쳤던 코넬리우스 반틸(Cornelius Van Til, 1895-1987)은 세계가 다 하나님께 속한다는 사실에 원천적인 동의를 표명하면서, 교회만이 온전한 지식의 소유자이고 따라서 교회의 구성원만이 진정한 의미의 신 중심적인 삶을 영위할 수 있다는 사실을 힘주어 강조한다. 반틸은 교회 밖의 세상은 비록 하나님의 통치의 대상이기는 하지만, 하나님과의 관계에서 원수되는 일을 꾀하는 영역으로 규정한다. 그러나 요더나 스킬더와는 달리 세상을 심판의 대상으로 소외하여 배제하기보다는 변혁의 대상으로 규정한다. 교회의 역할은 하나님의 백성의 공동체로서 불순종하는 세상에 대하여 하나님의 뜻을 공개적으로 알리고, 그 뜻을 따라서 세상을 변혁해야 한다는 것이다.

그는 변혁의 대상으로서 세상은 인본주의적인 세계관과 그 전제에 지배되고 있기 때문에 세상에서 이루어지는 어떤 일도 하나님과의 관계 안으로 가지고 들어올 것이 없다고 믿는다. 일반계시와 관련해서도 인간의 지식보다는 인간의 의지가 더욱 타락했다는 사실을 전제하면서, 일반계시 덕분에 인간이 하나님의 존재와 인격을 심미적으로 직면할 수 있으나, 의지가 타락하였기에 인식론적인 기반에서 인식한 신적 존재에 대하여 순종하는 자리에 설 수 없다고 강조한다. 이런 반틸의 전망에서는 인간은 자신의 불순종을 변명하고 평계를 댈만한 기초를 상실하게 되어 영락없는 죄인의 신세로 전락하고, 하나님의 진노의 대상으로 전락할 수밖에 없다는 결론에 이르게 된다.

이런 인식을 공유하는 교회는 세상을 대화와 교제의 대상이 아니라 다만 변혁해야 하는 대상으로 여길 수밖에 없게 된다. 개종적인 선교가 우선적인 가치가 되고, 그것에 상응하는 사회를 형성하는 일에 전방위적으로 나서게 되는 것이다. 정치, 경제, 사회, 문화, 교육, 여가의 모든 영역에서 변혁이 일어나야 하는데, 특별히 기독론적인 토대에서 이루어져야 한다고 믿는다. 이런 전통은 청교도적인 비전을 가지고 뉴잉글랜드로 들어온 선구자들의 정서가 반영되었거나 그런 비전의 잔상이 작동하여 형성되었을 것이다. 이런 주장은 소위 고지론과 결합하면서 사회의 최상위층으로 그리스도인들이 진입하여 기독교적인 정체성을 기반으로 한 사회를 구성하려는 엘리트 기독교 운동으로 발전되기도 하였다.

여기서 유념하여야 하는 것은 이런 반틸적인 제안이 성경을 전반적으로 잘 반영하고 있는가 하는 것이다. 성경적인 신학은 성경의 진술이 전반적으로 편향되지 않도록 고르게 반영되고 진술되어 순전한 형태를 띠게 된다. 바울이 아테네 거주민을 만나 아레오바고에서 행한 연설의 내용을 고려할 때, 일반계시와 일반은총에 의해서 형성되는 삶의 영역에서 특별계시에 기반하여 형성되는 삶의 가치와 교집합을 이룰 수 있는 부분이 정말 하나도 없는 것인가에 대하여, 지나치게 부정적 입장을 견지하는 반틸의 전제주의적 관점은 지나친 국면이 있다고 말할 수 있을 것이다. 반틸의 관점은 철학뿐 아니라 과학의 영역에서도 상식실재론적인 전망에서 그리스도인이나 비그리스도인이 공유할 수 있는 공유지점이 있다는 사실과 하나님의 통치가 특별계시의 영역에서뿐 아니라, 일반계시의 영역에서도 일어날 수 있다는 사실에 비추어 아쉬

운 점을 남겼다고 말할 수 있다.[85]

　반틸리언적인 입장에서 자신의 삶을 모색하려는 움직임을 여전히 견지하는 신학교육기관은 상식실재론적인 입장에 근거하여 과학과 신학 사이의 연속성을 붙잡고 가려고 했던 프린스턴신학대학교에서부터 분리되어 1929년에 형성된 필라델피아의 웨스트민스터신학교(Westminster Theological Seminary)가 있다. 네덜란드 개혁교회에서는 아뻴도른에 위치한 아뻴도른신학교(Apeldoorn Theological University)와 그 신학교를 근간으로 이루어진 교단(Christelijke Gereformeerde Kerken)을 꼽을 수 있을 것이다. 한국에서는 총신대학교, 신학대학원과 그 교단, 그리고 합동신학교와 그 교단이 이런 관점을 적극적으로 수용하여 신학을 형성하고 그에 기반한 기독교적인 삶을 모색하려는 경향을 드러낸다고 말할 수 있을 것이다.

　이 입장은 다소간 반과학적인 경향이 그 내면에 있으며, 교회를 중심으로 한 하나님 나라 형성에 집중하는 양상을 드러낸다고 말할 수 있다. 복음을 전파하고, 그 결과로서 교회를 형성하여 목회를 꾀하는 일에 주력한다. 교회 밖 세상에 대하여는 선지자적 비관주의(prophetic pessimism)를 취하는데, 변혁적인 목소리를 냄으로써 세상의 죄악을 드러내고 변화를 도모하는 선지자적인 목소

85　반틸의 이런 입장이 지닌 문제점을 학문적으로 확인하기 위해서는 헤르만 바빙크의 후기 작품인 『계시철학』을 읽어보라.

리를 외치지만 궁극적으로는 변화되지 않는다는 인식을 가진 입장이라고 말할 수 있다. 특별계시에 기반하여 형성된 교회와 일반계시에 기반하여 형성되는 세상 사이의 질적 차이를 중요하게 고려하며, 교집합보다는 반립적인 구조를 견지하면서 교회 중심적인 하나님 나라를 추구하는 경향을 드러낸다.

최근 들어 미국의 서부 에스콘디도에 위치한 웨스트민스터신학교를 중심으로 활동하는 데이빗 반 두루넨(David M. Van Drunen)은 『하나님의 두 나라 국민으로 살아가기』라는 책[86]에서 반틸의 변혁적인 관점을 조금 완화하여 하나님 나라를 두 영역으로 구별하는 작업을 전개하였다. 교회는 하나님 나라여서 하나님 나라의 법인 규범적인 율법에 기초한 삶을 모색해야 하는 곳인 반면에, 세상은 세상이 요구하는 기준을 따라서 살아야 하는 두 구별된 영역이라는 것이다. 이렇게 되면 하나님 나라는 교회론으로 제한되고, 세상에서의 삶은 세상의 기준에 따른다는 사실을 받아들임으로써 교회와 세상을 구별하여 두 다른 삶의 원리를 적용할 수 있는 것으로 규정하게 되는 것이다. 이런 관점은 번역작업을 통하여 한국 교회로 유입되고 있는데, 보수적인 한국장로교회의 기존의 삶의 형태를 학문적으로 정당화하는 기묘한 조합을 만들어내고 있다.

반 두루넨의 작업에서 문제가 되는 것은 교회공동체의 통치자

---

86 데이빗 반 두루넨, 『하나님의 두 나라 국민으로 살아가기』 (부흥과개혁사, 2012).

이자 세상의 통치자이신 하나님이 각각의 영역에 대하여 다른 기준과 다른 토대에 기반하여 통치하시는 것으로 여기게 되는 것이다. 이런 경향은 개혁교회의 입장보다는 루터의 두 왕국론에 더 가깝다는 점에서, 자신의 입장이 개혁신학에 뿌리를 내리고 있다고 주장한다면 신학적으로 논란의 여지가 있다. 칼빈은 교회공동체의 삶의 규범으로서 율법과 제네바 시민사회의 삶의 법으로서 시민법 사이에는 연속성이 있는 것으로 보았다. 따라서 교회의 삶의 규범으로서 율법의 정신이 시민사회에서도 그대로 반영되어 실행되어야 한다고 믿었고, 그런 관점으로 목양과 시민사회의 지도자들을 이끌었던 것이다. 두 왕국론의 비극적이고 극단적인 적용이 히틀러의 정책에 동의를 표했던 93인의 독일 기독교 지도자들의 행위에서 적나라하게 드러났는데, 교회에서는 하나님의 법을 따르고 세상에서는 세상의 법을 따라야 한다는 두 왕국론의 신학적 인식에 따라 가능했던 것이다.

적극적인 의미

그런가 하면, 아브라함 카이퍼(Abraham Kuyper, 1837-1920)는 교회의 고유한 자산인 특별계시의 우선성을 견지하면서도, 교회가 세상에 잔존하는 일반계시의 적극적인 가능성에 대하여 수용적인 입장을 취하면서 공론의 장을 이룰 수 있다는 입장을 견지하였다. 카이퍼는 그와 논쟁했던 스킬더나 그의 입장을 거론하면서 불연속성만을 강조하여 받아들인 반틸에 비하여 일반계시와 일반은총의 가능성과 역할을 긍정적으로 파악하고, 그 안에 잔존하는 적극적이고 생산적인 면모를 끌어내는 일이 중요하다고 생각했던 것이다. 최근 카이퍼를 새롭게 읽으려 시도하는 반 두루넌에 대하여서도, 교회를 통치하시는 분과 세상을 통치하시는 분이 동일하신 하나님이라는 사실에 견고하게 서서, 교회를 통하여 구현하시는 통치와 세상을 통하여 구현하시려는 통치에서도 교집합을 이루는 지점이 있을 수 있다는 것을 적극적으로 말해야 한다는 입장을 견지한다.

카이퍼는 반 두루넌에 비하여 두 영역에서 이루어지는 통치가 전적으로 반립한다기보다는 부분적으로 교집합이 만들어질 수 있다고 보았다. 일반계시와 특별계시 사이에 불연속성 뿐 아니라 연속성도 존재한다는 사실을 성경을 기반으로 읽었다. 사실, 카이퍼가 활동하던 시대의 네덜란드는 다문화사회였고 다종교사회였다. 그런 상황에서 기독교적인 정체성을 유지하되, 상호 대화를 꾀할 수 있다고 본 것은 일반계시에 근거한 공공의 선을 구현할 수 있다고 보았기 때문이다. 달리 말하여 일반계시에 기반하여 활동하는 성령이 다문화적이고 다종교적인 사회에서 기독교와 공유할 수 있는 공동의 선을 제공하고 앙양하실 수 있다고 보았다. 그는 세 권으로 구성된 『일반은총』이라는 대작을 쓰고, 이 작품의 시민사회 적용을 위한 설계라고 할 수 있는 『정치강령』을 출판할 수 있었다.[87]

---

87   A. Kuyper, *De Gemeene Gratie I*, (Leiden: D. Donner, 1902).
     A. Kuyper, *De Gemeene Gratie II*, (Amsterdam/Pretoria: Hoveker & Wormser, 1903).

물론 교회와 세상 사이의 이런 교집합을 이루는 과정에서 교회가 행하는 독특한 봉사와 섬김이 본질적으로 수반되어야만 한다. 카이퍼 당시에 로마가톨릭교회를 기반으로 형성되었던 프랑스 사회가 시민혁명을 통하여 자유와 평등과 박해라는 구호 아래서 이성에 기반한 자율적인 사회로 재편되고 세속화되어갔는데, 이웃나라인 네덜란드에서 그 과정을 고스란히 목도하던 카이퍼는 그런 흐름이 이탈리아를 집어삼키고 네덜란드 사회를 집어삼키는 데까지 이르면 안 된다는 강렬한 의지를 갖게 되었다. 그러나 그는 로마가톨릭교회의 자연과 은총의 위계적인 방식으로 세속화를 방어하는 일에 동의할 수 없었을 뿐 아니라, 루터식의 두 왕국론적인 전망으로 세속화가 충분히 방어될 수 없다는 사실을 직감했고, 개혁교회적인 토대를 놓기로 작정했던 것이다. 그는 이 작업을 개혁신학에 뿌리를 내린 기독교대학교를 세우고, 그곳에서 교육을 받고 기독교적인 세계관을 구비한 인재들을 양성하여 교회뿐만 아니라 정치, 경제, 사회, 문화, 교육의 전반에 파고들어 그 각각의 영역을 하나님께 직접 봉헌하는 일이 필요하다고 보았다.

이런 점에서 보면, 카이퍼는 그리스도 예수 안에서 드러난 하나님의 계시의 고유한 가치에 깊이 동의한 사람이며, 그런 점에서 교회의 중요성을 깊이 인식했던 인물이었다. 그러나 그가 짧은 목회 경험에서 교회를 통하여 이 작업을 수행하는 것은 한계가 있다

A. Kuyper, *De Gemeene Gratie III*, (Amsterdam/Pretoria: Hoveker & Wormser, 1904).
아브라함 카이퍼, 『정치강령』 (새물결플러스, 2018).

하나님 나라와 광장신학

고 보았고, 기독교대학을 세워서 기독교적인 인재를 양성하는 방식으로 세속화에 직면하고 도전할 필요가 있다고 생각했던 것이다. 정치, 경제, 사회, 문화, 교육 전반에 대한 구체적인 논의를 형성할 장(場)은 교회보다는 대학교라고 판단했던 것이다. 그러나 기독교대학을 세운다고 해서 단순한 신앙주의적인 입장에만 머물렀던 것이 아니다. 기독교대학이기에 신앙은 기본적으로 전제되어야 하고, 그뿐만 아니라 학문적인 수위성을 확보해야만 한다는 사실에 마음을 기울였다.

카이퍼의 뒤를 이어서 자유대학교에서 교의신학을 강의했던 헤르만 바빙크의 학문 활동의 유기적인 변화에서 확인되듯이, 자유대학교는 교단의 목회자를 양성하는 신학교의 기능을 훨씬 넘어서서 다차원적인 기능을 수행하는 고등교육기관이었다. 캄펀에 소재한 동교단의 신학교에서 목회자 양성 활동을 하던 바빙크는 『개혁교의학』이라는 걸작(opus magnum)을 출간하였으며, 이후 기독교대학인 자유대학교(De Vrije Universiteit Amsterdam)로 옮기면서 학문 활동의 범주를 특별계시 영역은 물론 일반계시 영역으로 적극적으로 확장하였다. 또한 그는 동일한 과제 앞에 서 있던 프린스턴대학교 스톤 강좌에 초대받아 행했던 강연집인 『계시철학』에서 명확하게 일반 학문조차도 하나님의 학문으로 파악할 수 있는 학문적인 근거를 형성하는 일에 매진한 면모를 드러내었다. 이런 변화는 카이퍼가 자유대학교를 세울 때 필연적으로 직면할 미래를 바빙크가 정확히 읽어내고 반응하는 모습이었다.

그리스도 예수가 교회의 머리이실 뿐만 아니라 우주의 주님이시라는 사실을 인지한 상태에서 학문의 전당인 기독교대학에 들어온 학생들은 학문의 영역에서 하나님의 진리를 찾는 일에 전심전력을 다했을 것이다. 신학부에서의 연구행위의 결과는 목회의 현장으로 자연스럽게 연계되었을 것이고, 다른 학문 분과의 졸업생들은 자연스럽게 세속사회로 진출하여 자신이 속한 영역에서 그 영향력을 발휘하게 되었을 것이다. 카이퍼나 바빙크는 교회와 세상 사이에서 노정되어야 할 필연적인 대립뿐 아니라, 상호 공존할 수 있는 협력의 장을 찾는 일에도 관심을 기울였던 것이다. 학문 활동을 통하여 발견한 진리와 그리스도인이나 비그리스도인이나 신앙의 유무를 떠나서 공유할 수 있는 공동의 진리를 매우 중요하게 평가하였다. 그런 영역에서 공존의 여백을 만들어가는 일이 매우 중요하다는 인식을 가졌던 인물이 바로 카이퍼이고 바빙크였다. 그 가능성의 기반이 바로 일반계시와 이에 상응하는 방식으로 작동하는 일반은총이다.

카이퍼는 창조 질서에 소구함으로써 그 가능성을 찾았고, 바빙크는 계시하시는 하나님의 존재에 소구함으로써 공존의 장을 확보하려고 하였다. 창조 질서도 존재하시는 하나님의 창조 행위에서 비롯되는 질서일 뿐 아니라, 섭리하시는 하나님의 직접적인 활동에 수반되는 질서라는 점에서, 바빙크가 제안하는 계시하시는 하나님의 존재와 카이퍼가 제안하는 하나님의 존재는 다르지 않은 내용을 담고 있다. 바빙크가 자신의 프린스턴대학교 스톤 강연에서 밝혔듯이 우주와 그 가운데서 일어나는 일체의 일은 존재하시는 하나님의 활동, 즉 계시 활동과 별개로 일어날 수 없다는 아주 명확한 입장을 견지하는 것이 옳다. 바빙크는 구속의 중보자로서 그리스도 예수 안에서 드러난 구원의 계시, 그 특별한 계시 활동의 결과로서 형성된 교회뿐 아니라 창조의 중보자로서 그리스도 예수로 말미암아 존재하는 우주, 그리고 그 가운데 실존하는 만물의 존재와 활동에서도 하나님의 계시적 활동이 뚜렷하게 드러난다는 일반계시적인 입장을 명확히 하였고, 이런 점에서 반립(antithesis)뿐 아니라 공존의 가능성(synthesis)을 함께 노정했다고 말해야 할 것이다.

특별히 카이퍼는 그리스도 예수의 구속에서 비롯되는 결과물뿐 아니라, 창조 질서가 반영된 비그리스도인의 활동의 결과물도 미래 하나님 나라에로 통합될 수 있다는 입장이다. 따라서 그는 일반계시와 이에 수반하는 일반은총의 가능성을 매우 적극적으로 읽었다. 바빙크도 그리스도 예수 안에서 드러난 은혜가 창조와 함께 나타난 자연을 부정하거나 멸시하거나 소멸하지 않고, 오히려 긍정하고 존중하여 회복함으로써 완성한다는 입장을 견지한다는 점에서, 일반계시와 특별계시 사이에 반립적인 요소뿐 아니라 점진적인 통합의 요소까지도 적극적으로 고려했다고 말할 수 있다. 이런 점에서 그리스도인은 비그리스도인과 공존의 영역을 확보하고 공공의 장에서, 혹은 광장에서 상호 협력함으로써 드러낼 하나님 나라의 가치와 실재가 무엇인지 깊이 고민해야 하는 것이다.

4. 하나님 나라의 보편적인 지평을 품은 공동체로서의 교회

하나님 나라에 대한 이런 전망을 포괄적으로 읽고 구체적으로 활동할 수 있는 결정적인 공동체는 교회이다. 교회는 이런 점에서 세상과는 다른 전망을 가진 특별한 공동체다. 지금까지 고민하면서 설명해 온 이런 전망은 성경적인 서사에 기초해 있다. 성경에 기반하여 하나님의 존재와 활동을 면밀하게 묵상하고 살핀 결과가 바로 이 전망이다. 이런 전망은 성경에서만 찾을 수 있다. 그뿐만 아니라 이런 전망을 소유한 주체가 그리스도인이고, 그리고 그리스도인의 모임인 교회공동체다. 교회공동체가 지닌 이 전망은 세상에는 알려지지 않은 신적 비밀이고, 교회는 신적 비밀에 참여한 대체 불가한 특별한 공동체다. 교회는 세상보다 더 분명한 지식을 소유하고, 세상보다 더 넓은 전망을 지니기 때문에, 자신을 부르시는 하나님의 소명에 부응해야만 한다.

교회는 세상으로부터 불러냄을 받은 자들의 공동체이지만, 다시 세상으로 파송되어야 할 존재임을 명심해야 한다. 종말론적인 공동체로서 교회는 이 세대에 속하지 않은 채 세상에 존재할 수밖에 없는 운명이다. 교회는 자기 자신에게 함몰되어서는 안 된다. 하나님 나라는 교회를 통하여도 그 모습을 드러내지만, 교회 밖에서도 그 실체를 드러내기 때문이다. 카이퍼가 좋은 전망을 제안했듯이, 교회의 구성원은 회집하는 방식으로 존재하기도 하고, 흩어지는 모습으로 존재하기도 한다. 월요일부터 토요일까지 흩어져 삶의 각 영역에로 파송되어 그곳에서 하나님 나라의 백성으로서 자신의 소임을 다하는 삶을 살아가게 된다. 이것이 카이퍼가 자연과 은총의 위계를 말하는 로마가톨릭교회나 교회와 세상을 다른두 왕국으로 설정하는 루터교회가 아닌, 은총은 자연을 회복하여완성한다는 개혁교회의 비전을 자유대학교 설립의 토대로 삼은이유다. 교회의 구성원은 시민사회의 각 영역에 들어가 거기서 하나님의 나라를 드러내야 한다.

그리스도인은 이 과정에서 세속사회의 가치관을 가진 사람들에둘러싸이게 되고, 그들의 이야기와 삶의 형태에 대하여 듣게 되고, 그들이 이룬 세속적 성취와 즐거움을 엿보게 되면서 하나님 나라백성의 정체성이 느슨해지는 상황에 처할 수 있다. 다행스러운 것은 이런 경험과 고민을 가지고 주일이면 다시 회집하는 공동체 안으로 되돌아온다는 것이다. 자신이 활동하는 영역에서 제기된 구체적인 고민을 가지고, 기도하는 마음으로, 하나님께서 제공하실지혜에 대한 기대와 함께 회집하게 되는 것이다. 예배를 통하여, 그리고 하나님 나라의 지체들과의 사귐을 통하여, 하나님께서 자기백성을 만나주시고 위로와 격려와 함께 문제를 풀어갈 지혜를 제공하신다. 정체성이 새로워지고, 다시 세상으로 나갈 만반의 준비가이루어진다. 이것이 다양한 삶의 영역 사이에서 교회가 구별되게존재해야 하는 필연적인 이유다. 누군가의 오해처럼 카이퍼는 교회를 등한시하지 않았다. 오히려 그는 철저한 교회의 사람이었다.

이런 사실을 전제하면서 세속사회로 진입할 때 관건이 되는 것은 바로 교회와 그 구성원의 태도다. 네덜란드 시민사회를 끌어안고 고민했던 카이퍼와 유사한 상황에 처했던 사도가 베드로다. 그도 시민사회에서 교회가 기대했던 종말이 지연된다는 사실에 대한 안팎의 비난을 받는 상황에서, 어떻게 교회의 실존을 형성해 나가야 하는지 고민했었기 때문이다. 베드로전서 2장과 3장을 읽으면서 확인하듯이 베드로는 거듭난 양심, 즉 기독교적인 선한 양심을 가진 자들은 그 정체성에서 수반되는 하나님의 덕을 가지고 기존 사회와 접촉해야 한다고 권면했다. 그리스도인들이 기존 사회와의 관계에서 단순한 반립에 기반하여 행동하는 지점에 머물러 있기보다는, 기존의 사회가 견지하는 양심의 한계를 인정하면서도 그것을 품어 공동의 선을 모색해야 하기 때문이다. 이것이 겉과 속이 다른 삶을 꾀하는 것으로 비쳐질 수는 없다. 오히려 베드로가 권면했듯이 그리스도 예수가 세상을 섬기는 방식과 동일한 방식이라고 보아야 한다(벧전 2:18-25). 이것은 세상을 봉사와 섬김으로 포용하시려는 성육신의 모델이다.

　바울이 "율법이 육신으로 말미암아 연약하여 할 수 없는 그것을 하나님은 하시나니 곧 죄로 말미암아 자기 아들을 죄 있는 육신의 모양으로 보내어 육신에 죄를 정하사 육신을 따르지 않고 그 영을 따라 행하는 우리에게 율법의 요구가 이루어지게 하려 하심이니라"(롬 8:3-4)고 언급하였을 때, 하나님이 세상을 만나시는 방식이 가장 잘 표현되었다고 생각된다. "하나님께서 자기 아들을 죄 있는 육신의 모양으로 보내어 그 육신에 죄를 정하였듯이" 교회도 동일한 방식으로 세상에 접근할 필요가 있다. 여기서 중요한 사실은 하나님의 이런 접근에도 불구하고 모든 사람이 구원에 이르지 않는다는 점이다. 공감을 꾀하고 공동의 선을 지향하는 것이 필연적으로 구원론적인 적용으로 곧바로 진행되지 않는다는 점이다. 예루살렘 성을 바라보시면서 "내가 너희를 품으려 함이 몇 번이더냐" 되뇌면서 눈물을 흘리시는 예수의 모습에서, 교회의 자화상을 그려야 하지 않을까 싶다. 여기에 세상의 비밀을 담지한 교회공동체의 고유한 슬픔과 고통이 있다.

이것은 지배하지 못해서 비롯되는 슬픔과 고통이 아니라, 끝내 구원의 신비에는 참여하지 못하는 형제와 자매들을 바라보는 데서 비롯되는 것이다. 한국 교회가 성장일로에 있을 때 교회의 한쪽에서는 고지론이라는 것이 유행했다. 그리스도인이 비그리스도인보다 더 열심히 노력해서 탁월한 성취를 이루고, 그것에 기반하여 사회의 핵심부에 진입하고, 그 영역을 장악하여 각 영역의 주류로 자리를 잡음으로써 기세등등한 사회의 리더로서 살아야 한다는 그런 움직임이었다. 힘에 기반하여 사회에 참여해야 하고, 기회와 힘을 선점한 후에 기독교적인 세계관을 펼침으로써 하나님 나라를 구현해야 한다는 그런 관점이 젊은이들을 중심으로 받아들여졌다. 은사에 따르는 수월성을 발견하고 계발하는 것이야 자연스러운 것이지만, 이것을 넘어서는 동기에 이미 세속성이 깊이 내재되어 있다는 점에서 슬픈 일이었다.

실제로 한국 사회의 파워엘리트층을 구성하는 인적 구성원들 가운데 기독교인의 비율이 낮지 않다. 2005년 조사에 따르면 한국 사회 파워엘리트 삼만 명 가운데 기독교인이 40.5%, 2008년 조사에 따르면 48%에 이른다.[88] 여기에 포함된 모든 그리스도인이 유무형의 고지론에 직접적인 영향을 받았는지는 모르겠으나, 일부는 한국 사회가 보여주는 세속성이 깊이 묻어나고 있다는 사실을 부인하기 어렵고, 최소한 이들을 통하여 기독교적인 삶의 정체성인 하나님의 아름다운 덕, 하나님의 탁월한 덕이 반영되지 않는다고 말할 수 있을 것이다. 기독교인 중에 자신을 계발하는 일에 최선을 다하고, 그리하여 사회에 진출하기는 하였으나, 그 과정에 이미 깊숙이 세속성에 젖어 들었을 개연성이 큰 것은, 고지론과 짝을 이룬 것이 자본주의적인 성취의 정신이기 때문이다.

　특별히 사회의식이 빈곤한 보수적인 교회가 전도를 빌미로 개교회의 성장을 모색하는 과정에서, 하나님 나라는 교회로 축소되고, 세상에 대하여는 눈을 감아버리게 되는데, 일부 청년 그리스도인은 교회에서는 하나님 나라의 정체성을 따라 자신의 삶을 구성하려고 노력하지만, 세상에서는 세속적인 질서를 따라서 자신의 삶을 구성하는 입장을 내면화했을 수도 있다. 교회와 그리스도인은 하나님 나라의 보편적인 전망을 충분히 고려하면서 자기를 돌아보아 새롭게 삶을 모색해야한다. 이 점에서 자신을 반성하고 새

88　김진호, 『권력과 교회』 (창비, 2018), 5-6.

롭게 노정하는 일이 일어나야, 정체기에 접어든 한국 교회의 미래가 긍정적으로 열릴 수 있을 것이다.

나가며

현재 한국 사회에서 교회가 광장에 서 있는지, 공공의 영역에서 공존을 모색하며 하나님의 뜻을 찾고 있는지 스스로 돌아보며 질문하는 일이 중요한 과제가 되었다. 교회는 교회로 후퇴해서는 안 되며, 광장에 서야 한다. 물론 교회는 교회답게 종말론적인 공동체로서 자기 정체성을 명확히 해야 하는 일에 우선해야 한다. 그러나 교회는 동시에 광장에 서 있어야 한다. 그것이 교회와 하나님 나라 백성이 걸어야 할 길이다. 주의할 것은 교회가 광장에 나와서 세상을 만나되, 자신이 직면하는 세상을 어떤 관점으로 바라보는 것이 성경에 기반한 것인지에 관심을 기울여야 한다. 교회는 세상을 전적인 어둠으로 파악할 것인지, 선지자적인 비관주의를 마음에 품고 대해야 할 변혁의 대상일 뿐인지, 아니면 어둠인 것도 사실이고 변혁의 대상인 것도 사실이지만, 그럼에도 불구하고 동일하신 하나님의 섭리 활동에 기반하여 보존되는 창조 질서를 발견할 여지를 지닌 대상인지 살펴보아야 한다.

이 땅의 그리스도인은 성실한 교회의 지체로서 하나님 나라 백성이자 세속화된 한국 사회의 구성원으로서 그 사회를 구성하는 다양한 영역의 일원으로 동료들과의 관계에서 공존을 꾀하며 살아가야 한다. 나아가 전략적으로 자신이 속한 그 영역에서 하나님의 통치가 구현되도록 마음을 쏟아야 하는 하나님 나라의 백성의 신분을 잊지 않아야 한다. 교회에서든, 사회에서든 그리스도인은 하나님의 진리를 찾는 일에 마음을 다 쏟아야 하고, 그 진리에 근거한 삶에서도 성실해야 한다. 이 땅의 그리스도인은 삼위 하나님께서 교회와 공공의 영역에서 동일하게 왕이심을 확증하는 삶의 지혜를 모색해야 한다.

8장

계몽주의적인 유토피아니즘을 넘어서는 하나님 나라

하나님 나라 신학, 특별히 공공신학이나 광장신학을 말할 때 다시 계몽주의적인 유토피아니즘으로 돌아가는 것이 아닐까 하는 우려가 있을 수 있다. 그러나 계몽주의적인 유토피아니즘은 이미 역사 내에서 심판을 받았다고 보는 것이 옳다. 오히려 이 질문의 반대쪽에 도사리고 있는 지독한 교회중심주의를 직시하는 일이 더 필요할 것이다. 특별계시에 근거하여 그 실체를 드러내는 교회공동체는 순전한 의미의 계몽주의로 회귀할 수는 없다. 오히려 교회공동체가 계몽주의적인 유토피아니즘에 세례를 주어 재해석하는 일이 더욱 필요할 것이다. 이것이 성경과 역사에서 교훈을 찾아가는 교회의 자연스러운 삶이기 때문이다. 달리 표현하자면, 교회가 일반계시적인 전망으로 해소되는 것을 극복하면서, 동시에 특별계시적인 일방성에 기대어 후기 다원주의 사회의 세계관과 결탁하여 교묘하게 게토화되어 나르시스적인 자기 파멸에 이르지 않도록 주의해야 한다. 혹은 몇몇 극단적인 선교단체가 보여주는 시대착오적인 일방적 개종주의로 빠지는 위험에 주의를 기울여야 한다.

1. 계몽주의적인 유토피아니즘

하나님 나라의 전망에서 교회가 일반계시에 완전하게 매몰된 양태는 계몽주의적인 하나님 나라 이해에서 발견할 수 있을 것이다. 한편으로 관념론적인 전망에서 신의 관념이 인간의 관념 안으로 완벽하게 빙의되면서, 동시에 초연신론의 도움을 통하여 신이 창조 세계 밖으로 유배되고 창조 세계 내에서는 신의 관념을 전체로 내려받은 이성적인 존재인 인간의 주체임이 선언되기에 이르렀다. 다른 한편으로 경험론적인 전망에서 신의 존재 혹은 그의 역사에의 개입이 전면적으로 부정되면서, 산술적인 방식으로 검증 가능한 진리만으로 형성되는 기술과학의 지배로 인하여 인류 사회는 이전과는 비교할 수 없을 정도의 진보를 경험하면서, 사실상의 유토피아를 꿈꾸는 상황이 만들어졌다. 신적 관념을 전체로 지닌 인간의 이성의 전능성에 기반하여 인간이 경험의 범주에서 행해지는 일체의 일을 재단하고 형성하는 주도적인 역할을 떠맡게 된 것이다.

교회는 신의 존재는 인정하지만, 사실상의 섭리를 부정하고 과학적 실험을 통하여 입증된 것만이 진정한 지식이라는 기준을 수용함으로써 사실상 신을 언급할 여지를 스스로 제거하였고, 결과적으로 특별계시에 기반한 기독교라는 측면은 자연스럽게 멀어지게 되었다. 성경은 자연주의적이고 경험적인 이성에 의해 재단되어 윤리 교과서로 전락하게 되었다. 그리고 자연스럽게 하나님이신 성자의 성육신, 십자가와 부활을 통한 구속, 이 세대를 심판하고(요 12:31) 그리스도 예수가 왕으로 옹위되어 열리는 (마 11:27, 28:18) 하나님의 구원의 경륜이 드러나는 책으로서의 기능을 상실하게 되었다. 계몽주의의 맹위 앞에 고개를 숙인 교회는 구속에 기반하지 않은 실현 불가능한 윤리만 떠안은 신세가 된 것이다.

시간이 흘러 임마누엘 칸트(Immanuel Kant, 1724-1804)가 등장하여 절대적이고 무제한적인 이성의 전능한 힘을 어느 정도 순화시킨 것을 계기로 경험적인 전망에서 신을 받아들일 여지는 있었으나, 교회는 여전히 윤리적인 기독교 그 이상을 넘어설 수 없는 한계상황에 머물러 있을 수밖에 없었다. 칸트적인 인식의 구조에서 신학 작업을 시행했던 리츨(Albrecht Ritechl, 1822-1889)과 하르낙(Adolf von Harnack, 1851-1930)이 보여주는 하나님 나라는 하나님의 이성을 완벽하게 담지한 진정한 인간과 이상적인 인간 예수의 삶에서 드러난 윤리적인 탁월성에서 발현되는 것으로 제한되는 한계상황에 직면했다. 성자의 성육신과 구속에서 비롯되는 은혜와 그 은혜에서 비롯되는 감사의 표현으로서의 윤리적인 삶으로 그 모습을 명징하게 드러나는 하나님 나라에 대하여는 언급할 여지가 없었던 것이다.

죄인과 그 죄인을 구속하시는 삼위 하나님의 구원의 계시를 언급할 필요조차 없으며, 오히려 타락과 그로 인한 하나님의 형상의 왜곡에 수반되는 문제로부터 전적으로 자유한 온전한 인간이 등장했으며, 그 인간의 지성적 활동을 통하여 신을 인식하고 그의 요구를 스스로의 결단에 의하여 실현할 수 있다는 방식의 신학이 형성됨으로써 결과적으로는 계시와 이성이 동일시되었다. 신학적인 언어로 표현하자면 자연신학(natural theology)이 찬란하게 꽃을 피운 상황이라고 말할 수 있을 것이다. 인간 이성의 전능성이 창궐하다가 칸트를 통하여 조금 조절되기는 하였으나, 여전히 인간의 이성이 경험 세계의 보편적인 이성의 왕좌를 내주지 않고 그 위력을 떨치는 상황이 펼쳐졌었다. 창조주 하나님의 완전한 이성이 반영된 우주와 그 우주의 정점에 선 인간의 이성이 창조주의 뜻과 의지를 읽어 구체적의 삶의 지평에 합리적으로 펼칠 수 있는 그런 지위에 오른 것이다. 창조 세계에 반영된 신의 뜻과 의지에 인간도 직접적으로 도달할 수 있는 자리에 섬으로써, 특별계시에 기반한 기독교가 설 자리는 자연스럽게 폐기되었다.

이와 함께 등장하는 생물학적인 진화론이 사회진화론과 방법론적으로 접목되면서 진보하는 사회에 대한 비전이 강화되었다. 사회는 점진적으로 그 약점은 제거되고 강점은 강화되는 궤적을 그리면서 진보될 것이고, 계몽주의에서 약속하는 그런 이상적인 사회로 전개될 것이라는 강렬한 비전이 서구인의 마음을 빼앗는 지경에 이르렀다. 산업혁명에서 시작되고 방직기술에서 확인된 기술과학에 기반한 미래 사회는 당대를 살았던 인류의 관심을 사로잡을 만한 획기적인 진보를 가져왔다. 신적 관념의 수렴자로서 인간, 경험과학의 발전에 따르는 전대미문의 새로움, 진화론에 수반되는 점진적인 삶의 진보라는 요소들이 조화를 이루면서, 당대의 기독교도 이런 대열에 휩쓸리게 되었다. 그리고 기독교 내부에서는 이런 진보의 끝에 유토피아가 형성되고 그것에 순연하여 예수께서 재림하실 것이라는 입장을 지닌 후천년설적 종말론을 추구하는 모습을 보였다. 따라서 죄와 그 죄의 파괴적인 힘에 대한 종말론적인 심판이 감쪽같이 사라져버린 것이다.

헤겔(Georg Wilhelm Friedrich Hegel, 1770-1831)에 따르면 근대세계는 아메리카 대륙의 발견과 정복에서부터 시작되었다.[89] 발견은 단순히 감추어진 것이 드러남의 차원을 넘어서 발견한 주체의 세계관에 따라서 새로운 대륙이 조율되는 측면까지 포함한다고 보아야 한다. 이런 점에서 미국도 유럽의 비전이 접목된 곳이라고 보아도 무방할 것이다. 또한, 유럽에서 형성된 과학과 기술의 지배 아래 들어간다는 것을 의미하기도 한다. 코페르니쿠스(Nicolaus Copernicus, 1473-1543)와 아이작 뉴턴(Isaac Newton, 1643-1727)의 발견이 자연의 신비를 벗겨내고 자연을 칸트적인 이성에 종속시키는 결과를 가져오게 되었다. 이런 결과는 1893년 "콜롬비아 대박람회"(Great Coiumbian Exposition)로 상징화되었다고 할 수 있

---

89   G. W. F. Hegel, *The Philosophy of History* (New York: Colonial, 1900), 86.

을 것인데, 그런 정황을 하비 콕스(Harvey Cox, 1929-)가 비평적으로 잘 묘사하였다.[90] 북미 기독교 흐름은 월터 라우센부쉬(Walter Rauschenbusch, 1861-1918)의 기독교 사회복음주의 운동으로 수렴되기도 하였다.

세계를 가로지르는 이런 큰 흐름 가운데서 종말론적 대파국과 함께, 현재의 시·공간의 질서를 끝내고, 하나님께서 주도하시는 초월적인 질서가 뚫고 들어올 것이라는 유대교의 묵시문학적인 종말론은 자취를 감추었다. 그리고 인간 중심의 질서가 무르익으면 지상에서 유토피안적인 천년왕국이 이루어질 것이라는 깊은 기대가 형성되기에 이르렀던 것이다. 예수는 단순히 형이상학적인 존재로서 초월에서 내재로 뚫고 들어와 현재의 세대를 심판하고 올 세대를 여실 수 없기 때문에, 계몽주의적인 이상을 반영한 윤리적인 존재로서 인간의 삶에 방향을 제시하는 사표로 받아들여졌다. 따라서 당대의 기독교적인 삶도 그런 이해를 따라서 형성되지 않을 수 없었던 것이다.

2. 계몽주의적 유토피아니즘의 파국으로서 하나님 나라

1863년에 출간된 에르네스트 르낭(Ernest Renan, 1823-1892)

---

90 북미의 상황에 대한 묘사로는 하비 콕스, 『영성·음악·여성』(도서출판 동연, 1996), 47-79 를 참고하라.

의 『예수의 생애』 등에서 표현되었던 계몽주의적인 예수 이해
가 횡횡하던 상황에서 알베르트 슈바이처(Ludwig Philipp Albert
Schweitzer, 1875-1965)는 1906년에 『역사적 예수 탐구』라는 책을
출간하여 기독교 내부에 깊은 울림을 만들어냈다. 슈바이처는 요
하네스 바이스(Johannes Weiss, 1863-1914)가 쏘아 올린 계몽주의적
인 예수 이해를 전면적으로 부정하면서 예수를 유대교적인 배경
의 인물로서 철저히 종말론적이고 묵시 문학적인 파국을 의도한
종말 일관론자로 해석하였다. 예수가 가져오는 하나님 나라는 신
적인 개입을 통하여 전면적으로 새롭게 노정되는 파국적 성격을
지닌 것으로 계몽주의자들이 꿈꾸는 그런 내재적인 유토피아니즘
과 동일시될 수 없다는 것이다.

   슈바이처의 포문으로 하나님 나라 논의는 급격하게 성경적인
맥락으로 돌아서는 계기를 맞게 되었다. 한편 제1차 세계대전의
발발로 인하여 계몽주의가 그려온 인간성이 그 바닥을 여지없이
드러냄으로써 계몽주의의 유토피아니즘적 기획과 그것의 기독교
적인 접목이었던 기독교 사회복음주의 운동이나 후천설적인 종
말론도 종말을 고하게 되었다. 무엇보다도 뒤이어 일어난 제2차
세계대전에 자행된 아돌프 히틀러의 만행인 홀로코스트와 거기
에 참여한 독일복음주의교회 지도자들의 행태는 카를 바르트(Kar
Barth, 1886-1968)와 에밀 브루너(Emil Brunner, 1889-1965), 루돌프 볼
트만(Rudolf Bultmann, 1884-1976), 파울 틸리히(Paul Johannes Tillich,
1886-1965)와 같은 신정통주의자들의 출현을 만들어냈다. 이상의

신학자들은 구체적인 신학에 있어서는 차이를 드러내지만, 특별계시의 요체인 기독론 중심으로 신학을 추구했다는 점에서는 공통점을 갖는다.

특별히 카를 바르트는 하나님의 계시, 특히 그리스도 예수를 중심으로 드러난 하나님의 계시를 배타적인 기준으로 제시함으로써 일체의 자연신학적인 시도를 불가능하도록 만들었다. 에밀 브루너의 저지가 없지 않았으나, 사실상 바르트의 영향력은 브루너의 저지선을 무력화했다고 보아야 할 것이다. 자연신학의 불가능성을 지나서 일반계시조차도 받아들이지 않는 결과에 이르렀으니 말이다. 하나님의 말씀이 사건으로서 구현되지 않는 그 어떤 공간이나 시간에서도 하나님 나라는 실재하지 않는 것으로 말함으로써, 하나님 나라를 구현하는 어떤 특정한 역사적 실재를 지목할 수 없는 상황으로까지 내몰리는 지경에 이른 것이다. 지속적인 말씀 사건이 반복되는 교회, 비록 지역교회로 존재한다고 하더라도 "말씀 사건", 즉 부르시는 하나님과 응답하는 인간의 조우에서 하나님의 백성으로서의 정체성이 구현된다고 주장하기 때문이다.

교회[91]는 그리스도 예수의 사건에 참여한다는 조건에서 하나님 나라를 구현하되, 사건으로서 구현하는 것이지 고정적인 실재로서 구현하는 것은 아니라는 것이 바르트의 입장이다. 물론 교회

---

[91] 교회에 관한 바르트의 이해에 대하여는, 오토 베버, 『칼 바르트의 교회교의학』 (대한기독교서회, 1983), 385-403을 참고하라.

가 그리스도 예수의 사건에 참여함으로써 천상의 영역에 속하면서 동시에 세상 속으로의 확장도 꾀하지 않을 수 없으나, 그 최종적인 구현은 그리스도 예수의 재림에서나 확인할 수 있는 것으로 본다. 교회가 국가와의 관계에서 국가의 법에 파묻히지 않으려는 부단한 노력을 경주해야 하고, 그러면서도 국가의 영역 안으로 교회의 정체성으로서 그리스도 예수의 머리되심을 상실하지 않는 방식으로 그 영향력을 펼쳐나가야 한다고 말한다. 여전히 배타적 그리스도 중심성에 기반한 교회의 중심성을 확인하게 된다. 국가의 통치 영역, 즉 창조와 자연과 양심의 영역에서는 어떤 공유지점도 찾을 수 없다는 입장이 시종일관 유지되는 모습을 보인다는 말이다.

물론 바르트는 역사적 실재로서 지역교회를 하나님 나라와 동일시하지 않는다. 하나님 나라는 그리스도 예수를 머리로 해서만 순전하게 그 양상을 드러내기 때문이다. 교회는 하나님의 말씀 그 자체인 그리스도 예수의 머리되심에 사건으로 참여하는 방식으로만 하나님 나라를 경험하고 있을 뿐이다. 바르트는 자신이 직면했던 그 시대의 교회 지도자들이 그리스도 예수의 머리되심을 사건으로서 받아들이지 않는 모습을 보았기에, 교회도 전체적으로 왜곡되고 부패할 수 있다고 보았다. 이런 점에서 교회조차도 하나님 나라와 동일시될 수 없다고 말하는 것이다. 이런 경험에서부터 교회를 말하기 때문에, 교회 밖의 어떤 실재, 즉 창조나 역사나 인간의 양심에서는 하나님 나라의 영역이나 통치를 언급하는 일을 주저하지 않을 수 없었던 것이다.

사실 위르겐 몰트만(Jürgen Moltmann, 1926-)도 한동안 이런 바르트의 이해를 상속하였다. 몰트만은 오토 베버(Otto Weber, 1902-1966)의 지도하에 신학박사 학위논문을 완성하고, 연이어 교수 자격 논문을 병행하는 와중에 독일 북부의 한 작은 마을에 있는 개혁교회에서 목회하게 되었다. 그리고 몰트만은 그 지역에서 열린 어느 컨퍼런스에 참석하여 화란의 아놀드 반 룰러(Arnold A. Van Ruler, 1908-1970)와 대화를 나누던 중에 바르트의 영향력에서 벗어나 독자적인 신학을 전개할 영감을 얻었다고 한다. 컨퍼런스 첫 세션이 끝나고 다음 세션으로 넘어가기 전 사이 시간에 몰트만은 반 룰러와 대화를 나누던 중에 "교회 울타리 역할을 하는 이 관상 목에서도 하나님 나라를 만질 수 있습니다"라는 그의 말에 자신의 귀와 눈이 열렸다고 한다.

이 말을 듣고, 몰트만은 화란으로 짧은 유학을 하게 된다. 독일 북부에서 그리 멀지 않은 곳에 위치한 화란의 위트레히트대학교 신학부에서 일하던 아놀드 반 룰러와의 학문적인 사귐을 갖게 되면서 아브라함 카이퍼의 신학에 눈을 뜨게 되었다. 몰트만은 자신의 책에서 아브라함 카이퍼의 반혁명당이라는 명칭만 제외하고 그의 신학적인 입장에 대부분 동의한다는 말을 하였다. 그는 창조 세계에서 활동하시는 하나님, 창조 세계에 생명의 원천으로서 관여하시는 성령님, 창조 세계의 중보자로서의 성자에 대한 눈을 뜨고, 그런 전망에서 신학을 펼쳐가는 노정을 시작했다. 물론 몰트만의 신학적 기획이 성공적이었는지에 대하여는 세세한 부분에서 논란의 여지가 상당하지만, 적어도 창조 세계와 관련하여 활동하시는 하나님과 관련한 지점에서는 바르트의 신학적 영향력을 깨트리는데 상당한 공헌을 하였다고 평가할 수 있을 것이다. 왜냐하면, 바르트는 교회와 하나님 나라를 동일시할 수 없었으나, 교회 밖에서 하나님 나라를 찾을 수도 없는 일종의 "외발" 신학이었으나, 몰트만은 "양발" 신학을 기획했기 때문이다.

3. 공공신학, 광장신학은 하나님 나라를 반영하는 신학인가?

하나님 나라는 교회를 통하여 표현될 뿐만 아니라, 또한 교회를 넘어서서 표현되기도 한다. 하나님 나라는 세계 안에 있을 뿐만 아니라, 세계도 역시 하나님 나라 안에 있다. 우주의 미래, 지구의 미래, 인류의 미래, 생존하는 모든 피조물의 미래가 하나님 나라와 직간접적으로 엮여있다. 교회는 바로 이런 차원을 드러내는 역할을 한다는 점에서, 하나님 나라를 가장 명확하고 가장 포괄적으로 담지하는 실재이다. 조금 다르게 표현한다면, 교회는 하나님 나라의 구별된 영역이지만, 교회의 사역을 통하여 정치, 경제, 사회, 문화, 교육, 환경과 같은 영역에서 하나님 나라, 즉 하나님의 통치가 드러나도록 동기를 유발하는 일에 부름받은 공동체다.

하나님 나라가 교회를 넘어서서 표현되는 또 다른 방식은 일반계시를 통하는 방식이다. 그리스도인은 월요일로부터 금요일까지 자신의 삶의 영역에서 비그리스도인을 만나게 되고, 그들과 공동의 장에서 하나님의 진리를 찾고, 공동으로 사업을 추구하는 과정을 통하여 하나님의 통치를 드러낸다. 그리스도인이 비그리스도인과 공존을 모색하고, 창조 질서를 반영하는 일에 공동으로 참여하는 일을 통하여, 일상에서 하나님의 주권이 세워지며 그분의 진리가 공유되는 일이 일어난다. 이런 방식으로 하나님 나라는 교회의 울타리를 넘어서서 공공의 영역에 현존하게 되는 것이고 공공신학, 광장신학은 하나님 나라를 반영하는 신학이라고 말할 수 있다.

기독교가 광장으로 나왔던 첫 시기는 아마도 로마제국 내에서 기독교가 공적 종교로 여겨졌을 때였을 것이다. 다종교사회, 다문화사회였던 로마제국 내에서 기독교가 사적이고 은밀한, 게토화된 종교로만 남았더라면 박해를 피해 카타콤으로 들어가지 않았을지도 모른다. 당대의 기독교는 로마제국의 공적인 질서 안에서 자신의 모습을 감추지 않았으며, 우주의 진정한 주님이 누구인지 로마제국과 세계관적인 대면을 피하지 않았다. 한편으로 그리스도인들은 시민사회의 일원으로서 황제의 통치 아래 있었으나, 다른 한편으로 황제의 제의를 거절했기 때문이다. 황제의 종교를 중심으로 정치, 경제, 사회, 문화, 교육이 돌아가던 때에, 기독교는 황제의 제의를 거절하는 방식으로 이미 공적인 영역에서 자기를 드러낸 것이다. 이 지점에서 중요한 사실은 교회의 이런 행동이 로마제국의 교회화를 목표로 하지 않았고, 삼위 하나님과의 친교에서 드러나는 삶의 정체성과 하나님 나라의 면모를 드러내는 일을 지향했다는 점이다. 로마제국 내에서 그리스도인과 비그리스도인은 동일한 시·공간에서 살아가지만, 가이사의 나라의 시민으로 살아가기에 가이사의 것은 가이사에게, 다른 한편으로 하나님 나라의 백성으로 살아가기에 하나님의 것은 하나님에게 돌리는 삶으로써 공존과 변화를 동시에 끌어내는 포괄적인 장을 열었다(눅 20:25).

루터교회는 교회의 역할을 신앙과 관련된 것으로 제한하고, 교회의 정치적인 결정권을 국가에 양도함으로써 국가가 교회의 사무에 관여할 여지를 만들었으며, 그런 토대에서 히틀러가 자신의 정치적인 결정과 관련하여 교회의 동의를 구할 때 동의하지 않을 수 없었다. 그러나 개혁교회는 교회의 영역과 국가의 영역을 분리함으로써 교회가 국가의 사무에, 국가가 교회의 사무에 직접적으로 개입할 여지를 없애는 길을 택하였다. 그렇지만 교회와 국가의 분리가 필연적으로 교회의 사적 영역으로의 후퇴를 의미하지 않는 이유는 두 영역의 통치자가 동일하신 삼위 하나님이기 때문이다. 칼빈은 제네바 사역을 전개하면서, 교회의 규범인 율법과 시민사회의 규범인 자연법 사이에 창조주 하나님에게서 비롯되는 연속성이 있다고 보았다. 이로써 제네바 시민사회가 교회화[92]되는

92　1980-1990년에 걸쳐서 성시화운동이라는 것이 한국 사회에 대두된 일이 있었는데, 그런 정황을 떠올리면 그 의미가 유사범주에 있을 것으로 생각된다.

길을 막았고, 오히려 교회가 국가로부터 독립하여 존재함으로써 다종교, 다문화사회에서 교육과 사회봉사의 영역에서 하나님 나라의 보편적인 관심사를 고려하면서 채워갈 수 있는 자유를 구현하는 길을 노정할 수 있었다. 교회와 국가의 분리는 교회는 물론 사회의 다양한 구성원들로 이 제의적인 신앙고백의 차원을 넘어서 하나님의 통치를 다양한 사회적 기관에서 드러내고 확장할 수 있는 기회가 되었다.

이와 관련하여 흥미롭고 구체적이고 실제적인 부분이 칼빈이 제네바 사역에서 실행했던 이중적인 집사 제도의 운용이다. 프랑스에서 종교개혁 세력에 대한 점증하는 박해로 인하여 개혁교회의 그리스도인들이 신앙의 자유를 찾아 대거 제네바로 몰려들기 시작했는데, 이런 행렬에 폭력배를 비롯하여 다양한 유형의 비그리스도인들도 함께 참여했다. 제네바교회는 갑자기 몰려든 인파들을 돌아보는 과정에서 교회를 중심으로 그리스도인을 돌아보는 집사뿐 아니라, 제네바의 구제병원을 중심으로 비그리스도인을 돌아보는 집사를 함께 세워서 섬기는 일을 감당하였다. 고향을 떠나서 타국에 도착한 사람들을 위한 직업교육을 제공하고, 취업을 알선하여 장기적으로 제네바의 시민으로 살아갈 수 있도록 적극적으로 도왔다. 칼빈이 제네바 사회의 교회화의 오류에 빠지지 않으면서 이런 입장을 취할 수 있었던 것은 제네바교회를 다스리시는 하나님께서 제네바 시민사회를 다스리시는 분이기도 하다는 확신 때문이었다.

그로부터 400여 년이 흐른 후, 아브라함 카이퍼에 의해 제네바의 북서부에 위치한 네덜란드에서도 유사한 시도가 시행되었다. 아브라함 카이퍼는 개혁교회의 정신을 따라서 교회는 그리스도 예수를 머리로 하는 독립된 기관일 뿐만 아니라, 정부도 하나님께서 교회와 구별하여 세우신 기관으로 보고, 각각의 구별된 영역에서 그에 따르는 역할을 자유롭게 수행할 필요가 있다는 사실을 역설하였다. 카이퍼는 다종교사회요, 다문화사회였던 네덜란드 시민사회에서 정부가 창조 질서를 근간으로 하여 시민사회를 통치할 필요가 있다고 여겼다. 정부가 일반계시에 근거하여 일반은총의 긍정적인 측면을 통치행위에 반영하고, 죄를 억제하면서도 시민사회의 선한 문화를 적극적으로 형성하고 찾아야 한다고 보았다. 여기에 더하여 회집하는 교회의 중요성을 깊이 인식하면서, 개혁교회의 신앙을 따르는 신앙교육을 강조하였고, 시민사회 속으로 유기적으로 스며들어 가는 교회 구성원의 삶의 가치를 매우 중요하게 간주하였다. 성령의 사역을 통하여 일반계시의 빛과 특별계시의 빛이 구체적인 사회적 제도에 동일하게 반영되어 하나님의 통치를 구현하는 길을 모색하였던 것이다.

이런 점에서 보면, 하나님 나라는 교회를 통하여 결정적으로 드러나지만, 시민사회를 포괄하는 방식으로 전개되어야 한다. 심지어는 시민사회의 일원인 종교적인 차원으로까지 확장되어 다가갈 수 있을 것이다. 일반계시에 기반하는 고등종교는 구원의 종교는 아니지만, 인류로 신적 존재를 직면하는 자리에 서도록 만들어주는 역할을 수행한다. 고등종교가 인간의 악을 억제하고, 시민사회의 덕을 끌어내는 역할을 하기에 존중될 필요가 있을 뿐만 아니라, 이런 차원은 하나님의 보편적인 통치 영역 안에 있다고 보아야 한다(행 17:25-29). 청와대가 시민에게 개방되던 날, 다양한 매체의 보도에 따르면 한 방문객이 청와대 경내의 "석조여래좌상" 주변에 있는 집기를 파손했다고 한다. 그 사람은 그리스도인으로 추정되는데, 소위 "미남불"로 불리는 보물 1977호에 사람들이 절하는 모습이 꼴사나워서 행한 일이라고 한다.[93] 이런 행위는 보편적인 하나님의 통치를 이해하지 못한 데서 비롯된 것으로 매우 안타까운 일이다.

교회가 종교의 광장에 서 있다는 사실을 깊이 인식하면서 선교적 마인드를 형성하는 것이 중요하다. 바울과 그 일행이 에베소에서 사역하는 중에 에베소의 여신 아르테미우스 형상을 만들어 판매하던 상인들이 선동하여 흥분한 시민들 앞에 세워지는 일이 있었다. 이때 서기장이 무리 가운데 서서 불안정한 상황을 정리하면서, 바울과 그 일행이 "신전의 물건"을 훔치거나 망가뜨리지 않았으며, 또한 "우리 여신을 비방하지도 아니한 이 사람들을 너희가 붙잡아 왔으니"라고 한 말을 주목할 필요가 있다(행 19:37). 물론 바울은 "사람의 손으로 만든 것은 신이 아니라"고 말함으로써 에베소의 시민들이 진정한 하나님을 만나는 일에 헌신하였으나(행

---

93 법보신문, 2022.05.11.22:50 기사 등 참조.

하나님 나라와 광장신학

19:26), 다른 종교를 존중하는 태도는 견지했던 것이다. 이런 모습은 아테네를 방문하면서 취한 태도와 크게 다르지 않다(행 17:21-31).

4. 공공신학의 한 장으로서 기독교대학교

세속사회에서 기독교대학교를 시도하는 일은 참 쉽지 않다. 처음부터 그리스도인에게만 입학 허가를 하는 방식으로 기독교대학교를 운영할 수 있다면, 그야말로 이상적인 그림일 것이다. 설령 그렇게 시작한다고 하더라도 그 정체성을 끝까지 이어가는 일은 쉽지 않다. 1880년에 아브라함 카이퍼가 순수한 개혁교회의 이상에 기반하여 설립한 기독교대학교인 자유대학교(De Vrije Universiteit)도, 1970년대에 공립학교에 지급되는 정부지원금을 받는 일을 계기로, 비그리스도인에게도 입학을 허용하였다. 작은 규모의 대학으로 대형교단의 지원을 받는 환경이 아니라면, 고유한 정체성을 근간으로 기독교대학교를 유지하는 일이 쉽지 않다.

그러나 대학이 진리를 탐구하는 전당이라면, 진리 탐구라는 그 신념 체계에 근거하여 기독교대학교를 시도할 수 있지 않을까 생각된다. 진리는 특별계시뿐만 아니라 일반계시에 근거해서도 찾아질 수 있기 때문이다. 특별계시에 근거한 신앙고백적인 신학과를 두면서 동시에, 일반계시에 근거한 다양한 학문 분과를 설치하고 진리를 추구하는 일이 병행 가능하다. 명시적으로 삼위 하나님을 인정하고 그분의 계시에 근거한 학문 추구와 비록 명시적이지는 않지만 종교성이나 신의식의 일반적인 범주를 인정하는 일반 계시적인 기반에서 행하는 진리 추구가 기독교대학이라는 기관(Institution)을 통하여 상호 통섭을 효과적으로 이룰 수 있다.

학문을 추구하는 과정에서, 그 학문적인 결과를 해석하는 관점과 관련하여 학자들이 상호간의 열린 대화를 적극적으로 꾀할 수 있는 객관적인 장을 가질 수 있다는 점에서, 세속사회에서 기독교대학교는 적극적으로 모색될 필요가 있다. 학과를 구성하는 인적 자원이 기독교 신앙에 대한 동의를 하는 경우나, 혹여 그렇지 않은 경우라고 하더라도 기독교대학이라는 기관을 배경으로 서로의 이해를 상에 올려놓고 열린 대화를 꾀할 좋은 기회를 가질 수 있다. 심리학과 신학 사이의 대화를 통하여, 더욱더 깊은 인간 이해와 더욱더 효과적인 성화를 모색할 수 있을 것이다. 행정학부와 신학부의 상호대화를 통하여 한 기관의 조직적 측면과 유기적 측면에 대한 상호 이해를 도모할 수도 있을 것이다. 이런 측면들은 기독교대학 밖의 기관에서는 꾀하기 힘든 유형의 대화이기 때문에, 기관으로서 기독교대학은 유익한 지점을 확보하는 것이다.

세속화된 사회에서 기독교대학 입학 허가를 그리스도인이나 비그리스도인 모두에게 제공하는 일은 한편으로 기독교적 정체성의 구현이라는 측면에서는 약점이 될 수 있으나, 다른 한편으로는 기독교적 정체성을 공유할 수 있는 지점을 확보할 수 있다. 그리스도인과 비그리스도인이 한 울타리 안에서 적극적으로 소통할 수 있는 기회를 가질 수 있는 일, 그 자체가 기회이다. 바울이 에베소에 들어가서, 그곳에서 회심하고 합류한 제자들과 더불어 두란노에 거점을 마련하고 에베소라는 세속도시를 하나님의 충만으로 채우려고 했던 것은 일종의 전략으로 파악할 수 있다. 물론 바울은 기독교대학을 세우려 한 것이 아니라, 교회를 세워서 하나님의 충만을 꾀하려고 했다는 점에서, 의도와 기능의 구별이 필요하다.

기독교대학은 사역의 방향에 있어서 교회화보다는 하나님 나라의 현존을 택하는 것이 중요할 것이다. 기독교대학은 하나님의 통치가 구현되는 학문 과정을 제공하고, 그런 교육과정 운용과 구체적인 학습활동을 수행하는 과정에서 하나님의 형상의 담지자로서 그리스도인의 솔선수범이 요청된다. 믿음과 소망과 사랑의 순으로 형성되는 교회와는 달리, 세속화된 사회에서 기독교대학이 추구하는 하나님 나라의 방식은 사랑의 봉사를 통하여 소망을 일깨우는 진지한 과정을 통하여 믿음을 형성하는 순으로 전략적으로 구체화되어야 한다.

사실, 신앙의 길에 들어서는 것은 인간적인 열심 정도에서 결정되는 차원을 훨씬 넘어선다. 누군가가 누군가의 정성의 정도에 따라서 중생하고 회심하여 그리스도인이 되는 것은 아니다. 영접하여 믿고 하나님의 아들이 되는 권리는 하나님의 절대주권에 따라서 실행되는 일일 뿐이다(요 1:12-13). 다만, 세속화된 사회에서 기독교대학이 수행할 수 있는 일은 하나님의 아름다운 덕을 널리 공유하는 것이다. 또한, 기독교적인 덕성을 널리 공유하고 기독교적인 지식을 공유하는 봉사를 수행할 수 있을 뿐이다. 아마 베드로도 세속화된 사회에서 교회공동체를 보존하며 동시에 새로운 유입자를 이끌어내는 최상의 길로써 이 방식을 택하지 않았을까 싶다(벧전 2:9).

애굽에서 양육되어 홍해를 건너 열방 가운데 세워진 이스라엘 백성이 살아야 했던 삶의 모습이 그런 모습이 아니었을까 싶다(출 19:5-6). 경륜 가운데서 마침내 오신 그리스도 예수를 통하여 형성된 교회의 길도 이와 크게 다르지 않았다. 교회가 이스라엘의 범주를 벗어나서 세속화된 사회 속으로 깊숙이 파고들어 가서 구현해야 했던 삶이 바로 이 삶이었다(벧후 2:9-10). 마찬가지로 교회의 지체일 수밖에 없는 기독교대학의 길도 다르지 않다. 그리스도인만으로 구성된 기독교대학도 필요한 일이지만, 비그리스도인과 그리스도인이 함께 공존하는 형태의 기독교대학도 필요하다. 다만, 하나님의 아름다운 덕성과 하나님의 진리를 공유하려는 열정이 공존해야 한다는 사실 만큼은 잊어서는 안 된다.

학부의 구성에서뿐 아니라 학생의 구성에서 이상에서 언급한 형태의 통섭을 꾀한다면, 진리의 통섭과 고백의 통섭이 일어나게 될 것이다. 다만 기독교대학의 방향은 교회화가 아니라 하나님 나라의 구현이라는 차원에서 모색되어야 한다. 기독교대학이 교회화를 추구하는 것은 옳지 않은 일이다. 오히려 일반계시와 특별계시에 근거한 진리를 탐구하고, 그 진리의 최정점에 설 수 있도록 해야 한다. 동시에 하나님의 아름다운 덕을 기리며 학문을 수행하는 과정을 통하여 그리스도인과 비그리스도인이 대학 공동체의 울타리에서 서로에게 영향을 주고받으며 복음화의 길을 모색하는 것이 세속화된 사회, 세속화된 교육철학이 지배하는 대학문화에서 기독교대학이 지향해야 할 길이다.

5. 소망에서 실현되는 하나님 나라

세속화된 사회에서 하나님 나라를 핵심적으로 발현하는 교회뿐만 아니라 기독교적인 가치를 지향하는 다양한 운동체들은 미래 소망에서 실현되는 하나님 나라를 깊이 묵상할 필요가 있다. 교회와 그 유관 기관들은 하나님 나라의 현재적 차원이 고동치는 소리를 듣고 삶을 꾀하는 사람들인 반면에, 교회 밖 다양한 기관들은 그런 소리를 직접적으로 듣지 못한 채 삶을 꾀하는 사람들이다. 그럼에도 불구하고 상호 환원되는 길을 찾지 않고, 서로를 포용하는 길을 모색하는 이유는 미래 하나님 나라에 대한 소망 때문이다. 크게 보아 두 가지 양상의 미래를 예견할 수 있다. 첫 번째는 미래 하나님 나라는 과거와 현재로부터 형성된 어떤 결과물에 대하여 개방적인 입장이다. "만국이 그 빛 가운데로 다니고 땅의 왕들이 자기 영광을 가지고 그리로 들어가리라"(계 21:24)는 말씀에서 보듯이, 미래 하나님 나라는 일반계시와 특별계시를 기반으로 형성된 것들 가운데, 영광스러운 것들이 유입될 수 있는 여지를 보여준다.

이와 관련하여 리차드 마우(Richard Mouw, 1940-)는 카이퍼의 영향을 반영하여 요한계시록 21장 24절의 말씀을 특별계시의 영향을 받은 교회와 교회 활동의 결과물로 수용하며, 일반계시와 이에 수반되는 일반은총의 영향 아래서 형성된 문화적 산물, 즉 창조 질서를 반영하는 결과물도 선별되어 수용될 것으로 읽었다.[94] 창조 질서는 구속을 통하여 적극적으로 활성화된다는 성경의 지배적인 흐름을 고려할 때, 이런 적용을 꾀하는 일이 낯설지 않은 일이다. 스킬더는 그리스도 예수의 재림의 날에 비로소 진정한 의미의 하나님 나라 문화가 시작될 것이라고 보는 반면에, 카이퍼는 문화명령에 따라서 형성된 문화적 산물 가운데 창조 질서를 반영하는 것은 미래 하나님 나라로 연계될 것이라는 입장을 드러냈다. 브루너가 일반계시의 영역에서 죄의 영향에 직접적으로 노출되는 영역과 그렇지 않은 영역을 구별하여 언급한 것은 생산적인 통찰을 제공한다. 이런 점에서 일반계시의 빛 아래 있는 자들과 특별계시를 통과하여 일반계시를 읽고 해석하는 사람들 사이에 공존이 모색되어야 하고, 진리에 근거한 사역에 있어서 동역이 이루어

---

94 Richard Mouw, *When The Kings Come Marching In: Isaiah and the New Jerusalem* (Grand Rapids: William B. Eerdmans, 1983).

져야 한다.

두 번째 양상은 미래 하나님 나라에서 분리하는 일이다. "개들과 점술가들과 음행하는 자들과 살인자들과 우상 숭배자들과 및 거짓말을 좋아하며 지어내는 자는 다 성 밖에 있으리라"(계 22:15)는 말씀도 지나칠 수 없다. 분명한 사실은 그리스도인과 비그리스도인은 궁극적으로는 분리될 수밖에 없다는 것이다. 인간적으로 생각하면 매우 슬픈 일이지만 하나님의 경륜을 따라서 피할 수 없는 현실이다. 이런 점에서 교회는 복음을 증언하고 죄인을 구원하는 일을 중대한 과제로 파악해야 한다. 물론 죄인이 회심하여 그리스도 예수 안에 드러난 구원의 경륜을 깨닫고 삼위 하나님과의 교제에 참여하는 여부는 인간적인 열심에 달린 문제가 아니지만(요 1:12-13), 모든 사람이 구원에 이르기를 희망하시는 하나님의 뜻을 따라야 한다(딤전 2:4).

이런 점에서 보면, 계몽주의자들의 유토피아니즘은 성경적인 하나님 나라 신학과는 조화되지 않는 측면이 명확하다. 우선 전자와 후자는 인간 이해에 있어서 근본적인 차이를 드러낸다. 계몽주의자들은 타락에서 기인하는 인간 본성의 부패와 이에 수반되는 비참한 현실에 대하여 부인하는 입장이며, 그들의 낙관적인 인간 이해는 성경적으로나 역사적으로 왜곡된 인식이다. 그들은 무엇보다도 종교(religio)의 이해 측면에서 맹목적이다. 그들은 자연계시를 반성함으로써 어떤 질서를 발견하고, 그 질서의 근원에 대한 깊은 인식에 이르지만, 그 대상을 인격적인 존재로 이해하고 받아들이는 일에는 단순한 게으름을 넘어 무력하기가 한이 없다. 오히려 그들은 데모크리스토스(Democritus, BC 460-380)의 후예답게 궁극적인 대상에게서 인격성을 박탈하고 하나의 원리로 환원시키고 마는 무모한 확신을 보여줄 뿐이다.[95]

계몽주의자들의 일반적인 인식처럼, 인간의 이성적인 능력이 피조물 중에 으뜸인 것은 사실이지만, 그런 이성적인 능력이 신적인 이성을 대체할 수는 없다는 점에서 계몽주의자들의 유토피아니즘적인 세계관과 성경적인 하나님 나라 가치관은 다르다. 다만 그들은 인간의 이성은 마침내 그 궁극적인 목적에 도달하여 신적 관념과 통일되는 순간을 맞이할 것이라는 헤겔적인 야무진 꿈을 포기하지 않는다. 인류는 부단한 연구를 통하여 우주의 신비에 도전하려 할 것이다. 그들은 신비의 영역을 하나둘씩 벗겨내면서 이성의 지배하에 두고 통제하려는 꿈을 포기할 수 없기 때문이다. 하지만, 자연과학적인 차원에서 보아도 인간의 이성은 과정을 통과하고 있을 뿐 완전한 이성이 아니기에, 종말론적인 신적 개입이 없이는 궁극적으로 완결된 이성에 이를 수 없다. 이런 점에서 보면 과학도 철학이요, 종교적인 차원을 갖고 있는 셈이다.

---

95 리차드 도킨스, 『만들어진 신』, (김영사, 2007), 5. 리차드 도킨스가 "들어가는 글" 전 쪽에서 로버트 파시그의 "누군가 망상에 시달리면 정신 이상자라고 한다. 다수가 망상에 시달리면 종교라고 한다"라는 글을 인용하면서 자신의 글을 시작하는 모습에서 전형적인 예를 발견할 수 있다.

반면에, 하나님 나라를 받아들이는 사람은 자신이 부패한 본성을 가진 죄인인 것을 인식하고, 그리스도 예수 안에서 하나님의 지속적인 통치를 받아들이는 길을 택하지 않을 수 없다. 그리스도 예수 안에서 제공되는 죄의 용서와 의와 생명의 상속만이 인간이 재기할 수 있는 유일한 길임을 받아들이기 때문이다. 그뿐만 아니라 비그리스도인과 함께 살아가는 현세적인 삶 또한 하나님의 통치 영역임을 확신하고, 일반계시에 근거한 삶을 살아가고 있는 시민사회의 구성원과 조화로운 삶의 길을 모색하는 지혜를 발휘한다. 창조 질서에 존치되는 하나님의 진리를 함께 발견하고 공유하며 삶의 다양한 양상들을 만들어가는 일에 동참하기를 두려워하지 않는다. 이런 삶에서 그리스도인은 자신들이 가지고 있는 하나님의 아름다운 덕을 다양한 방식으로 수행하는 모범을 보여야 한다.

그리스도인은 짧으나 절대로 짧지 않은 세월을 향유하면서, 미래 하나님 나라의 소망을 잃지 않고, 성실함으로 하나님 나라의 백성의 삶을 모색하고 노정하기를 중단하지 않는다. 그리스도인은 유물론적이고 일원론적인 세속적인 세계관에 함몰되지 않고, 혹은 세상을 등지고 속세를 떠나 영원한 세상을 찾아 배회하는 손쉬운 영지주의의 길을 찾지 않는다. 오히려 그들은 종말론적인 하나님의 개입과 그리스도 예수의 십자가와 부활의 사건에서 시작된 하나님의 새 창조와 구원의 경륜을 소망한다. 또한, 그리스도 예수의 다시 오심에서 "궁극적으로"뿐 아니라 또한 "우주적으로"

완성된다는 사실을 기억하면서, 소망 가운데 매일의 삶을 교회와 세상에서 하나님의 백성으로서 살아가기를 중단하지 않는다. 그리스도인은 성경대로 70에서 80인 인생을 종말론적인 소망 안에서 새롭게 빚어, 하나님 나라의 궁극적이며 진정한 왕에게 봉헌하는 삶을 즐겁게 선택한다.

나가며

공공신학이나 광장신학에서 계몽주의적인 유토피아니즘의 유물을 찾아서는 안 된다. 계몽주의 시대를 통과한 이 시대의 그리스도인이 여전히 계몽주의적인 이상에 사로잡혀 있다면, 그것은 지적으로 너무 게으른 것이다. 계몽주의자들의 꿈이 철저히 무너진 역사적인 경험을 통하여 교훈을 받지 못한다면 책임을 다하는 지성적인 그리스도인이라고 말하기는 어려울 것이다. 푸틴의 우크라이나 침공과 그 침공을 후원하는 러시아정교회의 지도자들을 보면, 인간이 얼마나 잔혹하며 인간의 꿈이 얼마나 현실에서 왜곡될 수 있는지를 상기할 수 있다. 이러한 것은 역사의 질곡을 통과해왔음에도 소중한 교훈을 새기지 못하는 비극의 반복일 뿐이다.

하나님 나라 신학으로서 광장신학, 공공신학은 역사의 이 교훈을 소중하게 반성함으로써 이런 비극이 반복되지 않도록 해야 한다. 이는 그리스도인이 인간의 전적 부패와 지속적인 불순종에도 불구하고, 당신이 창조한 세계를 통치하시고 보존하시며, 그 안에서 당신의 의중을 실현해 가시는 창조와 구원의 하나님을 사고와 행위의 근본으로 삼기 때문이다. 타락한 질서에서도 하나님은 여전히 당신의 일을 도모하신다. 하나님께서는 하나님 나라를 가장 명징하게 담지하는 교회와 보편적인 질서 안에 드러내는 시민사회에서 여전히 통치하시고 보존하시고, 당신의 경륜을 펼치신다. 그리고 광장신학이나 공공신학은 이 사실에 기반하여 미래 하나님 나라의 소망을 잃지 않는 움직임이다.

9장

종교의 광장에 선 하나님 나라

우리 사회가 포스트모더니즘(Postmodernism) 사회로 전환이 되면서 종교적인 지형도 상당히 복잡하게 되었을 것으로 예상된다. 포스트모더니즘은 모더니즘(Modernism)을 배경으로 놓고 보아야 잘 이해할 수 있다. 일반적으로 말해서 모더니즘적 사회는 경험론적인 면에서나 관념론적인 면에서나 인간이 주체로서 파악되고, 그 나머지는 모두 대상으로 환원되는 구조를 근간으로 한다. 이것을 문화 단위로 놓고 본다면, 유럽은 유럽을 주체로서 파악하고 나머지를 대상으로 환원하는 것을 의미하며, 중국은 자신을 주체로 파악하고 나머지를 대상으로 간주하는 것을 의미한다. 이것을 종교적인 지평으로 옮긴다면, 기독교는 자신을 주체로 간주하고 나머지를 대상으로 환원하는 것을 의미하며, 이슬람교는 자신을 주체로 삼고 나머지 종교를 대상으로 파악하는 것을 의미한다.

이런 면에서 포스트모더니즘은 주체가 하나가 아닌 그 이상이 될 수 있는 지점을 만들어준다. 현재 세계가 고도글로벌세계(Hyper-Global-World)로 전환되면서 자신을 세상의 중심으로 간주하는 다양한 주체들이 등장하게 되고, 다양한 주체들이 함께 공존을 모색하는 사회로 전환되었다. 기독교도 다종교·다문화 사회에서 이러한 사회의 지형을 피할 수 없기에, 이런 상황을 이해하고 또한 극복하면서 기독교가 구원의 종교임을 어떻게 견지할 것인지 깊이 고민하지 않을 수 없다. 이러한 문제에 대한 해결책을 모색하면서 우선 한국인의 종교성의 특징을 파악해야 할 것이다.

특별히 하나님 나라와 관련하여, 한국인의 종교성의 특징을 큰틀에서 한번 살펴볼 필요가 있다. 한국인의 의식 구조를 틀어쥐고 있는 종교성을 확인하게 되면, 다문화·다종교적인 사회라는 것이 한국인들에게 어떤 의미로 다가오는 것인지 가늠할 수 있다. 나아가 하나님 나라가 교회와 광장에서 어떤 방식으로 발현할 수 있을지 그 경로를 예상할 수 있을 뿐만 아니라, 그에 수반되는 전략적인 방향과 태도를 노정할 수 있을 것이다. 한국인의 지배적인 종교적 본성이 무엇인지를 확인하고, 정확하게 특정하는 일은 공공의 영역에서 종교가 어떻게 작용하는지를 파악할 수 있을 것이고, 또한 기독교가 종교의 광장에서 어떤 방식으로 실존을 모색할지 실마리를 제공할 것이다.

1. 한민족의 종교성의 특징

한민족의 종교성은 유일신 사상과 동시에 잡다한 신을 용인하는 사상이 공존할 뿐만 아니라, 서로 영향을 주고받는 데서 그 특징을 찾을 수 있을 것이다. "하늘 아버지"(Tengri)[96] 사상을 근간으로 하는 유일신 사상(Monotheistic Idea)이 하나의 축을 이루고, 샤먼 중심의 다신교적 무속신앙(Polytheistic Shamanism)이 다른 하나의 축을 형성할 뿐만 아니라 서로 공존하는 면면을 드러낸다. 상위를 점하는 유일신 사상과 그 하위를 구성하는 다신교적인 무속신앙이 한국인의 종교성을 형성하는 데 결정적인 영향을 미친다고 말할 수 있다.[97]

한편으로, 한반도에 거주하기 시작한 알타이계인들은 애초부터 "하늘 아버지"(Tengri) 그러니까 우주를 창조한 초월의 신, 혹은 궁극적 존재를 예배하는 전통을 가지고 있었다.[98] "하늘"에 있는 "아버지"라는 표현에서도 엿볼 수 있듯이, 유일신은 인격적인 신으로 간주되었고,[99] 그러한 이해를 수반하여 신을 경외하는 전통이 한반도에 유입되어 자리를 잡게 되었다. 김득황의 연구에 따르

---

96 "Tengri"는 문자적으로 "하늘 아버지"라는 뜻인데, 만유의 창조주로서 궁극적인 존재를 의미하는 것으로 받아들여진다.

97 한우근, *The History of Korea*, 이경식 역, (을유문화사, 1970), 3-11.

98 Wilhelm Schmidt, "Das Himmelsopfer bei den Asiatischen Pferdezuchten," in *Ethnos* 7 (1942), 127-148.

99 이정석, 『세속화 시대의 기독교』 (도서출판 이레서원, 2000), 260.

면, 이러한 전통은 단군 종교로 구현되었고, 조선시대에는 왕이 친히 하늘 아버지를 향하여 제단에서 직접 제사를 드리거나 혹은 제관인 천관(天官)의 도움을 받아서 짐승 혹은 양을 제물로 삼아 하늘 아버지에게 제사를 지내는 종교적 관습으로 이어졌다.[100]

　　구한말 한반도에 들어와 의료선교를 펼쳤던 호레이스 언더우드(Horace G. Underwood, 1859-1916)는 미국 뉴욕대학교에서 동아시아의 종교적 특징을 설명하는 특강에서 한국 종교의 특성과 관련하여 흥미로운 사건을 소개한다. 선교사들이 조선에 들어와 활동하는 중에 콜레라나 역병 또는 가뭄이나 흉년이라는 국가적 재난이 발생할 때는 황제가 칙령을 내려 모든 백성이 자신을 정결케 하고 산 위에 올라가 하늘 아버지께 제사하고 기도하도록 명했으며, 백성은 무리를 지어 인격화된 주재자인 하늘 아버지에게 재난을 돌이켜 저주로부터 평안을 내리시도록 간구했다는 것이다. 그리고 그는 "이를 보면 온갖 미신과 우상숭배가 횡횡함에도 한국이 아직 일종의 한 인격적인 존재(Henotheism)를 견지하고 있다는 사실은 본래 그들이 유일신론자들(Monotheists)이었다는 상당한 근거를 제시하는 것이 아닐까?"[101]라고 판단하는 내용을 기록으로 남겨놓았다.

100　김득황, 『한국 종교사』 (백암사, 1963), 44-47; Horace G. Underwood, *The Religions of Eastern Asia* (New York: Macmillan Co, 1910), 115-117.

101　Horace G. Underwood, *The Religions of Eastern Asia*, 106-108.

이런 신 관념은 이 땅에 기독교가 유입되어 전파되는 과정에서 기독교의 하나님 개념을 담는 일에 적극 수용되었다. 호머 헐버트(H. B. Hulbert, 1863-1949)는 최초의 근대교육 기관인 육영공원(育英公院)에서 영어 교사로 활동하다가 돌아간 후 다시 선교사로 돌아와 1903년 한국에서 기독청년회(Young Men's Christian Association)를 열었던 인물이다. 그는 마니산 천단을 방문하고 이러한 사상을 포괄적으로 인식한 그 구체적인 흔적을 찾을 수 있는 다음과 같은 단상을 남겼다. "이상하게도 한국이 오늘날 소유하고 있는 가장 순전한 종교적 관념은 외래 종교와도 전혀 무관하고 조야한 자연 종교와도 지극히 거리가 먼 존재인 하느님(하늘 아버지)에 대한 신앙이다. 이 하느님이라는 말은 '하늘'(Heaven)이라는 단어와 인격적인 존칭 접미사 '님'의 합성어이다. 이런 면에서 한국인은 철저히 유일신론자(Monotheist)이며 이 존재에게 돌려지는 속성과 능력은 성경의 여호와와 매우 유사하여 대부분의 외국 선교사들은 기독교를 교육하는데 이 용어를 수용하였다."[102] 이렇게 볼 때, 한반도에 유입된 종교는 유일신론적인 인격신이었고 이러한 고유한 신관이 성경의 하나님을 한국인에게 소개하는 데 상당히 중요한 수단이 되었음을 엿볼 수 있다.[103]

---

102 H. B. Hulbert, *The Passing of Korea* (New York: Doubleday, Page & Company, 1906), 404.

103 R. A. Shearer, *Wild-Fire. Church Growth in Korea* (Grand Rapids: Eerdmans, 1966); P. G. Hierbert, 『선교와 문화인류학』 (죠이선교회출판부, 1996), 304-305.

다른 한편으로, 한국인의 종교성에서 샤머니즘(Shamanism)을 거론하지 않을 수 없다. 유일신 사상에 견주어 볼 때 샤머니즘은 저급한 정령들의 존재와 활동을 전제하는 다신론적인 무당(Polytheistic Shaman)을 중심으로 한 종교행태라고 말할 수 있다. 샤머니즘은 시베리아, 몽고, 만주를 거쳐서 한민족에게로 스며들어왔고, 일반적으로 그 연원은 하늘 아버지 사상과 비슷한 시기로 보는 것이 종교학자들의 견해이다.[104] 샤머니즘은 정령숭배(Animism)에 기초하므로 모든 사물이 정령을 갖고 있다고 믿었으며, 특별히 하늘과 땅 사이를 정령들이 중재하고 있다고 보았다. 샤머니즘은 이런 정령들과 인간 사이를 중재하는 중간자를 "무당"(shaman)이라고 한다. 무당은 인간을 둘러싼 악령을 구축하고 선한 영을 위무함으로써 인간의 길흉화복을 상당한 정도로 통제할 수 있는 자로 받아들여졌다.[105] 또한 무당이 일종의 사제이면서 예언자적 역할을 수행하는데, 사제로서 악령을 구축할 뿐만 아니라 예언자로서 인간사의 길과 흉을 일종의 신탁을 통하여 예고하기도 한다.

샤머니즘에서 무당은 창조주요, 초월자인 "하늘 아버지", 곧 "하늘님"과의 관계에서 계급구조적인 영들의 세계를 교통 정리할 수 있는 역할을 수행하는 것으로 인식되었다. 한국의 영들은 주로 빙

---

104 유동식, 『한국종교와 기독교』 (대한기독교서회, 1965), 15.
105 문상희, "한국의 샤머니즘", 『한국의 사상』 (시사영어사, 1982), 27.

의(spirit-possession)하여 활동하는데, 인간에게 깃들어서 활동하는 유형이다. 표면적으로 볼 때, 무당은 인간에게 빙의한 악한 영들을 내보내는 역할을 하는데, 심층적으로 볼 때는 이미 점유하고 있는 낮은 계급의 영을 내보내면서 계급이 조금 더 높은 다른 영을 불러들이는 속임수를 쓰는 것이다. 무당은 귀신 들린 자에게서 귀신을 내보내기도 하고 사람들의 길흉을 예견하기도 하면서 한 마을을 효율적으로 통제한다. 이런 활동을 하는 것은 무당이 악한 영의 활동만으로 일관된다면, 마을은 두려움에 사로잡히고, 아무도 그를 가까이하려 하지 않을 것이기 때문이다. 일반적으로 한 명의 무당은 200-250가구에 해당하는 정도의 회중을 중심으로 활동하는데, 한 지역에서 활동하면서 선한 영향을 나쁜 영향보다 조금 더 끼치도록 영들을 관리하는 가운데 한 지역을 영적으로 자신의 수하에 두고 통제한다.[106]

굿판은 무당을 중심에 두고 형성되는 삶의 구조에서 흉과 화는 쫓아내고 길과 복은 불러들이는 행위다. 굿을 하는 사람의 삶의 난관이 어떤 맥락에서 비롯되었는지에 대한 깊은 통찰이 없이 단지 문제를 판돈이나 굿판에 사용되는 제물의 규모로 결정하여 해결하려는 경향은 상당한 문제를 일으킨다는 사실을 기억할 필요가 있다. 샤머니즘은 굿을 하는 사람의 윤리적이고 도덕적인 문제가 적절한 절차적 정의를 실행하지 않은 채로 해결될 수 있다는

---

106   김득황, 『한국 종교사』, 78.

인식을 만들어냄으로써 기복적이고 비인격적이며 비윤리적인 저급한 종교성을 양산하는 책임을 회피하기 어려운 지경이다.[107]

한국인의 종교의식에서 흥미로운 것은 샤머니즘이 유일신적 하늘 아버지 종교와는 구별되었다는 사실이다. 예를 들어서 황제나 천관이 주관하는 국가적인 하늘 아버지 제사에는 샤먼종교는 참여할 수 없도록 조치하였다.[108] 샤머니즘은 유일신론적인 인격신 종교에는 미치지 못하는 종교로 여겨졌기 때문이다. 하늘 아버지 제사를 지낼 때는 온전한 정결을 유지하는 차원에서 인내와 순종과 사랑과 같은 인격적이고 윤리적인 덕목을 내세웠고, 이에 반하는 정신적인 욕망을 정화하는 예식을 포함했다.[109] 이는 하늘 아버지 제사에 수반되는 인격신 사상과 비윤리적인 종교성의 샤머니즘적 행위는 본질적으로 구별되기 때문이다.

2. 한국에 전래된 종교와 한국인의 두 종교성의 관계

불교와 두 종교성의 관계

불교와 한국인의 두 종교성의 관계를 먼저 살펴보는 것이 역사적으로 자연스러울 것이다. 불교는 본래 힌두교에서 분리되어 나

---

107 유동식, 『한국종교와 기독교』, 33-39.

108 Horace G. Underwood, *The Religions of Eastern Asia*, 117-119.

109 윤성범, 『기독교와 한국사상』 (대한기독교서회, 1964), 63-65.

온 철학적 종교라고 할 수 있다. 힌두교에 뿌리를 둔 우파니샤드 철학(Upanishad Philosophy)은 본래 인간의 신화(神化)를 추구한다. 일반적으로 말해서 신(Braman)과 인간(Atman)이 동일하다는 신념을 갖고 있었다. 그런 힌두교적 사상의 배경에서 출생한 인물이 고타마 싯다르타였고, 힌두교 사상을 개혁하는 과정에서 나온 것이 불교라고 할 수 있다. 힌두교적인 우파니샤드 철학은 다신론적인 형태를 지니는데 그만큼 다양한 형태의 신화적인 지향성을 가진다. 힌두교 집안에서 출생한 고타마 싯다르타는 인간이 신이 된다는 것은 도달할 수 없는 목표인 것으로 인식하였고, 차라리 진정한 인간됨에 이르는 길이 인간이 추구할 수 있는 길임을 파악하고 힌두교를 떠나 불교를 통하여 그것을 추구하게 되었다.

불교는 인간의 생로병사는 피할 수 없는 것이고, 오히려 이 과정에서 비롯되는 모든 연기(緣起)로부터 해방되는 길만이 진정한 자기에 이를 수 있는 길이라고 제시한다. 인간의 고통은 다른 사람 혹은 다른 대상과의 관계에서 오는 비교 내지는 경쟁과 같은 정서의 엮임(緣起)에서부터 비롯되는 것으로 보았고,[110] 따라서 이 관계성을 벗어나게 되면 비로소 인간이 자신의 본래적 모습을 이루고, 무아(無我) 내지는 몰아(沒我)의 상태인 니르바나(Nirvana)에

---

110 이러한 불교적 세계관을 잘 드러낸 영화가 김기덕 감독이 2003년 9월 19일 개봉한, 「봄 여름 가을 겨울 그리고 봄」이라는 작품인데, 예술작품이지만 불교적 "연기(緣起) 사상"을 엿볼 수 있는 좋은 자료이다. 영화 제목을 「봄, 여름, 가을, 겨울, 그리고 봄」으로 표기하지 않은 것도 불교적 심상을 잘 담은 의도적인 표현이라고 생각되어 원형을 그대로 보존하여 표기한다.

이를 수 있다고 보았다. 모든 연기로부터 자유를 확보한 상태에서 자신의 본래적 자아에 이르는 그것이 바로 고타마 싯다르타가 도달하고자 했던 니르바나의 세계라고 할 수 있다. 붓다의 가르침을 수용하는 자는 누구나 시도하여 이 상태에 도달할 수 있고, 그 끝 지점에서 또 다른 붓다의 반열에 이를 수 있다. 이런 점에서 보면, 애초의 불교는 유신론적이라기보다는 무신론적 인본주의(atheistic humanism)였다.

고타마 싯다르타의 이런 교훈의 원류를 따라 형성된 소승불교(Theravada School)는 연기에서 벗어나고자 엄격한 수도의 길을 걷는 것이 특징이다. 이에 반하여 종교화되고 신비화된 불교가 대승불교(Mahayana School)이다.[111] 두 유형 가운데 대승불교가 중국을 거쳐 한반도에 유입되었다. 고타마 싯다르타의 본래적인 교훈에 충실했던 소승불교와는 달리, 대승불교의 핵심적 가치는 보살(Bodhisattva)의 역할에서 찾을 수 있다. 보살(菩薩)은 얼추 해탈 혹은 니르바나의 경지에 도달했으나 뭇 중생들을 돕기 위하여 세속에 남아 있는 승려를 의미한다.[112] 이러한 보살 개념은 중국 불교에서 나타나게 되는데, 시간이 지나면서 관음사상(觀音思想)을 구성함으로써 더욱더 종교화 내지는 신비화의 길을 걷게 된다. 관음사상은 뭇 중생의 기도를 들어주는 것을 골자로 하는데, 보살 개념

---

111 동국대학교, 『불교학개론』(동국대학교 출판부, 1986), 95-108.
112 앞의 책, 112-115.

과 접목되면서 종교화된 불교가 한반도에 정착하기에 이른다. 고타마 싯다르타가 회피했던 신화종교(神化宗教)의 범주로 다시 돌아간 것이다.

이런 흐름 속에서 불교가 붓다를 신적인 존재로 옹립하고, 한 걸음 더 나아가서 샤머니즘과 결탁하면서 다양한 정령들 곧 다양한 귀신들을 받아들이는 일종의 다신교적 혼합종교(polytheistic syncretism) 양상을 보인다. 한반도에 유입된 불교가 샤머니즘과 결탁하는 것에서 그치지 않고, 결과적으로 하늘 아버지 종교와도 결합하면서 원래 불교와는 다른 종교적인 형태를 띠게 된다. 한국의 불교를 조금 깊이 들여다본다면 선종과 교종으로 대별되는데, 선종은 명상에 힘쓰고 교종은 경전의 독경과 연구에 몰두한다. 전자는 신비주의적인 성향을 지니게 되었고 후자는 독경을 통한 정화를 추구하게 되었는데, 공통적인 것은 대중이 누구나 참여할 수 있는 것이 아니라 소수정예 수도자로 제한되는 형태로 발전된다는 점이다. 대각(大覺)을 이룬 승려가 각자 자신의 세계를 내세우면서 사적이고 내세주의적인 성격을 띠게 된다. 이러한 흐름을 좇아서 한반도에서 불교는 정토불교(淨土佛教)로 성장하게 된다.[113] 아미타불교(amitabhaBuddha)라고도 일컬어지는 정토불교는 정토(pure land)에서 왕생하는 것, 즉 다시 태어나는 것을 추구하는 불교를 의미하는데, 그 길이 생각보다 단순하다. 즉, 아미타불에게

---

113   민경배, 『한국 기독교회사』(대한기독교출판사, 1982), 31-35.

10회 이상의 짧은 주문 형태의 기도를 음송하면 정토에서 왕생하
게 된다고 주장하는데, 이는 정토불교가 아미타불의 은총으로 정
토에 들어간다는 일종의 불교 신학이다.

이런 방식으로 정토불교는 개인적으로 수련에 힘써서 얻는 니
르바나를 영적인 극락정토로 대체하고, 동시에 두려움을 유발하
는 지옥을 대비적으로 제시함으로써 내세 종교로 탈바꿈을 하게
된다. 윤성범에 따르면, 이러한 개념이 샤머니즘과 결합하면서 현
세에서 복을 받아 누릴 뿐 아니라, 그 복이 천궁(天宮) 혹은 신궁(神
宮), 즉 내세(內世)에까지 이르기를 원하는 기복적이고 비윤리적인
개인적 욕망을 부추기는 종교를 만들어낸다.[114] 정토에 이르는 길
이 단순한 주문형식의 기도문을 10회 암송하는 정도로 충분하기
에, 인격성이라든가 윤리적 성결을 추구하는 것과 같은 본래적 불
교성이 박탈되었다. 바르트의 기독론적 포괄주의 신학에 정통한
토착화신학자 윤성범은 이러한 불교적 세계관이 한국 기독교의
천국과 지옥의 전이해로 작용했다고 이해하였다. 이 현상은 한국
교회의 종말론적인 윤리와 하나님 나라의 개념을 성경신학적인
전망으로부터 분리시켜 현세(現世)와 내세(內世)로 이분화하는 결
과를 낳았다고 평가하였다.[115]

---

114 윤성범, "재래 종교에 대한 이해와 오해," 『기독교사상』 86 (대한기독교서회, 1965), 41.
115 앞의 책, 41.

역사적인 발전을 고려하여 말하자면, 소승불교가 중국을 거쳐 한반도에 유입되는 과정에 한반도의 유일신 사상과 다신론적인 샤머니즘과 깊이 토착화(indigenization)되면서 대승불교로의 완결에 이르렀다. 그리고 이러한 대승불교가 가진 신관이라든가 보살과 같은 중재 개념, 그리고 기복적인 기도와 같은 형식들이 형이상학적인 구조를 이루고 대중적인 고등종교로 자리 잡게 되었던 것이다. 말을 바꾸어, 한국인의 종교성의 근간인 유일신 사상과 샤머니즘이 불교를 한층 종교적 구성 요소를 지닌 대승불교로 끌어내는 힘을 발휘했다고 말할 수 있다. 결과적으로 불교는 치성(致誠)과 시주(施主)의 질량에 따라서 현세와 내세의 복이 결정된다는 매우 기복적인 신앙의 형태를 지니게 되면서 대중에게서 환영을 받았으나, 동시에 식자층의 경멸 대상이 되기도 하였다.[116]

유교와 두 종교성의 관계

다음으로, 유교(Confucianism)와 한반도의 두 종교성의 관계를 살펴본다. 유교가 한반도에 상륙한 것은 태학(太學) 설립에서 찾을 수 있는 주후 372년, 혹은 백제의 유학자인 왕인(王仁)이 일본에 논어와 천자문을 전해준 285년까지도 소급될 수 있다. 그리고 한반도 내에서 유교는 불교가 백제의 멸망과 함께 호국 종교의 지위를 상실하면서부터, 즉 조선의 건국과 함께 새로운 정치체계를 구성하고 이를 뒷받침하는 윤리적 사상의 기반으로 자리잡게 된다.

---

116   C. A. Clark, *Religions of Old Korea* (New York: Fleming H. Revell, 1932), 64.

한반도에 유교가 들어올 때는 종교적인 형태를 갖췄다기보다는 사회제도와 그 사회의 윤리적 규범을 제시하는 사회학적인 차원이 더 강조되었다. 종교적 구성을 내적으로 체계화한 종교는 아니었다.

본래 유교의 세계관은 하늘과 땅과 그 가운데 인간이라는 세 핵심 요소로 구성된다. 특별히 인간은 하늘의 마음과 땅의 육체라는 두 요소를 지니고 있기에 하늘과 땅을 다스리는 존재로 인식된다. 이러한 특징을 지닌 인간은 하늘을 향한 삶을 지향해야 하는데, 그것이 선한 삶이고 그 질서에서 벗어나는 것은 악으로 간주하고 멀리해야 한다.[117] 바로 이러한 선을 추구하는 삶은 학(學)·사(思)·행(行), 곧 배움과 반성과 실천을 반복하여 수행함으로써 인간이 하늘로부터 타고난 선함을 지키고 하늘의 마음에 합한 경지에 이르는 것에서 성립한다. 그 실천적인 덕목은 인의예지신(仁義禮智信)과 같은 것인데, 그 최고의 경지는 인의 경지에 이르는 것이다. 그것이 바로 궁극적인 인간성의 발현이기 때문이다.[118] 이러한 덕을 지닌 자를 군자(君子), 인자(仁者), 대인(大人), 현인(賢人), 혹은 성인(聖人)이라고 부른다. 물론 그 반대쪽에는 도량이 좁고 간사한 소인(小人)이 있다. 이러한 유교적인 덕은 개인적 차원에 머무는 것이 아니라 사회적인 차원으로 확대되어, 이러한 경지에 이른 자들

---

117 금장태, 『한국 유교의 재조명』 (전망사, 1982), 18-19.

118 유칠노, "중도(中道)와 원시 유가의 본체론," 한국동양철학회 편집, 『동양철학의 본체론과 인성론』 (연세대학교 출판부, 1982), 23-28.

이 국가를 정치적으로 경영해야 한다는 방향으로 나아간다. 이런 점에서 보면, 유교는 인본주의적인 정치철학이라고 할 수 있을 것이다.

하지만, 유교도 한반도를 아우르는 종교성으로서 유일신 사상과 샤머니즘과의 만남을 통해서 종교적인 면모를 갖추게 되는데, 그것이 조상제사와 같은 것으로 표현되었다. 물론 본래적인 유교에서는 이것이 종교 행위가 아닌, 죽은 자의 삶을 기리고 남은 자의 아픔을 달래는 지극히 인간적인 위무의 과정이었으나, 후기로 접어들면서 죽은 자의 혼령을 위무하는 것으로 파악하기 시작하더니 급기야는 거기에 죽은 자의 혼령 혹은 귀신이 살아 있는 인간의 삶의 길흉화복을 주관할 수 있는 것처럼 확대 재생산되기에 이르렀다. 이것은 대중적인 형태의 정령 숭배이며 또한 인격적인 신 개념으로서 하늘 사상이 공유되고, 이에 상응하는 제례 행위가 들어섬으로써 종교적인 지위에까지 이르게 된다.[119] 이런 배경에서 조선 후기에 유입된 기독교는 단순히 조선사회의 유교적 계급사회를 위협하는 세력에서 그친 것이 아니라, 조상의 혼령이나 신을 노엽게 하는 대상으로 인식될 수밖에 없었다. 이미 종교화된 유교의 관점에서 볼 때 기독교는 국가의 사회적이고 종교적인 근간을 흔드는 위험천만한 세력으로 인식된 것이다. 이러한 분석에서 볼 때 흥미로운 것은 유교도 유일신 사상과 샤머니즘의 토양에

---

119   이장식, 『한국교회의 어제와 오늘』 (대한기독교 출판사, 1991), 89-90.

서 토착화된 불교가 걸었던 토착화의 행로를 벗어나지는 못했다는 사실이다.

3. 종교다원주의와 한국 교회

한반도의 역사와 함께 일관되게 유지되어온 중요한 종교적 사상 기조는 유일신 사상과 샤머니즘이다. 그리고 그러한 종교적 근간이 불교와 유교를 재형성하는 힘을 보여준다. 이 지점에서 "그렇다면, 기독교는 이상에서 언급해온 종교들이 걸어온 길에서 예외적인 행보를 보여주었을까?"라는 질문을 제기하는 것이 공정할 것이다. 일반적으로 말해서 한반도에 새로 유입된 종교로서 기독교는 전통적인 한반도의 종교적 토양과 자연스럽게 어울릴 수 있는 요소를 지니고 있었다. 단군신화에서 구체화되었던 단일신론적이거나 혹은 유일신으로서 하늘 아버지 사상은 기독교의 하나님 아버지 유일신 사상과 거의 동일한 역할을 할 수 있었고, 샤머니즘이 내포하는 다양한 정령적 숭배 내지는 그런 사고방식은 마귀라든지 귀신들과 같은 존재를 이해하는데 용이한 지점을 만들었다. 무엇보다도 샤먼은 기독교의 중재자 개념이라든가 목회자의 역할을 자의적으로 파악하는 데 상당한 도움을 제공했다. 이러한 구조적인 유사성에서, 기독교 교회의 목회자에게서 길흉화복을 다스리는 역할을 기대하는 종교적 양상이 드러나는 길을 무의식적으로 찾지 않았을까 싶다.

1980년대에 접어들면서 하나님 나라 신학이 신·구교를 포함한 한국 교회 전반에 본격적으로 파고들어 기독교적인 세계관을 명확하게 드러내었는데, 그전까지는 한국 교회가 전반적인 면에서 다소간 이런 차원의 종교성을 추구했다고 말한다면 지나친 것일까? 심지어 다양한 형태의 프로테스탄트교회들은 각각의 교단별 신학적 특징이 명확함에도 그런 신학적 가치를 뚜렷하게 드러내지 않고, 오히려 대중적인 그리스도인의 일반적인 기대에 부응하여 한국의 전통적인 종교의 특성인 유일신 사상과 샤머니즘에 어느 정도 노출된 것으로 보인다. 종교 간의 세계관의 차이에도 불구하고 그 안을 채우고 있는 대중적인 신앙적 기대는 불교나 유교나 기독교나 동일하게 보이는 기이한 현실을 대하게 된 것이다.

이런 종교적인 특성 때문인지 한국 사회는 일반적으로 종교에 대하여 관대한 편이다. 물론 기독교가 유입되던 초기에 지배계급의 정치적인 역학과 맞물리면서 심각한 박해를 당했던 시절도 없지 않았지만, 한국 사회의 구성원은 다른 종교에 대하여 관대한 편이었고, 지금도 새로운 종교의 유입에 대하여 일반적으로 열린 입장을 견지하는 편이다. 최근 유입되어 들어오는 이슬람교에 대하여도 그렇게 직접적인 거부감을 표현하지 않고 있으며, 기독교가 이에 대하여 일부 불편해하는 모습을 보이지만, 일반 대중은 오히려 기독교의 그런 태도에 대하여 거부감을 보인다. 어떤 측면에서 한국인에게는 종교다원주의가 자연스러운 사회적 현상으로 받아들여지고 있다. 실제로 불교나 유교나 기독교 사이에 드러내놓고 종교적인 갈등을 구체적으로 유발하는 경우는 거의 없다. 유럽이나 동남아나 중동이나 아프리카와 같은 곳에서 볼 수 있는 종교적 갈등과 이로 인하여 일어난 폭력적인 상황은 연출되지 않고 있다.

이런 점에서 보자면, 포스트모더니즘이 한국의 종교다원적 상황에 직접적인 영향을 미친다고 볼 수는 없다. 다만 직접적인 긴장은 없으나, 한 종교가 다른 종교인을 대상으로 개종적인 선교 행위를 하는 것은 사회적으로 터부시되는 경향이 점증적으로 나타나는 것은 사실이다. 특별히 개종적인 선교 행위를 적극적으로 내보이는 기독교의 입장이 오히려 종교적인 갈등 구조를 심화 내지는 확산시키는 것처럼 인식되는 상황이다. 기독교가 근본주의적이고 전투적이며 몰문화적인 행태를 보인다고 몰아세우는 경우들이 빈번하다. 사실, 단군 신상을 파괴한다든지, 불교사원에 들어가서 전도 집회를 한다든지 하는 등 그런 빌미를 제공한 바가 없지 않은 예들이 있다. 이런 점에서 기독교 선교가 전략적인 섬세함이 요구되는 상황을 맞고 있는 것이 아닌가 싶다. 한국 교회가 이런 상황을 지혜롭게 극복하기 위해서는 오히려 불교나 유교나 이슬람교와 같은 종교단체를 깊이 탐구하고 이해하려고 시도해야 하지 않을까 싶다.

신 중심주의적인 종교다원주의
한국 사회에서 종교다원주의에 대한 태도는 기독교에서 상당히 적극적이었다. 이 땅에서 다양한 종교가 공존하는 측면에서 종교적 다원사회는 이미 역사적으로 존속해왔으나, 다른 종교를 긍정하고 그 안에서도 구원을 발견할 수 있다는 그런 차원의 종교다원주의를 추구한 것은 기독교에서 더 적극적이었다. 이런 현상은 두 방면에서 일어났는데 하나는 김경재를 통해서이고, 다른 하나는 변선환과 홍정수를 통해서였다. 어떤 의미에서 토착화를 향한 에너지를 지닌 한반도의 종교적 특성을 문화적 차원에서 적극적으로 수용하려고 했던 윤성범의 범주에 속한 신학적 시도가 포스트모더니즘과 만나면서, 김경재와 변선환과 홍정수와 같은 이들이 추구하는 종교다원주의적인 형태로 귀착하는 것이 아닌가 싶다.

김경재는 파울 틸리히(Paul Tillich, 1886-1965)를 전공한 신학자다. 틸리히는 신을 정의하면서, 모든 이름을 가진 신들, 모든 인격적인 존재로서 야훼나 무함마드나 그리스도 예수와 같은 존재 그 너머에 있는 존재 그 자체라고 선언한 신학자이다. 그런 신학에 영향을 받은 김경재는 『도덕경』을 읽으며 발견한 문구 "'이름 붙일 수 있는 이름, 규정할 수 있는 그것은 참 이름이 아니다'(名可名非常名)라고 한 옛글이 크리스천인 나를 고발하고 있었다"라는 고백을 하면서, 다음과 같이 자신의 의중을 드러낸 바가 있다.

"틸리히가 유신론과 무신론 따위의 신론 너머에 있는 참 하느님은 '존재 자체', 또는 '신을 넘어서 계신 하나님'이라고 말하려는 참뜻도 나를 '야훼 하나님'이라고 쉽게 부르지 못하도록 궁지에 몰아넣었다. 도

하나님 나라와 광장신학

대체 오직 천상천하에 한 분뿐인 유일무이하신 하나님께서 어찌 이름을 필요로 하는 것일까? 그리고 그 하나님을 어느 특정 종교, 경전, 문화, 신학, 백성이 독점할 수 있는 것일까? 하늘을 독점할 수 없듯이, 아니 하늘을 풍선 속에 다 담아 넣을 수 없듯이, 하나님이 특정 백성과 종교 공동체를 당신의 목적 때문에 임의로 선택 경륜하실 수 있어도, 특정 민족, 국가, 왕조, 성전 따위 등 거기에 갇혀 포로처럼 공동운명적 존재가 될 수 없다는 신념이 내 마음에서 사라진 적이 없다."[120]

김경재는 이러한 주장과 함께, 다음과 같이 말하면서 기독교의 하나님과 한민족이 불러온 하느님이 같은 실재임을 역설한다.

"마치 구약의 백성들의 야훼(여호와) 하나님과 우리 조상들의 하나님과는 전혀 종류가 다른 신이라고 믿고 가르치고 기도하는 그런 신학자나 목회자들의 입장에 나는 따라갈 수 없다. 하나님은 인간들의 문화 역사적 한정 때문에 여러 이름 여러 개의 신의 호를 가질 수 있으나 하나님이라고 할 만한 분은 오직 한 분일 뿐이다. 여럿 있는 것은 하나님이 아니다."[121]

여기서 주목해야 하는 김경재의 표현은 하나님은 "어느 특정 종교, 경전, 문화, 신학, 백성이 독점"할 수 없다는 부분이다. 이 말

---

120   김경재, 『종교다원시대의 기독교 영성』 (다산글방, 1992), 165.
121   앞의 책, 166.

을 조금 쉽게 번역하면, 하나님은 자신을 불교를 통해서도 힌두교를 통해서도 이슬람교를 통해서도 계시할 수 있는 분이라는 주장이 담겨 있다. 그러니까 김경재가 추구하는 종교다원주의는 각각의 문화적이고 언어적이고 역사적인 배경을 적극 활용하면서 불교에도 힌두교에도 이슬람교에도 자신을 계시한 하나님이 이런 배경에서 형성된 각각의 종교를 진정한 구원의 종교로서 고유한 기능을 수행하도록 했다는 그런 의미에서 종교의 다원성을 반영하고 있는 것이다. 김경재에 따르면 이러한 입장은 종교혼합주의 (religious syncretism)는 아니다. 종교혼합이라는 것은 각각의 종교의 고유한 종교적 정체성을 희생시켜가면서 추구하는 것인데 반하여 그가 언급하는 종교다원주의는 각 종교 그 자체가 계시종교를 구성한다는 것이다. 이것을 그는 종교 간 관계성을 유지하면서도 서로 유기적인 관련성을 이루며 베를 짜는 것과 같은 것이라고 주장한다.[122]

이러한 김경재의 주장은 사실은 폴 니터(Paul Francis Knitter, 1939-)의 신 중심적 종교다원주의를 적극적으로 수용했던 변선환의 주장과도 통하는 지점이 있다. 변선환은 1992년도에 열린 감리교연회에서 폴 니터의 사상을 칸트의 현상계와 예지계의 구별에 근거하여 조금 더 철저하게 관철시킨다는 점에서 폴 니터와 구별할 수 있는 존 힉(John Harwood Hick, 1922-2012)을 추종하는 홍

---

122 앞의 책, 168.

정수와 함께 출교를 당했으나, 2005년도에 접어들어 변선환 서거 10주년을 기념하는 학회가 열리면서 그의 신학적 활동을 기리는 움직임이 제자인 학자들을 중심으로 일어나고 있는 실정이기도 하다. 게다가 이정배와 같은 신학자는 변선환의 어깨 위에 올라서서 그 이상의 작업을 시도하는 중으로, 그의 신학이 단순 재생산을 넘어서 적극적으로 혹은 발전적으로 계승되고 있다고 말할 수 있다.

그런데 이러한 신학자들의 종교다원적 주장의 핵심에는 특별계시와 일반계시의 경계를 넘나드는 자유로움이 있다는 사실을 주목하고 드러낼 필요가 있다. 폴 니터나 존 힉이나 존재 혹은 실재 그 자체를 전제하고, 동시에 그 동일한 존재가 현상계로서 문화와 언어와 역사의 다양성을 지닌 이 세상에 자신을 진정성 있게 계시한다는 사실을 전제함으로써, 특별계시와 일반계시의 경계를 희미하게 만들었다. 각 종파의 특별하고 고유한 계시의 가치를 인정한다고 하더라도, 그 특별하고 고유한 계시가 다양한 역사와 문화와 언어라는 일반적인 인간의 다양한 종교적 경험의 범주를 공유하면서, 동시에 계시 내용의 특수성을 넘어서서 그 안에서 궁극적으로 만나는 실재, 혹은 존재 그 자체가 동일한 대상이라고 주장하는데, 결과적으로는 특별계시가 자신에게 고유한 특별함을 포기하고 일반계시의 범주로 다시 회귀하고 마는 기묘하면서도 모순되는 설명이다.[123]

그래서 이러한 생각을 기반으로 가진 다양한 종교들은 사실상 어떤 형태의 종교적 연합에 대해서도 궁극적으로 반대할 이유가 없게 된다. 부분적으로는 각 종교의 고유한 자기주장을 내려놓을 이유가 없다고 말하지만, 그럼에도 불구하고 흔쾌히 불교의 종교 제의에 혹은 자기 종파의 제의에 서로를 초대하고 응하는 것을 어려워하지 않는 유연함을 연출하기에 이르는 것이다. 종교다원주의자들에게 있어서 기독교의 종교적 주장이 존중되어야 하는 것은 사실이지만 반드시 혹은 배타적으로 추구하고 지켜야 할 것은 아닌 셈이다. 기독교 안에서 자신을 계시한 존재 그 자체 혹은 실재 그 자체는 다른 방식으로 혹은 다른 인물을 통해서도 자신을 다른 문화권에서 진정성 있게 계시할 수 있고, 타문화권에 발현된 타종교를 통해서도 구원 사건은 얼마든지 일어날 수 있다고 보기 때문이다. 타문화권 혹은 타종교가 소중하게 간주하는 종파적인 범주로서 다양한 그리스도는 이차적인 가치로 물러나고, 일차적인 가치는 그런 계시를 일으키는 신, 곧 존재 그 자체 혹은 실재 그 자체에게 주어지게 되는 것이다. 이런 측면에서 신 중심적인 종교다원주의를 지향한다고 말할 수 있다.

---

123 그러나 헤르만 바빙크는 인격적인 신을 추구하는 종교는 어떤 형태의 신적 계시에 근거한 것임을 인정하지만, 그럼에도 불구하고 진정한 구원의 종교로서의 계시는 그리스도 예수라는 인격과 그의 사역 안에서만 구현되었다고 하는 차별화된 지평을 설득력 있게 드러낸다는 점에서, 일반계시와 특별계시의 구별을 여전히 보존하고 있다는 사실을 주의 깊게 읽을 필요가 있다. 이를 위하여, 헤르만 바빙크, 『계시철학』 (도서출판 다함, 2019), 287-376을 읽어보라.

기독론적 내포주의

이와 함께 검토해야 할 또 하나의 주제는 기독론적 내포주의 (christological inclusivism)다. 흔히 종교다원주의와 기독론적 내포주의를 혼동하는 경향이 있지만, 사실은 출발점과 내용이 상당히 달라 구별해서 설명하는 것이 바람직하다. 기독론적 내포주의는 20세기에 신·구교회 신학의 정점에서 거의 동시에 나타난 신학 사조다. 개신교 진영에서 기독론적 내포주의는 카를 바르트(Karl Barth, 1886-1968)에게서 비롯되었다면, 로마가톨릭교회의 진영에서는 카를 라너(Karl Rahner, 1904-1984)의 손에서 이루어졌고 제2차 바티칸공의회가 그의 입장을 적극적으로 수용하였다. 이 두 신학자는 유럽 기독교에서 처음으로 신 중심적인 종교다원주의를 제창했던 에른스트 트뢸치(Ernst P. W. Troeltsch, 1865-1923)의 신학을 논박하는 담론을 함께 전개했던 신학자들이다. 비록 이들이 사용하는 신학적인 용어는 다르지만, 그 내용에 있어서는 신학적으로 동일한 범주를 공유하고 있다. 그 내용을 살펴보면 이렇게 말할 수 있다.

카를 바르트는 그리스도 예수 이외의 어떤 존재도 하나님과 인간 사이의 중보자가 될 수 없다는 매우 분명한 확신을 갖고 있다. 그런데 그리스도 예수의 역할이 좀 독특하다. 그리스도 예수는 아담 이후의 모든 인간을 예외 없이 대표하고 대신하는 존재로 등장한다. 그래서 그리스도 예수는 아담의 범죄로 인하여 타락한 모든 인간을 빠짐없이 대신하여 심판을 받고 죽음에 넘겨진다. 이 방식으로 모든 죄인의 죄를 궁극적으로 처리한다. 또한 하나님은 그리스도 예수를 죽음에서 일으켜 부활에 참여하게 함으로써 그리스도 예수 안에서 모든 인간을 구원한다. 그래서 그리스도 예수는 단 한 분 버림받은 존재이면서 동시에 단 한 분 선택받은 분이기도 하다. 그의 설명을 직접 들어보면 다음과 같다.

"그는 선택(選擇)된 자로서 그리고 선택된 자이기 때문에 유기(遺棄)된 자이다. 그의 선택의 관점에서는 자신 외에 누구도 유기되지 않았다. 그가 모든 유기된 자들을 선택하기 위하여 그들 모두를 대신하여 홀로 유기된 것이다. 그가 유기된 자가 된 것은, 자신의 거절 안에서 하나님이 그들을 선택하도록 할 수 있는 여지를 마련하려는 행동이었기에, 바로 그들을 위한 일인 것이다. 그러므로 그는 하나님의 은혜로운 선택의 유일한 대상인 것이다. 따라서 예수 그리스도는 선택된 자들과 유기된 자들의 주이며 머리이고 주체이다."[124]

이런 그리스도 예수의 역할에 근거하여 바르트는 하나님께서 모든 인간을 심판하고 동시에 모든 인간을 구속하였다고 주장하였다. 그리스도 예수는 모든 인간에게 원칙상 구원을 가져온 분이다. 비록 현재 이곳에서 구원을 인식한 사람이 있는가 하면, 아직 구원이 이르렀다는 사실을 알지 못한 채 지내고 있는 사람이 있기는 하지만 말이다.

124　K. Barth, *Church Dogmatics II/2* (Edinburgh: T&T Clark, 1958), 353.

그런가 하면, 카를 라너는 그리스도 예수 안에서 하나님께서 이미 자신의 사랑을 만인에게 통보했다는 주장을 펼쳤다. 그리스도 예수의 십자가에서의 죽음에서 만인의 죄를 처리했고, 또한 부활에서 만인을 자신의 백성으로 받아들였기 때문에, 바로 그 사실에 근거하여 자신의 존재 혹은 자신의 사랑을 만인에게 통보했다는 것이다. 따라서 이 세상에는 그리스도 예수와 관계하는 두 범주의 사람이 있을 뿐이라고 말하는데, 그 하나는 그리스도 예수 안에서 그와 같은 구원의 사건이 일어났다고 믿는 명시적인 그리스도인(explicit christian)이고, 다른 하나는 아직 그 사실을 알지 못한 채 살아가는 익명의 그리스도인(anonymous christian)이 있다는 것이다. 이러한 라너의 주장은 스페인의 로마가톨릭교회를 중심으로 신 중심적인 종교다원주의를 주창했던 신학자인 라이문도 파니카(Raimundo Panikkar, 1918-2010)와 같은 신학자로부터 기독교적 제국주의의 선언이라는 격정적인 반응을 받기도 했으나, 로마가톨릭교회는 제2차 바티칸 공회를 통하여 이러한 신학적 입장을 받아들였다.

카를 라너와 카를 바르트와 같은 신학자의 이러한 주장은 매우 급진적인 것이어서, 타종교의 구원종교로서의 기능을 아예 박탈하기까지 그 신학적 급진성을 드러낸다. 파니카가 불쾌하게 반응했듯이 누군가가 힌두교나 불교나 이슬람교에 헌신된 신앙인이라고 하더라도 그는 자신의 종교를 통하여 구원을 받는 것이 아니라, 궁극적으로 혹은 종말론적으로는 그리스도 예수의 중보 안에서 구원을 받게 될 것이라는 급진적인 속죄관 내지는 구원관을 견지하기 때문이다. 바르트나 라너는 타종교가 구원의 종교임을 기독론적인 방식으로 거절하는 입장을 명확하게 드러낸 것이다. 결국 타종교의 종교적 행위는 근거 없는 행위 혹은 무의미한 행위에 가까운 일이라는 것이다.

한국의 로마가톨릭교회가 불교를 향하여 친절한 태도를 견지하는데, 이것은 종교다원주의적인 태도를 드러내는 것이라기보다는 기독론적인 포괄주의적 태도를 견지하는 행위라고 할 수 있다. 현재 누군가가 비록 불교적인 혹은 이슬람적인 종교행태를 견지하고 있다고 하더라도, 종말론적으로 볼 때는 그리스도 예수 안에서 구원에 참여하게 될 형제와 자매 정도의 관계일 뿐이라는 매우 급진적인 판단으로 그와 같은 친절한 관계를 견지한다는 것이다. 그러니까 겉으로 보면 종교다원주의적인 양상을 드러내지만 사실상 속내는 기독론적인 포괄주의에 근거한 행동인 것이다.

흥미로운 것은 기독론적인 포괄주의도 특별계시에 근거하여 기독론적인 절대성을 견지하지만, 결과적으로는 특별계시를 일반계시로 완전하게 일반화 내지는 보편화시키는 오류를 실천적으로 범한다는 사실이다. 특별계시와 짝을 이루는 특별한 은총이 "이미"와 "아직 아니" 사이의 예리한 구별을 실천적으로 견지하지 못함으로써 실제적으로는 구속사가 일반역사에 파묻히는 결과에 이르고 만다. 이러한 역설적인 귀결점을 정확히 인지하고서야 일반

역사를 구속사와 구별하기를 거절하는 볼프하르트 판넨베르크 (Wolfhard Pannenberg, 1928-2014)와 같은 신학자의 신학이 제안될 수 있는 것이다. 바르트나 라너는 자신의 신학을 전개함에 있어서 성경적인 하나님 나라 사상에 근거하지 않고, 하나님의 활동을 헤겔적인 절대정신의 정반합의 역동적 운동에 집어넣어서 설명하려고 했기 때문에, 성경적인 맥락을 벗어나는 결과에 직면하게 된 것이다.

라너와 바르트가 추구한 신학은 아예 종교 그 자체를 의미 없는 것으로 간주해버리거나 혹은 종교 그 자체를 기독론 안으로 흡수하여 용해하는 방향으로 진행한다. 그래서 바르트 신학을 펼치는 후대의 신학자들의 유형이 둘로 나뉘는 것이다. 신 중심적인 종교다원주의를 근간으로 해서 기독론적인 독특성을 수용하면서 타종교와의 사귐을 적극적으로 지지하는 행보를 하거나, 기독론적인 포괄주의적 입장을 취하면서 문화적으로 타종교를 흡수하려는 시도를 전개하는 것이다. 그러니까 결국 바르트주의도 포괄적인 의미에서 종교다원주의적인 모습을 자아내게 되는 아이러니에 빠지게 되고 만다.

4. 종교의 광장에 선 하나님 나라

살펴온 바로는 신 중심적인 종교다원주의를 따라가든지, 아니면 기독론적 포괄주의를 따라가든지 간에, 기독교의 자기 정체성은 위기에 처한다고 할 수 있다. 이런 방식으로 하나둘씩 자신을 개방하기 시작하면, 과연 기독교의 구원종교로서의 유일성이 유지될 수 있을지 매우 의심스럽다. 바빙크는 고등종교란 비인격성과 비윤리성을 내포하는 샤머니즘을 배제한 일반적인 계시의 기반 위에서 일어선 종교라는 입장을 드러낸다. 다만 그 계시만으로는 충분한 구원종교로서 기능할 수 없다는 한계를 명확히 지적하였다. 그러면서 계시가 인격적으로 명확하게 구현되는 방식, 즉 성육신을 수반하는 형태로 주어질 필요가 있고, 그것이 바로 기독교의 고유한 특성이라고 설명하였다.

이것을 다른 말로 표현하자면, 종교는 일반계시에 근거한 종교와 특별계시에 근거한 종교로 크게 나뉠 수 있다. 이런 전망에서 고등종교의 배후에 계신 인격적인 하나님을 말할 수 있으나, 그러나 구원의 종교로서 기능하는 기독교의 유일성을 견지할 수 있는 핵심적인 근거를 동시에 마련할 수 있을 것이다. 일반계시든 특별계시든 그 계시의 배후에는 동일하신 하나님이 계신다는 측면에서 기독교는 타종교와 공존할 수 있을 것이나, 그러나 구원의 계시를 담지한 종교로서 기독교는 타종교의 종교적 제의를 공유하는 일은 하지 않아야 한다. 기독교는 타종교와 공존하며 사회적이고 시민적인 차원에서 공공의 선을 꾀하는 일에 적극적이어야 하면서, 동시에 구원의 종교로서의 기능을 찾아 지혜롭게 수행해야 한다.[125]

바빙크의 이러한 관점에서 보자면, 광장에 선 기독교가 종교적 다원성 혹은 종교적 다원주의라는 형태의 범종교적 거대담론을 형성하여 공유하고, 혹은 대단위의 종교적 행위를 함께하고 집단화하는 것을 장려할 필요가 없다. 신 중심적 종교다원주의나 기독론적 내포주의로 선회하지 않더라도 각각의 종교가 얼마든지 고유한 정체성을 유지하면서 상호 공존을 꾀할 수 있다. 특별히 바빙크는 일반계시와 특별계시의 공통기반을 계시하시는 인격적인 하나님에서 찾고 있는데, 이것이 아주 중요한 지점을 환기시킨다. 계시자의 인격성에 기반하여 일반계시에 근거한 종교와 특별계시에 근거한 종교 사이의 공존 영역을 말할 수 있을 것이다. 인격성을 구현할 수 있는 지점에서, 그러니까 인권과 관련된 다양한 영역에서 기독교는 종교적 차이를 넘어서 공존을 꾀하면서도 기독교로서 자신의 고유성까지도 펼칠 수 있다. 이런 방식으로 공공의 영역에서 하나님의 탁월한 덕과 그에 수반되는 통치가 발현될 수 있을 것이다.

2013년 7월에 '포스트모더니즘 시대에 개혁신학을 어떻게 견지할 수 있을까?'라는 질문과 함께 헝가리의 싸로스빠딱 (Sárospatak) 신학대학원에서 국제개혁신학회가 열렸을 때, 필자가 헤르만 바빙크의 규범적 윤리로서 십계명의 보편적 구현 가능성을 발제한 일이 있다. 이에 대하여 서부 웨스트민스터신학교의 데

---

125   헤르만 바빙크, 『계시철학』, 287-376.

이빗 반 두르넨(David van Drunen)이 세속화시대에 공공의 장(public arena)을 상실하고 사적인 종교(private religion)로 밀려났을 뿐만 아니라 심지어 다원화된 시대에 실존 자체를 모색하고 있는 마당에 교회가 어떻게 그 고유의 가치를 구현할 수 있느냐는 비판적인 질문을 제기했다.[126] 질문에 대하여, 오히려 다원적 사회이기 때문에 바빙크가 전개하는 유신론적 세계관에 기반한 담론은 더 깊이 그리고 더 폭넓게 보편적인 설득력을 얻어낼 수 있는 전략을 세울 수 있다는 요지의 답변을 했던 것으로 기억하는데, 다양한 논점을 끌어안고 있는 인권도 그런 지점 중 하나에 해당할 것이다.

한편으로, 두르넨의 질문에 충분히 공감하는 것은 이 시대가 다원적인 사회 구조 안에 있다는 사실을 받아들이지 않고 오늘의 기독교는 자신의 정체성을 드러내고 실행에 옮길 수 없기 때문이다. 이것이 아브라함 카이퍼의 뒤를 이어서 바빙크가 활동하던 시대와 오늘 우리가 직면한 사회의 중요한 차이를 구성한다는 사실을 인정하지 않는 것은 정직하지 않은 것이다. 다른 한편으로, 그 전제를 흔쾌히 받아들인다고 해서 기독교가 포스트모던 사회에

---

126 그는 『하나님의 두 나라 국민으로 살아가기』 (부흥과개혁사, 2016)에서 교회에서는 규범으로서 율법을 따르는 교인으로, 사회에서는 사회적으로 통용되는 규범을 따라서 살아가는 두 다른 삶의 태도가 가능한 전략을 제안함으로써, 이를테면 영화 「투캅스」에 나오는 형사이자 교회의 집사인 안성기의 모습을 지지하는 관점을 드러내는데, 신학자로서 스승인 존 프레임(John Frame)의 심각한 비판을 받은 일이 있다. 이는 데이빗 반 두르넨과 마이클 호튼(Michael S. Horton)이 미국을 중심으로 주도하는 신학인데, 이들이 활동하는 서부 웨스트민스터신학교가 서 있는 지명을 따라서 프레임이 "Escondido Theology"라고 부르며, 책을 출간하여 본질적인 비판을 제기한 바가 있다.

서 궁지로 내몰리는 것은 아니다. 오히려 그 한계 안에서 기독교가 내적 정합성에 기반한 정직한 세계관에 기초하고 있음을 설득력 있게 제시하며, 한 걸음 더 나아가 그것이 인정받을 수 있는 효과적인 상황이 오히려 포스트모더니즘적 사회라는 사실을 인식하고 전략적으로 활용할 수 있다. 한국 사회에서도, 점증하는 종교적 다원사회 인식은 한국 기독교가 타종교와의 관계에서 함께 연대할 수 있는 여백을 만들어내고, 자기 정체성을 더 강화하는 기회로 끌어내도록 기능할 수 있다.

어떤 범주에서 연합이 가능할 것인가와 관련해서 과거 기독교와 불교와 천도교가 함께 일으켰던 삼일만세운동은 거주의 경계를 정하시고 이웃하는 나라로 살아가도록 경륜하시는 하나님의 통치에 가까이 다가서는 행위이다. 혹은 우리가 살아가는 시대의 환경과 관련한 고민을 반영했던 새만금사태 대응에서 일궈냈던 종교 간 협력을 이야기할 수도 있다. 비록 세속화의 극단을 달린다고 하더라도 이 시대가 제정일치의 사회가 아닌 이상, 다원성이 지배하는 사회가 기독교의 배타성 내지는 유일성을 유지하면서도 타종교의 가치를 정면으로 배척하지 않는 방식의 삶을 유지하는 기회로 여겨질 수 있는 것이다.

사도 바울과 그 일행은 에베소에 들어가 두란노를 중심으로 아르테미우스 여신이 가짜 신인 것을 그리스도 예수 안에서 자신을 계시한 하나님을 설명함으로써 간접적으로 드러내어 시민들의 공감을 얻어냈으나, 사도행전 19장 37절에서 확인하듯이 결코 아르테미우스 신전에 난입하여 신상을 깨트리거나 전각의 물건을 도적질하지 않았고, 그 여신의 위상을 직접적으로 훼방하지도 않았다.[127] 오늘의 상황에서 좋은 그리스도인이 되는 것, 그러니까 그리스도 예수의 유일성을 견고히 붙잡는 것이 필연적으로 불상의 머리를 자르거나 단군신상을 제거하거나 무슬림을 배척하는 행위로 연결될 필요는 없다. 사도 바울은 그런 행위는 보편적인 부성에 기반한 하나님의 통치에 반하는 일로 인식했다.

조금 더 일상적인 경험으로 들어가서 이야기하자면, 직장에서 불교에 속한 팀장과 더불어 좋은 구성원으로 일할 수 있고, 또 그렇게 하는 것이 반드시 팀장의 종교를 따라 신앙을 고백해야 하는 것을 의미하지는 않는다. 물론 일의 성격과 관련하여 윤리적인 문제가 제기될 수는 있으나 그것은 국가의 법을 존중하면서 동시에 그 법에 반영된 기독교적 양심에 따르는 방식으로 일반계시적인 차원으로 조율해낼 수 있는 길이 존재한다. 이것은 삶의 규범으로서 율법이 시민사회의 삶의 근간으로 자리잡게 되는 지혜로운 길이기도 하다. 교회의 삶의 규범과 시민사회의 삶의 규범 사이에 차이를 노정하는 것이 아니라, 영적 상태와 동일성을 찾아가려는 노력이 더욱 중요하다.

바로 이러한 상황에서 설교자는 세속사회에서 일하는 그리스도

---

127 "신전의 물건을 도둑질하지도 아니하였고 우리 여신을 비방하지도 아니한 이 사람들을 너희가 붙잡아 왔으니"(행 19:37).

인의 구체적인 삶을 파고들어 가서 시대정신이라는 이름으로 공유되는 세속적인 가치관을 딛고 설 수 있는 실질적인 삶의 지혜와 통찰을 담아내려는 신실한 노력이 필요하다(약 3:13-18). 설교자의 관심사가 회중이 출석하는 교회의 맥락에만 고정되어 있으면 하나님 나라의 지평을 다 담지 못하는 결과에 이를 것이다. 회집하는 회중 가운데서 이루어져야 하는 하나님 나라의 삶을 마땅히 구현하면서도, 교회 밖에서 구현되는 회중의 삶의 전망을 끌어안고서 고민할 필요가 있다(약 2:11-17). 그리고 둘 사이에 선순환이 일어나는 것이 바람직할 것이다. 교회에서 삶에로, 삶에서 교회로 순환적으로 움직이는 역동이 두 영역(realms) 모두를 살리고 하나님의 통치(ruling)를 드러내는 길이기 때문이다.

나가며

이 땅에서 기독교는 과거 한반도에서 인류가 거주하기 시작하면서부터 취해온 유일신 사상과 무속신앙과 공존을 모색하면서도 고유한 자기 정체성을 지키고 진정성 있게 후대로 전승하고 있는지 다시 새롭게 살펴봐야 한다. 그리고 불교나 유교가 한반도에 기인한 종교성의 세례를 받았던 것처럼 그런 방식으로 토착화된 지점은 없는지, 비판적인 질문이 항상 새롭게 제기될 필요가 있다고 생각된다. 1960년대를 전후해서 한국 교회는 전통적인 종교성에 무의식적으로 동화되는 모습을 보이면서 동시에 의식적으로 다가서는 모습을 보이기도 하였다. 진보적인 교회는 적극적인 토착화의 길을 모색하였다면, 보수적인 교회는 무의식적으로 사적이고 기복적인 신앙의 구조를 적극적으로 수용함으로써 비윤리화되고 사회적 차원의 영성을 상실하고 게토화되는 경향을 드러내었다.

사회 구조가 포스트모더니즘에 직면하면서 다원적인 구조로 전환되는 과정에서 교회는 의식적으로 그런 차원을 인식하면서 자신을 노정할 필요가 있다. 그러나 그것이 반드시 적극적으로 토착화를 모색하는 것으로 나아갈 필요는 없다. 복음을 효과적으로 전파하는 범주 내에서의 상황화는 의당 취해야 하겠지만 그것은 어디까지나 교회의 고유한 정체성을 명확하게 견지하면서 실행에 옮기려는 의지를 버리지 않아야 한다. 사실, 다원적인 사회야말로 교회가 전략적으로 자신의 고유한 특징을 드러낼 수 있는 시·공간이 확보된 사회이다. 그런 차원에서 교회는 교회가 이웃하고 있는 이웃 종교들을 깊이 있게 연구하고 이해할 필요가 있다. 비교종교연구(Comparative Study of Religion)와 같은 영역이 활발하게 공유되어야 교회의 역동성이 계발되고 확장성도 확보되어 교회의 활동의 영역이 다양해질 것이다.

이런 상황을 깊이 이해하며 우려되는 요소를 우회하면서 타종교의 문화와 역사와 신학을 만나는 길을 찾을 수 있지 않을까 싶다. 사실 한국 사회의 종교적 지형도에 따르면 기독교 20%, 불교 45%, 비종교인 15%, 가톨릭 10%, 기타 종교 10%로 나뉘는데, 이

상황에서 기독교가 찾아 나서야 할 적극적인 선교적 대상은 사실상 타종교인의 개종에서 찾아야만 한다. 그런데 이러한 선교가 전투적이고 몰문화적이고 공격적이지 않기 위해서는 각 종교의 형식과 내용에 대한 깊은 이해와 함께 다가서는 길밖에는 없다. 이런 차원의 공공성을 띤 작은 사업에 있어서는 협력을 적극적으로 모색하면서 찾아갈 수밖에 없을 것이다. 아마도 이런 태도가 사도행전 17장에서 관찰되듯이 사도 바울이 새로운 선교지에 도착하면서부터 마음으로 깊이 탐구했던 행로가 아닐까 싶다.

하지만 종교적인 영역에 있어서 교회가 자신의 고유한 정체성을 버리고 서로 공유할 수 있는 것을 찾아가는 토착화는 곤란하다. 조심스럽게 전략적인 접근은 취해질 수 있겠으나, 그렇지 않은 경우라면 조심스럽게 피해야 한다. 보다 적극적으로 교회는 그리스도 예수 안에서 자신을 계시하신 하나님을 더욱 깊이 추구함으로써 근본적인 정체성을 더욱 공고히 하면서, 동시에 자신의 삶을 그 정체성에 맞게 삶을 형성하는 구체적인 길을 모색해야 하지 않을까 싶다. 교회의 자기 정체성은 성경이 포괄적으로 묘사하는 십자가와 부활에서 결정적으로 성립하기 때문이다. 십자가에서 자신과 자신이 속한 교회와 이웃과 민족의 죄를 직면하고, 동시에 부활에서 자신의 삶에 뚫고 들어와 삶을 새롭게 형성하는 성령의 인도를 따라 소망 가운데 자신과 교회와 이웃과 민족의 십자가를 걸머지는 그 삶을 살아낼 수 있어야 한다. 그리할 때에 다원주의 혹은 다원적 사회에서, 혹은 종교다원적인 사회에서 이데올

로기적인 종교다원주의에 빠지지 않으면서 교회의 자기 정체성을 세워갈 수 있다.

한국 교회는 역사에서 종교가 종교 고유의 가치를 상실하고 사적인 범주로 환원되고 기복적인 가치를 추구했을 때 어떻게 궁지에 내몰렸었는지를 깊이 반성하면서, 모든 문화적인 차원을 딛고 서서 내보이는 성경적이고 근본적인 기독교적 정체성을 찾아 그것에 바탕하여 자신을 순전한 모습으로 세워가되, 온 우주에 충만한 하나님의 보편성을 추구하는 일에 열심을 내야 할 것이다. 불교가 백성에게 외면을 당하고 산속으로 물러가야 했듯이, 유교가 세속적인 복을 추구하고 기존의 체제를 공고히 하려는 기득권 세력의 가치관으로 전용되어 그 기능이 폐기되었듯이, 한국 교회도 개인주의와 기복적 종교로 환원되어 외면당하는 지경에 이르지 말라는 법이 없다는 사실을 깊이 인식해야 한다. 십자가와 부활의 역설을 살아내는 삶의 힘으로 한국인의 본래적인 종교성을 딛고 구원의 종교로 부단히 새롭게 서 가기를 희망하는 것이다.

에필로그

얼마전 출판사로부터 "오늘 죽으면, 어디로 가나요?"라는 물음과 관련한 글을 써달라는 부탁을 받았다. 사실 소책자로 기획된 것이었는데, 책상에 앉아서 쓰려고 생각을 하다 보니, 그 주제에 관해 전체적인 조망과 함께 소개하지 않으면 오해되는 지점이 있을 것이라는 결론에 이르렀다. 질문에 대한 즉각적인 대답은 "어디긴, 천국에 가는 거지!!!"일 텐데, 학자로서 솔직히 그렇게 간단하게 결론을 내릴 수 없었다.

하늘나라, 즉 천국은 과연 한국 교회의 일반적인 그리스도인이 생각하는 그런 곳일까? 그곳은 대승불교에서 생각하듯이 윤회의 현재 세계를 벗어난 내세(內世), 즉 저 안쪽의 세계인 것일까? 오늘날에도 이 논의는 영국의 케임브릿지대학교(University of Cambridge)의 존 밀뱅크(Alasdair John Milbank, 1952-)를 중심으로 다

시 불이 붙었다. 그는 토마스 아퀴나스(Thomas Aquinas, 1224-1274)
와 둔스 스코투스(Duns Scotus, 1266-1308)를 마주 세우면서 스코투
스가 보편자보다 개별자를 더 중시하고, 유비(analogia)가 아닌 일
의론(univocity)을 주장하며 초월의 영역을 제거하고 현실의 영역
으로 인간의 관심을 치환함으로써 서구사회의 세속화가 급진적으
로 일어나게 되었다는 혐의를 제기한다. 그러면서 플라톤과 그를
따르는 아우구스티누스의 존재론을 다시 끌어내었다.

  물론 이 논의가 경험론과 합리론의 패러다임에 갇힌 근대사회
와 그 이후 사회를 비판적으로 해석하고, 세속화로 인하여 초래
한 사회의 면면을 들추어내는 일에는 어느 정도 도움이 될 것이
다. 이 논쟁은 보편자를 상실하고 탈신성화의 길을 걸음으로써 무
신론으로 빠진다든가, 자연을 신과의 관계로부터 단절시킴으로써
환경오염과 파괴를 넘어 지구 온난화의 길에 접어들었다든가, 신
과의 관계로부터 인간을 소외시킴으로써 유물론적인 인간 이해를
초래했다든가 하는 문제를 일깨우는 데에는 도움이 된다. 그러나
그렇다고 해서 플라톤과 손을 마주 잡은 기독교로 다시 돌아가자
는 이야기는 선을 넘은 제안이다.

  로마가톨릭교회에 속한 존 밀뱅크와 그의 제자들은 둔스 스코
투스의 시도가 신의 세계와 인간의 세계를 일의론적으로 연결하
여 읽음으로써, 즉 사실상 동일시함으로써 신의 세계를 결과적으
로 제거한 것이 아니냐는 비판적인 물음을 던지고 있는 것이다.

이른바 급진정통주의(radical orthodoxy)라는 이름으로 말이다. 그러나 둔스 스코투스의 일의론을 읽으면서, 하나님께서 은닉된 분의 자리에서 알려진 분의 자리로 오셨을 때, 그리고 자신이 창조한 세계와 그 세계의 대리통치자인 인간에게 자신을 드러내셨을 때, 과연 자기 자신을 진솔하게 알리셨는가라는 물음이 그 근간에 자리 잡고 있다는 사실을 기억해야 한다. 계시 내용과 계시자 사이에 어떤 구별을 상정하는 일은 필연적이지만, 그 내용의 동일성에 대하여 의심하는 지경에까지 이르는 것은 옳지 않다.

성경은 창조주 하나님을 세계와 구별한다. 하나님은 하늘에 계시고, 인간은 땅에 있다는 말은 하늘과 땅의 구조를 반영하는 것을 넘어서, 하나님의 초월성을 전제한 말씀이다(전 5:2). 성경적인 세계관에서 볼 때, 하나님의 초월성은 필연이다. 하나님은 세계의 연장이거나 일부가 아니다. 하나님과 세계 사이에는 존재론적인 연속성(ontological continuity)이 없다. 그럼에도 불구하고, 하나님은 또한 내재하시는 분이시다. 창조주 하나님께서 언약과 함께 창조 세계 안으로 허리를 굽혀(accommodatio dei) 들어오셨다. 하나님은 계시라는 겸손한 방식으로 인간과 대화를 나누시고 교제를 맺으신다.

계시를 넘어서 신을 추구하는 것은 길을 잃을 가능성이 매우 농후하다. 초월은 하나님의 영역이고, 초월자이신 하나님께서 인간의 세계로 걸어 들어와 말을 거시는 그 방식에 천착하는 것이 인간의 몫이고, 거기에 진정한 안식이 자리한다. 창세기로부터 요한 계시록에 걸친 하나님의 말씀의 맥락을 고려할 때, 창조·타락·구속·완성의 서사는 하나님의 초월을 보여주는 그림이며 동시에 초월하신 하나님이 그럼에도 불구하고 창조 세계와 그 세계의 대리 통치자인 인간 안에 내주하는 큰 그림을 보여준다. 한편으로 초월성은 하나님의 존재 그 자체의 속성이며, 다른 한편으로 초월하신 하나님이 당신이 창조한 세계 안에 당신의 충만을 구현하실 수 있다(God Will Be All in All, 고전 15:28).

초월하신 하나님께서 창조 세계를 끌어안는 방식으로 피조물인 인간, 즉 시·공간을 삶의 조건으로 갖는 인간을 만나신다. 인간은 죽음과 함께 영/혼이 잠정적으로 육체를 벗어나, 마침내 하나님의 초월을 구체적으로 맛보나, 그것이 인간의 궁극적인 자리는 아니다. 그리스도 예수께서 다시 오시는 날에 영/혼은 다시 육체와 하나가 되는 일에 이를 것이다. 창조주 하나님께서 구속이 완성되는 날에 다시 창조 세계 안으로 온전히 들어오시고(시 72:19), 자기 백성과 장막을 함께하실 것이다(계 21:1-7). 창조와 함께 하나님의 나라를 드러내시려는 하나님의 기획이 마침내 완성되는 것이다. 천국, 즉 하늘나라(Heavenly Kindom)는 하늘에 있는 나라(Kingdom in the Sky)를 의미하는 것이 아니라, 초월자 하나님께서 자기 백성을 통치하심으로써 하늘과 땅의 통섭이 일어나는 그런 나라를 의미하는 것이다.

"하늘에 계신 우리 아버지여(Our Father in heaven) 이름이 거룩히 여김을 받으시오며 나라가 임하시오며 뜻이 하늘에서 이루어진 것 같이 땅에서도 이루어지이다"라는 기도가 마침내 이루어지는 것이다(마 6:9-10). 인간의 죄로 말미암아 당신의 이름과 통치와 뜻이 구현될 수 없는 상태, 즉 창조 세계로부터 소외되었던 하나님께서 구속을 통하여 다시 당신의 창조 세계로 온전히 돌아오시는 여정이(겔 36:16-31) 그리스도 예수의 초림에서 시작되어(마 6:9-10), 다시 오심에서 궁극적으로 완성되는 일이 일어나는데, 그날에 하나님께서 왕으로서 자신의 자리에 서게 되고, 인간은 하나님의 백성으로서 자신의 위치와 역할을 하게 되는 것이다(계 21:1-5).

이런 성취가 그리스도 예수의 재림에서 일어난다면, 오늘을 살아가는 그리스도인은 초림하신 그리스도 예수와 함께 미래 그날의 삶의 실재(reality)를 오늘로 잡아당겨 지금 그리고 여기에서 실현하는 삶을 모색하는 사람이다. 그리스도인은 그리스도 예수 안에서 하나님께서 실행하신 일, 즉 가짜 주인 마귀가 주인노릇하고 있는 이 세대의 위선과 거짓을 벗겨내고, 진짜 왕이신 그리스도 예수께서 실행하시는 올 세대에 참여하는 구체적인 삶을 살아내야 한다. 시대정신에 깃들인 마귀의 속삭임을 분별하며, 시대정신을 가르며 세미하게 들려오는 올 세대의 주인의 목소리를 집중해서 경청해야 한다. 세속화된 삶의 모든 영역에서 이런 삶을 추구해야 하며, 이것이 신적인 초월에 참여하는 삶인 것이다.

에필로그

만유와 그 가운데 만물은 모두 하나님께 속한 것이다. 창조주 하나님께서 내 것이라고 지목하지 않은 곳이 없다. 그것을 인정하지 않으려는 세상의 움직임에도 불구하고, 창조주 하나님은 그 사실을 외면하지 못하게 섭리하신다. 일반계시는 물론 특별계시를 통하여 뚜렷하게 말씀하신다. 이런 정황에서 구속주 하나님을 통하여 이 신비를 발견한 하나님의 백성의 역할이 매우 중요하다. 하나님 나라 백성은 구속하신 하나님께서 또한 창조주이심을 깨달아 확신하는 백성이기에, 교회를 통하여 삼위 하나님을 예배하는 백성으로 설 뿐만 아니라 시민사회의 각 영역을 통하여서도 하나님께 봉사하는 백성으로 서야 하기 때문이다.

하나님 나라의 백성은 자기 영광을 뽐내는 방식으로 자신을 내세우지 않고, 오히려 자기 영광에 취하여 비틀거리는 세상에 성육신하여 들어오신 그리스도 예수의 삶의 방식으로 세상에 다가서게 된다. 이 세대의 약함과 죄와 비참을 자기 어깨에 걸머지기 위하여 세상으로 들어간다. 세상에 흩어져 반짝이는 창조주 하나님의 영광과 위엄과 능력이 드러나고 발견되도록 봉사한다. 하나님 나라 백성은 다양한 학문 분과에서, 다양한 시민사회에서 창조 세계에 발현되는 하나님의 아름다운 덕을 드러내고 일깨우는 일에 마음을 쏟는다.

그리고 교회와 세상 사이에 충분한 교감, 공감을 이루어 차이와 다름에 직면하게 된다. 그 차이에도 불구하고, 하나님의 동일성을 놓치지 않는다. 고민에 고민이 거듭되고, 수용에 수용이 교차하며, 차이와 다름 사이에 진리의 빛이 스며든다. 언어의 일치, 표현의 동질성, 삶의 구체성이 다양한 방식으로 공유되기 시작한다. 땅과 하늘이, 인간과 하나님이, 현재와 미래가 조우하고 삶의 변화가 만들어진다. 지난한 길이고, 진액이 빠져나가는 일이며, 고통이 수반되는 과정이지만, 이 길 끝에 생명의 탄생이 있기에 하나님의 백성은 소망 가운데 기쁨을 잃지 않는다. 궁극적인 차이는 피할 수없지만, 그래도 그 길을 굳은 마음으로 걸어가는 것이 하나님 나라 백성의 삶이기에 피하기보다는 직면하지 않을 수 없다.

바울이 고백하듯이, 소망이 부끄럽지 아니함은 우리에게 주신 성령으로 말미암아 하나님의 사랑이 우리 마음에 부어지고 있기 때문이다(롬 5:5). 요한은 다음과 같이 고백한다. "사랑하는 자들아 우리가 지금은 하나님의 자녀라 장래에 어떻게 될지는 아직 나타나지 아니하였으나 그가 나타나시면 '우리가 그와 같을 줄'(ὅμοιοι αὐτῷ ἐσόμεθα)[128]을 아는 것은 그의 참모습 그대로 볼 것이기 때문이니 주를 향하여 이 소망을 가진 자마다 그의 깨끗하심과 같이 자기를 깨끗하게 하느니라"(요일 3:2-3). 이것이 지금 여기에서 미래를 살아가는 그리스도인이 늘 새롭게 추구해야 할 소망이다. 처음이나 나중이나. 삶의 모든 영역에서.

---

[128] 그리스도인은 "ὅμοιοι"라는 단어가 "동일함"을 의미하지 않고, "유사함"을 의미한다는 사실을 깊이 묵상해야 한다.

참고문헌

김경재, 『종교다원시대의 기독교 영성』 (서울: 다산글방, 1992).

그레고리 비일, 『성전신학』 (서울: 새물결플러스, 2016).

김진호, 『권력과 교회』 (파주: 창비, 2018).

김득황, 『한국 종교사』 (서울: 백암사, 1963).

동국대학교, 『불교학개론』 (서울: 동국대학교 출판부, 1986).

데이빗 반 두루넨, 『하나님의 두 나라 국민으로 살아가기』 (서울: 부흥과개

  혁사, 2016).

리챠드 도킨스, 『만들어진 신』 (파주: 김영사, 2007).

리챠드 개핀, 『구원이란 무엇인가』 (고양시: 크리스챤출판사, 2007).

민경배, 『한국 기독교회사』 (서울: 대한기독교출판사, 1982).

스캇 맥나이트, 『하나님 나라의 비밀』 (서울: 새물결플러스, 2016).

아브라함 카이퍼, 『정치강령』 (서울: 새물결플러스, 2018).

오토 베버, 『칼 바르트의 교회교의학』 (서울: 대한기독교서회, 1983).

유동식, 『한국종교와 기독교』(서울: 대한기독교서회, 1965).

윤성범, 『기독교와 한국사상』(서울: 대한기독교서회, 1964).

이성림, "아벨라르의 속죄론: 도덕감화설에 대한 비판", 『ACTS 신학저
        널』 48 (2021): 205-236.

이장식, 『한국교회의 어제와 오늘』(서울: 대한기독교 출판사, 1991).

이정석, 『세속화 시대의 기독교』(서울: 도서출판 이레서원, 2000).

에버하르트 부쉬, 『카를 바르트』(서울: 복 있는 사람, 2014).

위르겐 몰트만, 『십자가에 달리신 하나님』(서울: 한국신학연구소, 1980).

존 칼빈, 『칼빈주석: 히브리서/베드로전후서/골로새서/빌레몬서』(서울:
        도서출판 다은, 1999).

하비 콕스, 『영성 · 음악 · 여성』(서울: 도서출판 동연, 1996).

한우근, The History of Korea, 이경식 역 (서울: 을유문화사, 1970).

헤르만 바빙크, 『계시철학』(서울: 도서출판 다함, 2019).

톰 라이트, 『모든 사람을 위한 사도행전 II』(서울: IVP, 2019).

크리스토퍼 라이트, 『하나님의 선교』(서울: IVP, 2010).

클라스 스킬더, 『그리스도와 문화』(서울: 지평서원, 2017).

Athanasius, *De incarnatione Verbi* 54.3.

Athanasius, *Contra Arianos* 1.39, 3.34.

Barth, K. *Church Dogmatics II/1* (Edinburgh: T&T Clark, 1957).

Barth, K. *Church Dogmatics II/2* (Edinburgh: T&T Clark, 1958).

Barth, K. *Church Dogmatics IV/4* (Grand Rapids: Eerdmans, 1981).

Barth K. and Brunner, E. *Natural Theology* (London: Geoffrey Bless,

1946).

Berkhof, H. *Christelijk Geloof* (Nijkerk: G. F. Callenbach, 1973).

Berkhof, L. Systematic *Theology* (London: The Banner of Truth Trust, 1971).

Bolt, J. "Doubting Reformational Anti-Thomism," in M. Svensson & D. Van Drnen(eds.,), *Aquinas Among the Protestants* (India: Wiley Blackwell, 2018), 130-147.

Brunner, E. *Truth as Encountering* (Philadelphia: Westminster Press, 1964).

Brunner, E. *Revelation and Reason* (London: SCM Press, 1947).

Brunner, E. *The Letter to the Romans* (London: Lutterworth, 1959).

Buitendag, Johan. "Descendit ad [in] inferna: 'a matter f no small moment in bringing about redemption,'" in *Hervormde Teologiese Studies* vol.65(1) Pretoria(2009): 1-8.

Clark, C. A. *Religions of Old Korea* (New York: Fleming H. Revell, 1932).

Ehrman, B. D. "At Polar Ends of the Spectrum: Early Christian Ebionites and Marcionites," in: *Lost Christianities: The Battles for Scripture and the Faiths We Never Knew* (Oxford: Oxford University Press: 2005).

Grudem, Wayne. *Systematic Theology: An Introduction to Biblical Doctrine* (Grand Rapids: Zondervan, 1994).

Hauerwas, Stanley. *The Peaceable Kingdom: A Premier in Christian Ethics* (Notre Dame: University of Notre Dame, 1983).

Hegel, G. W. F. *The Philosophy of History* (New York: Colonial, 1900).

Helm, P. "Nature and Grace," in M. Svensson & D. Van
Drnen(eds.,), *Aquinas Among the Protestants* (India: Wiley
Blackwell, 2018), 230-247;

Heyns, J. A. *Die Kerk* (Pretoria: N. G. Kerkboekhandel, 1977).

Hulbert, H. B. *The Passing of Korea* (New York: Doubleday, Page &
Company, 1906).

Kilcrease, J. "Johann Gerhard's Reception of Thomas Aquinas's
Analogia Entis," in M. Svensson & D. Van Drunen(eds.,),
Aquinas Among the Protestants (India: Wiley Blackwell, 2018),
109-128.

Kuyper, A. *Sacred Theology* (Wilmington: Associated Publishers, D. U.).

Kuyper, A. *De Gemeene Gratie I* (Leiden: D. Donner, 1902).

Kuyper, A. *De Gemeene Gratie II* (Amsterdam/Pretoria: Hoveker &
Wormser, 1903).

Kuyper, A. *De Gemeene Gratie III* (Amsterdam/Pretoria: Hoveker &
Wormser, 1904).

Mannermaa, Tuomo & Stjerna, Kirsi(ed.), *Christ Present in Faith*
(Minneapolis: Fortress Press, 2005).

Marquart, Kurt. "Luther and Theosis," *Concordia Theological
Quarterly* 64(July 2000).

Mouw, R. J. *When The Kings Come Marching In: Isaiah and the
New Jerusalem* (Grand Rapids: William B. Eerdmans, 1983).

참고문헌

Mouw, R. J. "Klaas Schilder as Public Theologian," in *Calvin Theological Journal* 38 (2003): 281-298.

Murray, J. *Redemption Accomplished and Applied* (Edinburgh: The Banner of Truth Trust, 1961).

Origenes, *Commentary on the Gospel of Matthew.* Book XIV, 7. in Philip Schaff(ed.,), *Ante-Nicene Fathers*, Vol. 9 (Grand Rapids: Christian Classics Ethereal Library, 2004).

Schmidt, W. "Das Himmelsopfer bei den Asiatischen Pferdezuchten," in *Ethnos* 7(1942): 127-148.

Schweitzer, Albert. *Von Reimarus zu Wrede: Eine Geschichte der Leben-Jesu-Forschung* (Tübingen: J. C. B. Mohr, 1906).

Schweitzer, A. *Geschichte der Leben-Jesu-Forschung* (Tübingen: J. C. B. Mohr, 1913).

Strauss, D. F. *Das Leben des Jesu für das deutsche Volk bearbeitet II* (Bonn: Emil Strauss, 1877).

van de Beek, A. *God doet recht: Eschatologie als christologie* (Zoetermeer: Meinema, 2008).

Van Til, C. *Common Grace* (New Jersey: Presbyterian and Reformed Publishing, 1947).

Van Til, C. *The Defense of Faith* (New Jersey: Presbyterian and Reformed Publishing, 1967).

Van Til, C. "My Credo," in E. P. Geehan(ed.,), *Jerusalem and Athens* (New Jersey: Presbyterian and Reformed Publishing, 1971).

Underwood, Horace G. *The Religions of Eastern Asia* (New York: Macmillan Co, 1910).

Weiss, Johannes. *Die Predigt Jesu vom Reiche Gottes* (Göttingen: Vandenhoeck & Ruprecht, 1989).

Yoder, John H. *The Royal Priesthood: Essays Ecclesiological and Ecumenical* (Scottsdale: Herald Press, 1998).

Yoder, John H. *The Politics of Jesus* (Grand Rapids: Eerdmans Publishing Company, 1972).

하나님 나라와 광장신학

초판 1쇄 인쇄 2022년 10월 21일
초판 1쇄 발행 2022년 10월 28일

지은이 유태화
펴낸이 정선숙

펴낸곳 협동조합 아바서원
등록 제 274251-0007344
주소 경기도 고양시 덕양구 삼원로51 원흥줌하이필드 606호
전화 02-388-7944 **팩스** 02-389-7944
이메일 abbabooks@hanmail.net

ISBN 979-11-90376-56-3(93230)

"너희는 다시 무서워하는 종의 영을 받지 아니하고 양자의 영을 받았으므로
우리가 아빠(아바) 아버지라고 부르짖느니라"(로마서 8:15)

잘못 만들어진 책은 구입한 곳에서 교환해 드립니다.